GÉOGRAPHIE

DES

CINQ PARTIES DU MONDE

24 372. — TYPOGRAPHIE A. LAHURE

Rue de Fleurus, 9, à Paris

GÉOGRAPHIE

DES

CINQ PARTIES DU MONDE

PAR

E. CORTAMBERT

Ancien président de la Commission centrale de la Société de Géographie
Bibliothécaire de la Section géographique de la Bibliothèque nationale

OUVRAGE RÉDIGÉ CONFORMÉMENT
aux programmes officiels
POUR L'ENSEIGNEMENT SECONDAIRE SPÉCIAL

(PREMIÈRE ANNÉE)

CINQUIÈME ÉDITION

PARIS

LIBRAIRIE HACHETTE ET Cie
BOULEVARD SAINT-GERMAIN, 79

1879,

GÉOGRAPHIE

DES

CINQ PARTIES DU MONDE.

LEÇON Iʳᵉ.

NOTIONS SOMMAIRES SUR L'EUROPE.

§ 1. Énumération des principaux états européens. — Tracé général
de leurs limites.

Nous connaissons déjà une contrée de l'Europe, la
France, située dans la partie occidentale de cette partie
du monde, entre l'Atlantique et la Méditerranée, et entre
les Pyrénées, les Alpes, le Jura et le Rhin.

Si, en partant de la France, on se dirige au N. N. O. et
qu'on traverse la Manche et le Pas de Calais, on trouve les
îles Britanniques. Ces îles forment un royaume, qu'on
appelle aussi *Royaume-Uni de Grande-Bretagne et
d'Irlande,* à cause de deux îles principales dont il se compose. La Grande-Bretagne, la plus considérable des deux,
renferme l'*Angleterre*, le *pays de Galles* et l'*Écosse*.

La capitale des îles Britanniques est *Londres*.

L'océan Atlantique, qui enveloppe ces îles, prend, à l'E,
le nom de mer du Nord. En traversant cette mer et en re-
venant sur le continent, à côté de la France, on rencontre
le petit royaume de *Belgique,* qui n'a point de limites naturelles; c'est la continuation des plaines du nord de la
France. La capitale est *Bruxelles*.

Les *Pays-Bas*, qu'on appelle aussi *Néderlande*,
Néerlande et *Hollande*, sont un autre petit royaume,

situé au N. de la Belgique, vers les bouches de l'Escaut, de la Meuse et du Rhin, autour du golfe de Zuider-zee et sur les côtes de la mer du Nord. La capitale est *Amsterdam. La Haye* est la résidence du roi.

En sortant de la France à l'E. et en traversant les Vosges, on entre dans l'empire d'**Allemagne**, auquel la France a cédé une partie de son territoire par le désastreux traité de 1871.

Ce grand pays, situé au centre de l'Europe, entre les Alpes et l'Atlantique, est partagé entre plusieurs états, dont le principal est le royaume de **Prusse**, allongé de l'est à l'ouest, baigné par deux mers, la Baltique et la mer du Nord, et s'avançant jusqu'au milieu de la péninsule Cimbrique, qui sépare ces deux mers; au S., il s'étend jusqu'au Main, grand affluent du Rhin. La capitale du royaume de Prusse et de toute l'Allemagne est *Berlin.*

Les plus importants des états qui, avec la Prusse, composent l'empire d'Allemagne, sont le royaume de BAVIÈRE, capitale *Munich;* le royaume de SAXE, capitale *Dresde;* le royaume de WURTEMBERG, capitale *Stuttgart;* le grand-duché de BADE, capitale *Carlsruhe,* et le grand-duché de HESSE, capitale *Darmstadt.*

On y remarque ensuite les duchés de SAXE, les grands-duchés de MECKLENBOURG, les villes libres de HAMBOURG, de BRÈME et de LUBECK, le grand-duché d'OLDENBOURG, etc.

*L'empire **Austro-Hongrois*** (appelé auparavant emp. d'**Autriche**), allongé de l'O. à l'E., au centre de l'Europe, est traversé dans ce sens par le Danube. Il est baigné au S. par la mer Adriatique, et il s'étend depuis la Vistule jusqu'au lac de Constance, formé par le Rhin. Les Alpes le couvrent au S. O., et les monts Carpathes, à l'E. C'est un assemblage de pays très-différents entre eux par le langage et les mœurs, et parmi lesquels on distingue *l'archiduché d'Autriche*, la *Bohème*, la *Hongrie*. La capitale de l'empire est *Vienne.*

La **Suisse**, située aussi au centre de l'Europe, à côté et à l'E. de la France, se trouve entre les lacs de Constance et de Genève; le Rhin l'enveloppe au N. et à l'E.; les Alpes la couvrent au S.; le Jura, à l'O., C'est une république, composée de 22 cantons confédérés. La capitale est *Berne.*

Si l'on sort de la France au S. O., en traversant les Pyrénées, on entre dans la *péninsule Hispanique*, située entre l'océan Atlantique, la Méditerranée et le détroit de Gibraltar. Elle comprend deux états : l'*Espagne* et le *Portugal*.

L'*Espagne* occupe la plus grande partie de la péninsule. Elle a pour capitale *Madrid*.

Le *Portugal* se trouve à l'O., sur l'Atlantique. Sa capitale est *Lisbonne*.

Enfin, si l'on quitte la France au S. E., en traversant les Alpes, on rencontre l'*Italie*, longue presqu'île qui s'étend du N. O. au S. E., entre la mer Adriatique, la mer Ionienne et la mer Tyrrhénienne, toutes trois formées par la Méditerranée. Cette presqu'île, jointe aux îles de *Sicile* et de *Sardaigne*, compose le *royaume d'Italie*, dont la capitale est *Rome* et dont les autres villes les plus considérables sont *Naples*, *Milan*, *Turin* et *Florence*. — Un petit territoire de la presqu'île, sur la côte occidentale, formait avant 1870, les *États de l'Église* ou l'*État pontifical*, souveraineté du Pape, dont la capitale était *Rome*.

A l'E. de l'Italie, est une autre presqu'île, la grande péninsule des *Balkans*, qui s'avance entre la mer Adriatique, la mer Ionienne et d'autres enfoncements de la Méditerranée appelés Archipel, mer de Marmara et mer Noire. Elle comprend trois divisions :

1° La *Turquie d'Europe*, qui n'est qu'une partie de l'*empire Ottoman*, dont le reste se trouve principalement en Asie; la capitale est *Constantinople*. Il faut y distinguer la principauté de *Roumélie orientale*, qui est sous l'autorité de la Turquie et qui a pour capitale *Philippopoli*.

2° Les *Principautés slaves et roumaines*, au N. de la Turquie, ce sont : la *Bulgarie*, capitale prob. *Tirnova*; — la *Serbie*, capitale *Belgrade*; — la *Roumanie*, qui est surtout formée des deux *principautés unies de Valachie* et de *Moldavie*, et qui a pour capitale *Bucarest*; — le *Monténégro*, capitale *Cettigne*.

3° la *Grèce* ou le *royaume Hellénique*, au S. de la Turquie ; ce pays est terminé au S. par la *Morée*, et il possède à l'O. les *îles Ioniennes*; il a pour capitale *Athènes*.

Au N. E. de la Turquie, est la *Russie d'Europe*, qui occupe la moitié orientale de notre partie du monde : elle s'étend depuis l'océan Glacial et la mer Blanche (qui en est un enfoncement) jusqu'à la mer Noire, et depuis la mer Baltique jusqu'à la mer Caspienne ; les monts Ourals, qui se trouvent entre la mer Caspienne et l'océan Glacial, la bordent à l'E. ; le mont Caucase, qui sépare la mer Noire de la mer Caspienne, la limite au S. E. Quoiqu'elle soit aussi grande que tout le reste de l'Europe, ce n'est cependant qu'une partie du vaste empire Russe, qui se prolonge aussi en Asie. — La capitale est *Saint-Pétersbourg.*

La Russie comprend, à l'O., le royaume de *Pologne,* et, au N. O., le grand-duché de *Finlande.*

Enfin, dans le nord de l'Europe, on rencontre les trois **États Scandinaves**, formés entièrement de presqu'îles et d'îles : l'un est le **Danemark**, petit royaume qui comprend les îles de *Seeland* et de *Fionie*, plusieurs autres îles situées à l'entrée de la Baltique, et la presqu'île du *Jutland*, partie septentrionale de la péninsule Cimbrique ; la capitale est *Copenhague.* — Les deux autres royaumes sont la **Suède** et la **Norvége**, réunies en une seule monarchie, qui renferme la grande *péninsule Scandinave*, allongée du N. E. au S. O., entre l'océan Glacial, l'océan Atlantique, la mer du Nord et la Baltique. La capitale de la Suède est *Stockholm;* celle de la Norvége est *Christiania.*

§ 2. Orientation des grandes chaînes de montagnes, **et cours des** fleuves les plus considérables.

L'Europe a ses plus hautes montagnes vers le S. Les pays qui bordent la mer du Nord et la mer Baltique, et les pays de l'E., sont composés de grandes plaines.

Les plus grandes chaînes de montagnes européennes se dirigent généralement de l'E. à l'O. ; telles sont celles des *Alpes*, des *Carpathes*, des *Pyrénées*, de la *Sierra Nevada*, des *Balkans*, du *Caucase* ; mais le *Jura*, les *Cévennes*, les monts d'*Auvergne*, les *Vosges*, les *Apennins*, dans l'Italie, la chaîne *Hellénique*, dans la péninsule des Balkans, les monts *Ibériques*, dans la péninsule Hispanique, les *Alpes Scandinaves* ou monts *Dofrines*, dans la péninsule Scandinave, vont généralement du N. au S.

Les plus hautes de toutes ces montagnes sont le Caucase (d'une altitude de 5600 m.) et les Alpes (4800 m.).

L'Europe est divisée en deux versants : celui du N. et du N. O., incliné vers l'océan Glacial, l'océan Atlantique et les mers qu'ils forment ; — celui du S. et du S. E., incliné vers la Méditerranée et les mers qu'elle forme, et vers la mer Caspienne.

Les principaux fleuves du versant de l'océan Glacial et de l'océan Atlantique sont :

Sur le continent : la *Petchora*, la *Dvina septentrionale*, le *Torneå* [1], le *Dal-elf*, la *Néva*, qui sert d'écoulement aux deux plus grands lacs d'Europe (le *Ladoga* et l'*Onéga*), le *Niémen*, la *Vistule*, l'*Oder*, l'*Elbe*, le *Weser*, le *Rhin*, la *Meuse*, l'*Escaut*, la *Seine*, la *Loire*, la *Gironde* (formée par la *Dordogne* et la *Garonne*), le *Minho*, le *Douro*, le *Tage*, la *Guadiana*, le *Guadalquivir*.

Dans les îles Britanniques : la *Tamise*, l'*Humber*, la *Saverne*, le *Shannon*.

Les fleuves du versant du S. et du S. E. sont :

Vers la mer Méditerranée et les mers qu'elle forme : l'*Èbre*, le *Rhône*, l'*Arno*, le *Tibre*, le *Pô*, l'*Adige*, la *Maritza*, le *Danube*, le *Dniestr*, le *Dniepr*, le *Don*.

Vers la mer Caspienne : le *Volga* et l'*Oural*.

Le plus grand de tous ces fleuves est le *Volga*, qui a un cours de 3500 kilomètres. Le *Danube* et l'*Oural* ont 3000 kilomètres. Le *Dniepr* et le *Rhin* viennent ensuite.

§ 3. Position et importance relatives des capitales.

C'est dans la partie occidentale que sont les plus importantes villes de l'Europe : *Londres*, capitale des îles Britanniques, avec 3 millions d'âmes, et *Paris*, capitale de la France, avec 2 millions.

Au rang suivant, se trouvent *Berlin*, cap. de la Prusse, et *Vienne*, capitale de l'Autriche, au centre de l'Europe.

La cinquième ville est *Constantinople*, dans le S. E., capitale de la Turquie.

Saint-Pétersbourg, capitale de la Russie, et *Moscou*, dans le même empire, sont les plus grandes villes de l'est.

---

1. Cette lettre *å*, qui appartient à la langue suédoise, se prononce comme un *o* bref.

Dans le sud, la ville la plus peuplée est *Naples*, en Italie; viennent ensuite, *Madrid*, capitale de l'Espagne, et *Lisbonne*, du Portugal.

Copenhague, capitale du Danemark, est la plus considérable des villes des États Scandinaves, dans le N. de l'Europe.

LEÇON II.

GÉOGRAPHIE DE L'ASIE.

RÉGION OCCIDENTALE DE L'ASIE.

§ 1. Turquie d'Asie.

La **Turquie d'Asie** est un pays généralement beau et très-avantageusement situé, à l'extrémité occidentale de l'Asie, entre la mer Noire, l'Archipel, la Méditerranée proprement dite et le golfe Persique. Elle sert, pour ainsi dire, de lien aux trois parties de l'Ancien-Monde. La population est d'environ 15 millions d'habitants.

On y trouve quelques-unes des régions les plus célèbres dans l'histoire : l'**Asie Mineure** (grande presqu'île, qui comprend aujourd'hui l'*Anatolie*, la *Caramanie*, etc.); — l'**Arménie**; — la **Mésopotamie**; — l'**Assyrie**; — la **Babylonie** (aujourd'hui **Irac-Arabi**); — la **Syrie** (qui renferme maintenant, outre la Syrie ancienne, la *Palestine* ou *Judée* et la *Phénicie*).

On y remarque le mont *Taurus* et le mont *Liban*; l'*Euphrate* et le *Tigre*, deux grands fleuves, qui se réunissent pour se jeter dans le golfe Persique; le *Jourdain*, petit fleuve célèbre dans l'histoire sainte; la mer *Morte* (lac *Asphaltite*), où ce fleuve se jette; le lac de *Van*, etc.

On distingue les villes suivantes : *Smyrne*, port célèbre; *Angora*, *Brousse*, *Kutahieh*, *Conieh*, *Tokat*, *Trébizonde*, dans l'Asie Mineure; — *Erzeroum*, dans l'Arménie; — *Mossoul*, dans l'Assyrie; *Bagdad*, *Bassora*, dans l'Irac-Arabi; — et, dans la Syrie, *Alep*; *Damas*, peuplée de 200 000 h., et la ville la plus considérable de la Turquie d'Asie; *Tripoli; Beyrout*, port très-important; *Saïde; Acre, Jaffa*, autres ports; *Jérusalem*, célèbre dans l'histoire de la religion.

Parmi les nombreuses villes ruinées que cette contrée historique renferme, on remarque *Ninive, Babylone, Troie, Éphèse, Palmyre, Tyr*.

Principales productions de la Turquie d'Asie : chênes (entre autres, chêne à galle), cèdres, céréales, oliviers, mûriers, grenadiers, orangers, myrtes, figuiers, dattiers, bananiers, vigne, cerisiers, lentisques (qui donnent le mastic), sésame, pavots à opium; — chameaux, chèvres d'Angora.

§ 2. Arabie.

L'Arabie, située au S. de la Turquie, à l'extrémité S. O. de l'Asie, entre la mer Rouge, le golfe Persique et la mer d'Oman, offre un mélange d'affreux déserts et de cantons fertiles. Le S. O. produit du café excellent. Les chevaux et les chameaux de ce pays sont renommés. On pêche des perles très-estimées sur les côtes des îles Bahreïn, dans le golfe Persique. L'intelligente nation des Arabes, si puissante au moyen âge, s'est répandue dans un grand nombre d'autres régions, et particulièrement dans le nord de l'Afrique.

L'Arabie est partagée en plusieurs états, dont les principaux sont ceux du sultan d'**Yémen;** du chérif de **La Mecque,** qui reconnaît la suzeraineté ottomane; du sultan de **Mascate,** qui étend sa domination jusque sur une partie du S. de la Perse et sur les îles du détroit d'Ormus; enfin, du roi des **Ouahabites,** dans l'intérieur de la presqu'île.

Les villes principales sont : *La Mecque*, patrie de Mahomet, considérée par les musulmans comme une ville sainte, et but de grands pèlerinages; — *Médine*, ville sainte aussi aux yeux des mahométans et célèbre par la mosquée qui contient le tombeau de Mahomet; — *Sana*, capitale de l'Yémen; — *Moka*, qui a été le principal entrepôt du commerce du café de l'Yémen; — *Aden*, qui l'est aujourd'hui et qui appartient aux Anglais; — *Mascate*, qui donne son nom à un état puissant; — *Riadh*, capitale du royaume des Ouahabites, au milieu du plateau intérieur qu'on nomme le Nedjed.

L'Arabie renferme de 8 à 12 millions d'habitants.

Outre l'importante place d'*Aden*, les Anglais ont, sur la côte de cette contrée, quelques îles, entre autres, l'île de *Périm*, qui est à l'entrée de la mer Rouge, dans le détroit de Bab-el-Mandeb.

§ 3. Russie d'Asie occidentale, ou Transcaucasie.

La Russie possède, dans l'O. de l'Asie, des provinces au S. du Caucase, entre la mer Noire et la mer Caspienne: c'est ce qui forme la **Transcaucasie**, fort belle région, bien placée pour le commerce, et dont la partie la plus importante est la *Géorgie*. *Tiflis* en est la ville principale. On remarque aussi *Bakou*, sur la mer Caspienne, et *Érivan*.

§ 4. Perse.

La Perse ou **Iran** touche vers le nord à la mer Caspienne et vers le sud au golfe Persique et à la mer d'Oman. La haute chaîne de montagnes de l'*Elbrouz* s'étend dans le N., de l'E. à l'O. Il n'y a pas de fleuve très-considérable; le lac d'*Ormiah*, très-salé, est au N. O. Le pays comprend à l'E. le Grand Désert Salé, situé au milieu du plateau qui porte le nom de *plateau de la Perse*; mais ailleurs, surtout au S., il offre des régions fertiles et agréables; c'est la patrie primitive de la figue, de la grenade, de la mûre, de l'amande, de la pêche, de l'abricot, de la prune. Il y a des raisins excellents. Les chevaux, les chameaux, les chèvres à long poil, les turquoises, les rubis et le lapis-lazuli de la Perse sont renommés.

Le souverain du royaume porte le nom de *chah*. — La population est d'environ 6 millions d'habitants.

Les principales provinces de Perse sont l'*Irac-Adjémi* (à peu près l'ancienne *Médie*); le *Farsistan*, le *Khouzistan*, le *Khoraçan*, le *Kerman*. — TÉHÉRAN est la capitale, avec 130 000 habitants. Les autres grandes villes sont : *Ispahan*, l'ancienne capitale, qui est encore la plus belle ville de Perse;

Chiraz, Tauris, Hamadan, Balfrouch, Sari, Recht; le principal port sur le golfe Persique est *Aboucheher.*

§ 5. Turkestan.

Le **Turkestan occidental,** ou la **Tatarie occidentale,** qu'on nomme aussi *Touran,* s'éten l à l'E. de la mer Caspienne et à côté d'un grand lac qu'on nomme mer d'Aral; il offre un mélange de steppes nues et de provinces très-fertiles. Cette contrée a été la patrie de nations guerrières (les Huns, les Alains, les Tu cs, etc.) qui se sont répandues sur d'autres parties du globe et les ont bou'eversées — Elle est divisée en plusieurs états, dont les principaux sont le khanat de *Boukharie,* dont les Russes viennent de conquérir une partie, et le khanat de *Khiva.* — Ses villes principales sont: *Boukhara* ou *Bokhara,* capitale de la Boukharie; — *Khiva,* qui était capitale du khanat du même nom, et qui a été prise par les Russes, mais rendue ensuite.

Le Turkestan occidental renferme environ 3 millions 500 000 habitants. Il est généralement sous l'influence de la Russie.

Principales productions : vigne, poiriers, cerisiers, abricotiers, pêchers, pruniers, figuiers, grenadiers, amandiers. Moutons, chevaux, chèvres. — Lapis-lazuli, rubisbalais. (Voir page 17 pour le *Turkestan oriental.*)

§ 6. Afghan istan.

L'Afghanistan ou le **royaume de Caboul,** à l'E. de la Perse et au S. du Turkestan, ne touche à la mer d'aucun côté. La partie occidentale appartient au plateau de la Perse ; le reste est dans le bassin de l'Indus. Les hautes montagnes du *Caucase indien* couvrent le nord. Le fleuve *Helmend* parcourt le plateau et se jette dans le lac *Hamoun.*

La capitale est CABOUL (60 000 habitants); les autres villes principales sont *Candahar;* — *Ghiznih;* — *Hérat,* qui a été longtemps capitale d'un royaume du même nom; — *Balkh* (l'ancienne Bactres); *Meïmaneh.*

La population est de 6 millions d'habitants.

Principales productions de l'Afghanistan : céréales, melons, lin, garance, coton, canne à sucre, assa fetida, les arbres fruitiers de la Perse.

§ 7. Béloutchistan.

Le **Béloutchistan**, au S. de l'Afghanistan, s'allonge de l'E. à l'O., le long de la côte N. de la mer d'Oman; il est vassal des Anglais, et a pour capitale *Kélat* (12000 hab.).

Les populations qui l'habitent sont peu civilisées et généralement nomades; plusieurs de celles qu'on rencontre sur la côte sont *ichthyophages* (c'est-à-dire ne vivent que de poisson).

Productions principales : l'indigo, le sucre, le coton, les amandiers, les melons.

LEÇON III.

RÉGION MÉRIDIONALE DE L'ASIE.

§ 1. Hindoustan; importance de l'Inde anglaise; possessions de la France et du Portugal; îles voisines de l'Hindoustan.

L'Hindoustan, ou la **presqu'île occidentale de l'Inde**, qu'on appelle aussi simplement l'**Inde**, s'étend entre les deux parties de l'océan Indien nommées golfe du *Bengale* et mer d'*Oman*. Il s'arrête au N. aux monts *Himalaya*, et s'allonge en pointe vers le S., où le cap *Comorin* en forme l'extrémité. Deux grandes chaînes de montagnes, les *Ghattes orientales* et les *Ghattes occidentales*, longent les deux côtes de la presqu'île. Beaucoup de fleuves l'arrosent; le *Gange* est le principal vers l'est; l'*Indus* est le plus important au N. O. C'est une région très-riche et très-peuplée, siége d'une fort ancienne civilisation. — L'Hindoustan se divise en deux grandes parties : l'Hindoustan propre, au N., et le Dékhan, au S. Il renferme environ 235 millions d'habitants. Les Anglais en ont la plus grande partie.

La *colonie anglaise de l'Inde* est la plus considérable de toutes les colonies qui aient jamais été fondées. Elle s'étend à la fois dans l'Hindoustan et dans l'Indo-Chine (presqu'île orientale de l'Inde); mais c'est dans l'Hindoustan surtout qu'elle a acquis des proportions gigantesques : là, les Anglais ont sous leur domination, immédiatement ou comme vassaux, plus de 230 millions d'habitants.

Ils ont immédiatement : 1° dans l'Hindoustan propre, et en remontant d'abord la vallée du Gange, les provinces du *Bengale*, de *Bénarès*, d'*Allah-abad*, d'*Agra*, d'*Aoude*, de *Dehly* ; — ensuite, en descendant la vallée de l'Indus, les pays de *Pendjab* et de *Sindhi* ; — 2° dans le Dékhan, en suivant la côte du golfe de Bengale, les provinces d'*Oryça*, des *Serkars du nord*, de *Karnatik* (dont la côte se nomme *Coromandel*) ; — en longeant la mer d'Oman, les provinces de *Konkan*, de *Kanara*, de *Malabar* ; — et, loin de la mer, la division connue sous le nom de *provinces Centrales*. — Une province maritime, à l'O., est à la fois dans l'Hindoustan propre et dans le Dékhan : c'est le *Goudjérate*.

Les possessions anglaises sont partagées principalement en 5 gouvernements : gouv. du *Bengale*, des provinces du *Nord-Ouest*, du *Pendjab*, de *Madras* et de *Bombay*.

Une partie de l'Inde est sous la protection des Anglais ou leur paye un tribut; tels sont : les *Radjepouts*, l'état de *Sindhya* et le *Cachemire*, au N.; plusieurs états des *Mahrattes* et l'état du *Nizam*, au milieu; l'état de *Maïssour*, au S.

Il n'y a plus comme état tout à fait libre que le *Népál*, dans le N. Le Cachemire est à demi indépendant.

Les villes les plus remarquables des *possessions immédiates des Anglais* sont :

1° Dans le bassin du Gange : Calcutta (800 000 h.), magnifique ville, capitale du Bengale et des possessions anglaises en Asie, sur l'Hougly, bras du Gange; *Patna*, sur le Gange; *Bénarès*, la ville la plus savante des Hindous, sur le même fleuve; *Allah-abad*, avec un temple fameux; *Laknau*, capitale de l'ancien état d'Aoude; *Agra* ; *Dehly*, ancienne capitale de l'empire de l'Inde et longtemps la résidence d'un prince qui avait le titre de Grand-Mogol ou d'empereur;

2° Dans le bassin de l'Indus : *Lahore*, ancienne capitale des Seykhs, au milieu du riche pays de Pendjab; *Amretseyr*, métropole religieuse de la secte des Seykhs; *Moultan*, sur l'Indus; *Pichaver*, prise sur l'Afghanistan; *Haïder-abad*, capitale du Sindhi, sur l'Indus; *Karatchy*, port florissant;

3° Sur la côte orientale du Dékhan : *Kétek, Gangam, Madapolam* et *Mazulipatam*, connues par leurs étoffes de coton; *Madras*, siége d'un immense commerce avec 400 000 h.;

4° Sur la côte occidentale de la presqu'île : *Surate*, fameuse par son commerce, sur le Tapty; *Bombay* (650 000 hab.), sur une petite île, une des places les plus importantes de l'Asie; *Calicut, Cochin*, dans le Malabar;

5° Dans l'intérieur : *Nagpour, Beydjapour* ou *Visiapour, Pouna, Séringapatam*.

Dans les **Etats tributaires** ou **alliés protégés des Anglais**, on remarque: au N., *Cachemire* ou *Sirinagar*, dans une magnifique vallée, cap. de l'état de Cachemire, dont dépend le Ladak ou Petit Tibet; *Goualior* et *Oudjeïn*, dans l'état de Sindhya; — à l'O , *Barode, Cambay*, au fond du golfe du même nom; — au centre, *Haïder-abad*, cap. de l'état du Nizam, et *Golconde*, fameuse par son dépôt de diamants.

La **France** a, dans l'Hindoustan, *Pondichéry*, chef-lieu de ses établ. dans ce pays, sur la côte de Coromandel; *Karikal*, sur la même côte; *Chandernagor*, dans le Ben-Mahé, sur la côte de Malabar; *Yanaon*, dans les Serkars. — Les **Portugais** y ont principalement le territoire de *Goa*, où leur chef-lieu est la *Nouv. Goa* ou *Pandgim*.

Près et au S. E. de l'Hindoustan, est la belle île de **Ceylan**, qui appartient à l'Angleterre ; on y remarque le *Pic d'Adam*, objet de la vénération de nombreux pèlerins, qui viennent y adorer l'empreinte gigantesque et supposée d'un pied (les uns disent d'Adam, les autres de Bouddha). *Colombo*, sur la côte O., est la cap. de l'île ; on distingue aussi *Candy*, anc. cap.; *Trinquemale* et *Pointe-de-Gale*, ports de mer.

Les **Laquedives** et les **Maldives**, au S. O. de l'Hindoustan, sont deux archipels, composés de beaucoup de petites îles environnées de récifs: les premières reconnaissent la suprématie des Anglais, et les dernières sont indépendantes.

Principales productions de l'Hindoustan : riz, froment, maïs, melons, ananas, ignames, toll (donnant une sorte de pois), indigo, coton, bétel, poivrier, tabac, chanvre, safran, bananiers, sésame, opium, cardamome, canne à sucre, bambous, beaucoup de palmiers (cocotier, corypha, arec, etc.), figuier indien, figuier de Bouddha, tek (pour les constructions navales), orangers, grenadiers, mûriers, arbres à pain, manguiers, mangoustans, ébéniers, boswellia (arbre à encens), camphriers, cannelliers. — É éphants, chameaux, brebis et chèvres de Cachemire, chevrotains porte-musc, bœufs, buffles, tortues, perles, vers à soie. — Diamants, or, rubis, etc.

§ 2. Indo-Chine.

L'Indo-Chine, ou la **presqu'île orientale de l'Inde**, s'étend du N. au S., dans la partie la plus méridionale de l'Asie, entre la mer de Chine, à l'E., le golfe du Bengale, à l'O., et le détroit de Malaka, au S., dans les bassins du *Mè-kong*, du *Mè-nam*, du *Salouen*, de l'*Iraouaddy* et du *Brahmapoutre*.

Elle est partagée entre plusieurs nations.

Les **Anglais** en ont une partie. Les principaux **territoires anglais de l'Indo-Chine** se trouvent dans l'O. de cette contrée ; ce sont : l'*Assam*, la *Birmanie anglaise*, qui a été conquise récemment sur les Birmans, et où se trouvent le port célèbre de *Rangoun*, à l'embouchure de l'Iraouaddy, et les villes de *Moulmeïn* et de *Pégou*. — Dans la presqu'île de *Malaka*, les Anglais ont la ville de ce nom ; — à l'O. de cette presqu'île, ils possèdent l'île du *Prince de Galles* ou *Poulo-Pinang*, avec la ville de *Georgetown*. — A l'extrémité méridionale de la même presqu'île, ils occupent la petite île de *Singapour*, possession très-importante par sa position intermédiaire entre l'Inde, la Chine et l'Océanie. Il s'y trouve une grande ville du même nom, entrepôt d'un commerce considérable.

L'empire **Birman** ou la **Birmanie** (ou mieux encore *Barmanie*) a été un puissant état, que les conquêtes des Anglais ont beaucoup diminué ; la capitale est MANDALAY, *Ava* et *Amarapoura*, anciennes capitales, sont à peu près ruinées.

On distingue, au milieu de l'Indo-Chine, le royaume de **Siam**, dont la capitale, à l'embouchure du Mè nam, est BANGKOK, la ville la plus considérable de l'Indo-Chine, et peuplée de 500 000 habitants ; l'ancienne capitale, *Siam* ou *Youthia*, est aujourd'hui ruinée. Outre le Siam proprement dit, ce royaume comprend le nord de la presqu'île de

Malaka, le *Cambodge occidental* et une grande partie du pays des *Lao*, peuple répandu aussi dans la Birmanie et l'empire An-nam.

L'empire d'**An-nam** (comprenant le *Tonkin* et une grande partie de la *Cochinchine* et du pays des *Lao*) a pour capitale Hué. Autre ville principale, *Ké-cho* ou *Ha-noï*.

Les **Français** ont la **Basse-Cochinchine**, où le chef-lieu de leur colonie est *Saï-gon*. Ils possèdent aussi le groupe d'îles de *Poulo-Condor*.

Le royaume de **Cambodge**, qui est sous le protectorat de la France, a pour capitale PENOMPENG.

Il y a de petits *états malais indépendants* dans le S. de la presqu'île de *Malaka*.

Les îles *Andaman* et *Nicobar* sont à l'O. de cette presqu'île, dans le golfe du Bengale. Les Anglais ont pris possession des premières.

La population de l'Indo-Chine s'élève à 30 ou 40 millions d'habitants.

Productions de l'Indo-Chine : riz, indigo, canne à sucre, ignames, cotonnier, tabac, bambous, oranger, ébénier, tek, bois odoriférants (agalloche, bois d'aigle, sandal), bois de fer, bananier, figuier indien, gingembre, cardamome, cannellier, bétel, poivrier, arbres à vernis, croton à laque, camphrier, tamarinier, mangoustan, manguier, guttier, palmiers (cocotier, rotang, arec, sagoutier) ; — éléphants (dont une variété blanche ou plutôt grise), rhinocéros, buffles, bœufs, hirondelle salangane (dont on mange les nids), tortues, vers à soie ; — or, rubis, pétrole, étain.

LEÇON IV.

RÉGION ORIENTALE DE L'ASIE.

§ 1. Japon.

Le **Japon**, empire tout insulaire, placé à l'E. de l'empire Chinois, et remarquable, comme celui-ci, par son antique civilisation, se compose principalement des îles de *Nippon*,

Kiou-siou, *Si-kok*, *Yéso* ou *Matsmaï*, et des *Kouriles* méridionales.

Il est entouré par le Grand Océan, à l'E., la mer du Japon, à l'O., la mer de Corée, au S. O. Le sol en est généralement montagneux; le volcan de *Fousi*, dans l'île de Nippon, est la plus célèbre montagne de l'empire.

L'empereur, qui est en même temps le souverain pontife, a le titre de *mikado*; le taïcoun, c'est-à-dire le vice-roi ou général en chef des armées, avait, depuis le seizième siècle, un pouvoir militaire et civil, qui contre-balançait l'autorité du mikado, mais qui vient d'être renversé.

L'ancienne cap. du Japon, MYAKO ou KYOTO, est dans le S. de l'île de Nippon, avec une population d'environ 400 000 hab.—YÉDO ou TOKYO, cap. actuelle et résidence de l'empereur ou *mikado*, est une ville maritime plus grande et plus peuplée que la précédente et située sur la côte E. de la même île, elle a 700 000 hab. — *Osaka*, port florissant, est près de Myako.

Nagasaki, dans l'île de Kiou-siou, a été, depuis le milieu du dix-septième siècle jusqu'en 1854, la seule ville ouverte aux étrangers, et les seuls étrangers admis étaient les Chinois et les Hollandais; mais les Américains, les Anglais, les Français, les Russes, les Allemands, etc., ont obtenu le droit d'aborder aussi au Japon, soit dans ce port, soit dans d'autres (*Yokohama, Simoda, Osaka, Hyogo, Hakodade*, etc.).

La population du Japon est d'environ 33 millions d'habitants. Elle se distingue par son intelligence, son amour du travail et son industrie perfectionnée.

Les îles *Lieou-khieou*, *Lou-tchou* ou *Riou-kiou*, au S. O. de ce pays, forment un petit royaume, tributaire à la fois du Japon et de la Chine, et habité par une population douce et hospitalière.

Principales productions du Japon : riz, poires, oranges, pamplemousses, figues, cerises, thé, camphre, arbres à vernis, mûriers; — vers à soie; — or, argent, cuivre.

§ 2. Empire Chinois.

Le vaste **empire Chinois**, qui s'appelle encore *empire Céleste* ou *empire du Milieu*, est d'une très-antique civilisation: c'est le plus peuplé du globe, mais il est moins grand

que les empires Russe et Britannique. Il occupe le centre et
l'E. de l'Asie, c'es'-à-dire le plateau central, les bassins du
Hoang-ho et du *Yang-tse-kiang*, et une partie de ceux de
l'*Amour*, de l'*Iéniséi*, du *Mè-kong*, du *Brahmapoutre* et de
l'*Indus*. Il est enveloppé, d'un côté, par le Grand Océan ;
de l'autre, par les hautes montagnes de l'*Himalaya*, du
Thien-chan (monts *Célestes*), de l'*Altaï*, etc.

Il renferme cinq contrées principales : la **Chine propre**,
la **Mandchourie**, la **Corée**, la **Mongolie**, le ***Turkestan
oriental*** et le ***Tibet***, auquel se rattachent le *Ladak* ou
Petit-Tibet et le *Boutan*.

De toutes ces contrées, la plus importante est la Chine
propre, qui se distingue par la beauté de son climat, la fertilité de son sol, son industrie, sa nombreuse population
(environ 400 millions d'habitants), et qui est enveloppée,
au N., l'espace de 2600 kilomètres, par le célèbre et inutile
rempart connu sous le nom de *Grande Muraille*.

La capitale est PÉ-KING, ou KING-SSÉ, c'est-à-dire *la
capitale*, avec 1 500 000 habitants ; on remarque ensuite les
très-grandes villes de *Nan-king*, de *Sou-tcheou*, de *Hang-
tcheou*, de *Canton*.

Les principaux ports chinois qui ont été ouverts au commerce des Européens sont : *Canton*, dans le sud de la
Chine, un peu au-dessus de l'embouchure du Ta-kiang,
qu'on appelle aussi Tigre ; *Chang haï*, *Ning-po*, *Hia-men*
ou *Émouy*, *Fou-tcheou*, sur la côte orientale ; *Han-keou*,
sur le Yang-tse-kiang, dans l'intérieur du pays.

Toutes ces villes sont très-peuplées et ont, la plupart,
plus d'un million d'habitants.

Les autres divisions de l'empire n'ont pas de villes bien
considérables. *Moukden* est une des villes principales de la
Mandchourie. — La capitale du Tibet est *Lassa*, résidence
d'un souverain pontife très-vénéré, nommé Dalaï-Lama. —
Celle de la Corée est *Han-yang* ou *Séoul*. — On remarque
Ourga et *Ili*, dans la Mongolie ; *Hami* ou *Khamil*, dans une
oasis du Gobi occidental.

Ce sont les Mandchoux qui, depuis deux siècles, sont les
maîtres de l'empire ; une grande insurrection qui vient d'a-
giter la Chine pendant plusieurs années a failli les expul-
ser du pouvoir.

Les *Portugais* possèdent, dans la baie de Canton, la ville

de *Macao*, sur l'île du même nom ; et les *Anglais* y ont l'île de *Hong-kong*, avec la ville de *Victoria*.

Productions principales : riz, froment, canne à sucre, igname-patate, thé, coton, indigo, mûrier blanc, mûrier à papier, bambou, arbre à cire, arbre à suif (croton), oranger, camphrier, cannellier, jujubier, sumac au vernis, ginseng, rhubarbe ; — chameau, éléphant, buffle, bœuf ordinaire, yak, chèvre du Tibet, mouton, chevrotain porte-musc, hermines et zibelines (dans le N.), faisans dorés et argentés, tortue caret, vers à soie ; — or, argent, fer, cuivre, mercure, rubis, pierre ollaire, iu (jaspe), kaolin.

De l'empire Chinois s'était détaché, dans ces derniers temps, le **Turkestan oriental**, mais il est retombé sous le joug de la Chine. Situé sur le plateau central, il appartient en grande partie au bassin du fleuve Tarim et du lac Lob. Il est habité en général par des musulmans, et a pour villes principales *Yarkand*, *Kachgar* et *Ilichi* ou *Khotan*.

LEÇON V.

RÉGION SEPTENTRIONALE DE L'ASIE.

§ 1. Russie d'Asie orientale.

Dans le nord de l'Asie, sur le versant de l'océan Glacial et sur la partie la plus septentrionale du versant du Grand océan, se trouve la **Russie d'Asie orientale**, immense contrée, qui vient de s'augmenter encore de grandes provinces enlevées à l'empire Chinois et au Turkestan. Elle est plus vaste que toute l'Europe, mais à peine peuplée de 7 millions d'habitants, à cause de la rigueur du climat. Les parties les plus méridionales jouissent cependant d'une température assez favorable, et ont quelques cantons fertiles en blé, en pâturages, en belles forêts, surtout dans les régions nouvellement acquises vers le fleuve Amour. Il y a de nombreux animaux à fourrures et des mines d'or, de platine, d'argent, de fer, de cuivre, de houille, de pierres précieuses, de graphite (pour faire les crayons) ;

il s'y trouve aussi de grands animaux fossiles, entre autres des éléphants mammouths.

Cette région s'étend de l'O. à l'E., depuis les monts Ourals et le fleuve Oural jusqu'au détroit de Beering ; les monts Altaï et d'autres grandes chaînes du rebord septentrional du plateau central de l'Asie l'enveloppent au S. ; elle s'avance au S. O. jusqu'à la mer d'Aral et à la mer Caspienne ; la longue chaîne des monts *Iablonoï* la parcourt à l'E. Les grands fleuves *Ob* ou *Obi*, *Iénisci* et *Léna* la traversent du S. au N. et vont se jeter dans l'océan Glacial ; l'*Amour* l'arrose à l'E. et se rend dans le Grand Océan. Le *Sihoun*, tributaire de la mer d'Aral, coule dans le S. O., à travers les parties du Turkestan que les Russes ont nouvellement acquises. La presqu'île de *Kamtchatka*, couverte de hautes montagnes volcaniques, se trouve dans la partie orientale.

La Russie d'Asie orientale se compose : 1° de la *Sibérie*, avec la partie de la Mandchourie que les Russes ont enlevée aux Chinois ; 2° du pays des *Kirghiz* ; 3° du gouvernement général de *Turkestan*, y compris la partie de la *Mongolie* enlevée à la Chine et le ci-devant khanat de *Khokand*.

Les villes principales sont : dans la Sibérie occidentale, *Tobolsk*, *Tomsk* et *Omsk* ; — dans la Sibérie orientale, *Irkoutsk*, *Iakoutsk*, *Nertchinsk*, *Kiakhta*, grand entrepôt du commerce entre les Russes et les Chinois ; *Okhotsk* et *Saint Pierre-et-Saint-Paul*, ports importants sur le Grand Océan ; *Nikolaevsk*, nouvellement érigée près de l'embouchure de l'Amour ; — dans le Turkestan, *Tachkend*, *Samarkand* l'ancienne et brillante capitale de Tamerlan, et *Khokand*.

LEÇON VI.

RÉCAPITULATION DE L'ASIE.

1. Limites générales : océans, mers, golfes et détroits ; îles et presqu'îles.

Nous venons de parcourir les différentes régions de l'Asie ; jetons maintenant un coup d'œil d'ensemble sur cette partie du monde.

Elle occupe la partie orientale de l'Ancien continent, et s'étend du 1ᵉʳ au 78ᵉ degré de latitude N

Elle tient, vers l'O., à l'Europe et à l'Afrique par trois espaces de terre : le plus grand et le plus septentrional de ces espaces est le territoire des monts Ourals ; celui du milieu est l'isthme du Caucase, entre la mer Caspienne et la mer Noire ; le plus méridional est l'isthme de Suez, qui unit l'Asie à l'Afrique.

Partout ailleurs l'Asie est enveloppée par la mer.

Au N., elle est baignée par l'océan Glacial arctique ; à l'E., par le Grand océan ; au S., par l'océan Indien.

L'océan Glacial arctique forme en Asie les golfes de l'*Obi* et de l'*Iéniséi*.

Le Grand Océan forme les mers de *Beering*, d'*Okhotsk*, du *Japon*, la mer *Jaune*, la mer de *Corée*, appelée aussi mer *Orientale* ou mer *Bleue*, et la mer de *Chine* ou mer *Méridionale*, qui forme les golfes de *Tonkin* et de *Siam*.

L'océan Indien forme le golfe du *Bengale*, la mer d'*Oman*, le golfe *Persique* et la mer *Rouge* ou le golfe *Arabique*.

L'océan Glacial communique avec la mer de Beering par le détroit de *Beering*, resserré entre l'extrémité N. E. de l'Asie et l'extrémité N. O. de l'Amérique.

On passe de la mer de Chine dans le golfe du Bengale par le détroit de *Malaka*, resserré entre la presqu'île de Malaka et l'île de Sumatra.

Le golfe Persique est joint à l'océan Indien par le détroit d'*Ormus*.

La mer Rouge communique avec ce même océan par le détroit de *Bab-el-Mandeb*, resserré entre l'Arabie et l'Afrique.

La mer *Méditerranée*, l'*Archipel*, la mer de *Marmara*, la mer *Noire* et la mer *Caspienne* forment une assez grande partie de la limite de l'Asie, à l'O.

Les côtes de l'Asie sont assez irrégulières, et l'on y voit de grandes presqu'îles.

A l'O., est la presqu'île de l'*Asie Mineure*, située entre la Méditerranée et la mer Noire.

Au S. O., se trouve l'*Arabie*, qui s'avance entre la mer Rouge et le golfe Persique.

Au S., on voit deux grandes presqu'îles : 1° l'*Hindoustan* ou la *presqu'île occidentale de l'Inde*, entre la mer d'Oman

et le golfe du Bengale ; — 2° l'*Indo-Chine* ou la *presqu'île
orientale de l'Inde*, qui comprend la presqu'île de *Malaka*,
et qui est resserrée entre le golfe du Bengale et la mer de
Chine.

A l'E., on remarque : 1° la presqu'île de *Corée*, située
entre la mer Jaune, la mer de Corée et la mer du Japon ;
2° la presqu'île de *Kamtchatka*, entre la mer d'Okhotsk et
la mer de Beering.

On distingue, dans l'océan Glacial, les îles *Liakhov*,
froides et désertes.

A l'E., les îles *Kouriles*, entre la mer d'Okhotsk et
le Grand océan ; — l'île de *Sakhalien* ; — les îles du *Japon*,
situées entre la mer du Japon et le Grand océan, et comprenant : *Nippon*, la plus grande île d'Asie, *Kiousiou*,
Sikok et *Yéso* ; — l'île *Formose*, entre la mer de Corée
et celle de Chine ; — l'île de *Haï-nan*, dans la mer de
Chine.

L'île de *Ceylan*, une des plus belles du monde, est à
l'entrée du golfe du Bengale.

Dans la partie orientale du même golfe, on trouve les
îles *Andaman* et *Nicobar*.

Au S. O. de l'Hindoustan, on voit les îles *Laquedives* et
la longue chaîne des îles *Maldives*.

Dans la Méditerranée, on remarque l'île de *Chypre*,
près et au S. de l'Asie Mineure ; dans l'Archipel, sont les
îles *Sporades*, dont la principale est *Rhodes*, et les îles de
Samos, de *Khios* et de *Métélin*.

Le cap le plus boréal de l'Asie est le cap *Septentrional* ;
— le plus avancé à l'E. est le cap *Oriental*, sur le détroit de
Beering ; — le plus méridional est le cap *Bourou*, à l'extrémité de la presqu'île de Malaka ; — le plus occidental est le
cap *Baba*, dans l'Asie Mineure.

Les autres caps les plus remarquables de l'Asie sont : le
cap de *Bab-el-Mandeb*, à l'extrémité S. O. de l'Arabie, sur
le détroit du même nom, et le cap *Comorin*, à l'extrémité
méridionale de l'Hindoustan.

L'Asie a 10 200 kilomètres de longueur, du N. E. au
S. O., depuis le cap Oriental jusqu'au cap de Bab-el-
Mandeb ; elle a 8000 kilomètres de largeur, depuis le cap
Septentrional jusqu'au cap Bourou. Comme masse *conti-
nentale*, c'est la plus grande des parties du monde : elle

comprend plus d'espace que l'Europe et l'Afrique réunies; avec ses îles, elle a 42 160 000 kilomètres carrés.

§ 2. Montagnes, plateaux et dépressions.

Le sol de l'Asie est très-élevé vers le milieu: Il y forme un plateau, appelé *plateau central de l'Asie*, qui est entouré presque partout d'énormes montagnes: on remarque, parmi ces montagnes, les monts *Altaï*, au N., les monts *Célestes* et *Bolor*, à l'O., les monts *Kara-koram* et *Kouen-lun*, au S. — A quelque distance au S. du plateau, sont les monts *Himalaya*, les plus hautes montagnes de la Terre (8840 mètres d'altitude). —Il existe un second plateau considérable, connu sous le nom de *plateau de la Perse*, et situé à l'O. du précédent, auquel il est uni par le *Caucase indien*.

Dans le S. de l'Hindoustan, sont les deux chaînes des *Ghattes occidentales* et des *Ghattes orientales*.

Dans le N. E. de l'Asie, on voit les monts *Iablonoï* ou *Stanovoï*.

Sur la limite N. O., s'étendent les monts *Ourals*.

Dans l'O., se montrent les hautes montagnes du *Liban*, du *Taurus* et du *Caucase*, et les monts *Ararat* et *Sinaï*, célèbres dans l'histoire de la religion.

On remarque aussi dans l'O. une profonde dépression: celle de la *mer Morte*, dont le niveau est à 400 mètres au-dessous de la Méditerranée. — La *mer Caspienne* est dans une autre dépression, qui est d'une trentaine de mètres au-dessous de la mer Noire.

Dans le N. de l'Asie, on rencontre presque partout des plaines froides et tristes.

Dans le S., au contraire, sont des plaines d'une extrême fécondité. — Il y a vers le milieu, dans l'empire Chinois, et, vers l'O., en Perse, dans le Turkestan et l'Arabie, des déserts sablonneux et salés.

§ 3. Fleuves et Lacs.

L'Asie est partagée en six grandes divisions naturelles: c'est-à-dire deux plateaux: le *plateau central* et le *plateau de la Perse;* — et quatre versants: le *versant du N.* ou de l'océan *Glacial;* — le *versant de l'E.* ou du *Grand Océan;* —

le *versant du S.* ou de l'océan *Indien; — le versant de l'O.* ou des *mers intérieures* (Méditerranée, mer Noire, mer Caspienne et mer d'Aral).

On voit, sur le versant de l'océan Glacial, l'*Ob* ou *Obi-* l'*Iéniséi* et la *Léna.*

Sur le versant du Grand Océan, coulent l'*Amour* ou *Sakhalien-oula;* le *Hoang-ho* ou *fleuve Jaune;* le *Kiang* ou *Yang-tse-kiang*, appelé aussi *fleuve Bleu;* le *Camboge* ou *Mè-kong;* le *Mè-nam;*

Sur le versant de l'océan Indien, on remarque :

Le *Salouen*, l'*Ava* ou *Iraouaddy*, le *Brahmapoutre*, le *Gange;* le *Sind* ou *Indus;* le *Tigre* et l'*Euphrate*, qui se réunissent pour se jeter dans le golfe Persique.

Sur le versant des mers intérieures, les fleuves sont :

L'*Oural*, qui se jette dans la mer Caspienne; le *Djihoun* ou *Amou-daria* (anciennement *Oxus*) et le *Sihoun* ou *Syr-daria*, qui se rendent dans la mer d'Aral.

Les plus grands lacs de l'Asie sont la mer *Caspienne* et la mer d'*Aral*, placées sur le versant de l'O.

Sur le versant du N., est le lac *Baïkal*, qui s'écoule dans l'Iéniséi.

Sur le versant de l'E., se trouvent les lacs *Po-yang* et *Toung-thing*, qui communiquent avec le Kiang; le lac *Talè-Sab*, qui communique avec le *Mè-kong.*

Sur le versant du S., on voit le lac *Tengri* ou *Céleste*, et le grand marais de *Rin*, situé près de la mer d'Oman.

Au milieu du grand plateau central, on remarque le lac *Lob*, et, vers les limites de ce plateau, le lac *Bleu* ou *Khoukhou-noor*, à l'E.; le lac *Issyk-koul*, à l'O.; le lac *Balkhach*, au N. O.

Sur le plateau de la Perse, est le lac ou marais *Hamoûn.*

Sur d'autres plateaux beaucoup moins grands, renfermés entre les versants de l'O. et du S., on voit le lac d'*Ormiah* et le lac de *Van.*

Le lac *Asphaltite* ou la mer *Morte*, célèbre dans l'histoire sainte, est, comme on l'a déjà vu, dans un bassin profond qui ne communique avec aucune mer. Ce lac reçoit au N. le *Jourdain.*

§ 4. Principales races et religions de l'Asie.

La population de l'Asie s'élève à environ 700 millions d'habitants. Elle appartient à la race blanche ou caucasique dans la moitié occidentale et dans quelques parties du N ; elle est de la race jaune ou mongolique dans la moitié orientale et chez un grande nombre de peuplades boréales.

Parmi les peuples de la première race, il en est qui semblent s'en éloigner par leur couleur très-brune, mais qui, par les traits de leur visage et par leur conformation générale, se rapportent aux nations blanches. Tels sont les *Hindous proprement dits* ou *Hindous Aryas*, venus, à une époque reculée, du plateau de la Perse, et qui ont avec les nations de l'Europe des rapports remarquables de conformation et de langue. Les autres peuples de cette race sont : les *Persans*, les *Afghans*, les *Géorgiens*, les *Arméniens*, les *Grecs*, les *Turcs*, les *Kurdes*, les *Turcomans*, les *Ouzbeks*, les *Arabes*, les *Druzes*, les *Maronites* les *Béloutchis*, les *Ostiaks* et quelques autres populations sibériennes d'origine *finnoise*. Il y a, dans la Transcaucasie et la Sibérie, des *Russes* et des *Cosaques* ; dans l'Inde, il se trouve un assez grand nombre d'*Anglais* et de *Portugais-noirs* ; ces derniers descendent d'un mélange de Portugais et d'Hindous.

A la race jaune appartiennent : les *Mongols* (dont font partie les *Kalmouks*), les *Mandchoux*, les *Chinois*, les *Tibétains*, los *Japonais*, les *Aïnos*, les *Coréens* et divers petits peuples de la Sibérie, tels que les *Bachkirs*, les *Toungouses*, les *Iakoutes*, les *Samoïèdes*. Les *aborigènes primitifs de l'Hindoustan*, aujourd'hui refoulés dans le Dékhan, appartiennent aussi probablement à la race mongo ique. — On comprend, sous le nom assez vague de *Tatares* (appelés improprement *Tartares*), des peuples répandus dans les régions centrales, occidentales et septentrionales, et formés d'un mélange de Turcs et de Mongols ; tels sont les *Kirghiz*.

Les *Indo-Chinois* tiennent à la fois aux races blanche et jaune : les *Birmans*, les *Siamois*, les *Cambodgiens*, se rapprochent de la famille hindoue ; les *Cochinchinois*, les *Tonkinois* et quelques autres se rapprochent de la famille chinoise et font partie de la race jaune.

On trouve encore dans l'Indo-Chine, surtout au S., des

populations *malaises*; et il y a des habitants *nègres* dans les îles Andaman.

L'Asie a vu sortir de son sein les nations qui ont peuplé ou conquis tout l'Ancien continent, et probablement le globe entier. Elle fut le berceau des sciences, des arts et des idées religieuses qui se sont répandus dans l'Occident et y ont enfanté une si brillante civilisation; mais elle-même est restée stationnaire dans plusieurs de ses contrées, et dans d'autres elle a rétrogradé; car les pays asiatiques occidentaux, d'où l'Europe a tiré ses lumières, sont aujourd'hui peu policés, et la Chine, l'Inde, où une foule d'inventions curieuses ont pris naissance, n'offrent pas de progrès dans leur civilisation; elles restent ce qu'elles étaient il y a plusieurs siècles. Cependant le Japon, avancé depuis longtemps dans la culture des sciences et de l'industrie, ne néglige pas les nouveaux progrès que lui fournissent les rapports avec l'Europe.

La religion *mahométane* ou *musulmane*, née en Arabie, domine dans les parties occidentales, et s'étend jusque vers le centre et vers les extrémités méridionales.

Cette partie du monde fut aussi le berceau du *christianisme* et du *judaïsme*. Les chrétiens ne sont un peu nombreux que dans la Turquie d'Asie, le voisinage du Caucase, la Sibérie, l'Hindoustan; enfin, des missionnaires propagent activement la religion chrétienne dans la Chine et l'Indo-Chine.

Le *brahmisme*, religion païenne, domine dans l'Hindoustan; le *bouddhisme* est répandu surtout dans l'empire Chinois, dans l'Indo-Chine et au Japon. Suivant la croyance de la plupart des bouddhistes, la divinité supérieure subsiste éternellement dans la personne du Grand-Lama, souverain du Tibet. Le *chamanisme*, qui, chez plusieurs peuplades, descend à l'adoration des esprits malveillants, se rattache au bouddhisme; il est répandu chez les peuplades du N. Il existe, dans la Perse et l'Hindoustan, un assez grand nombre de *parsis* ou *guèbres*, adorateurs du feu. Il n'y a plus guère de *sabéens* ou adorateurs des astres, autrefois très-nombreux dans l'O. de l'Asie.

§ 5. Colonies et possessions européennes.

Les Anglais et les Russes sont les deux puissances européennes qui ont les plus importantes possessions en Asie : les premiers dominent dans le S., les seconds s'étendent vers le N. et s'avancent de jour en jour vers le centre.

Les **Anglais** ont la plus grande partie de l *Hindoustan ;* le quart env. de l'*Indo-Chine ;* l'île de *Ceylan ;* les îles *Andaman* et *Nicobar ;* l'île de *Hong-kong*, en Chine ; *Aden*, l'île de *Perim* et quelques autres petites îles en Arabie Ils occupent l'île de *Chypre*, nominalement soumise à la Turquie. Leurs possessions asiatiques contiennent près de 200 millions d'h.

Les **Russes** ont la *Transcaucasie*, la *Sibérie*, les parties de la *Mandchourie*, de la *Mongolie*, et du *Turkestan* récemment acquises, et la grande île de *Sakhalien*. L'étendue qu'i s occupent est bien plus considérable que celle qui est au pouvoir des Anglais ; mais il y a beaucoup moins d'habitants : on n'en compte qu'environ 10 millions.

Les colonies asiatiques de la **France** sont dans l'*Hindoustan* (où se trouvent Pondichéry, Chandernagor, etc.) et dans l'*Indo-Chine* (où est la *Basse-Cochinchine*). La population de tout ce que les Français possèdent en Asie s'élève à environ 1 million 500 mille âmes.

Les colonies **portugaises** se composent de l'île de *Goa*, de quelques autres points de l'Hindoustan et de la ville de *Macao*, dans l'île du même nom, en Chine. Elles comptent 530 000 âmes.

LEÇON VII.

GÉOGRAPHIE DE L'AFRIQUE.

RÉGION DU NORD-EST DE L'AFRIQUE.

§ 1. Bassin du Nil ; principales expéditions faites vers les sources de ce fleuve ; pays qu'il arrose.

Entrons de l'Asie dans le N. E. de l'Afrique, par l'isthme de Suez, entre la Méditerranée et la mer Rouge.

Le trait géographique principal qui nous frappe dans cette partie de l'Afrique est le **Nil**, célèbre fleuve, qui se forme par la réunion du *Nil Blanc* ou fleuve *Blanc (Bahr-el-Abiad)* et du *Nil Bleu* ou fleuve *Bleu (Bahr-el Azrak)*; ce dernier prend naissance dans les montagnes de l'Abyssinie et franchit peu de temps après le grand lac *Dembéa* ou *Tana*. Le Nil Blanc, qui paraît le plus considérable des deux, et que l'on regarde comme le vrai Nil supérieur, vient du S. O., au voisinage de l'équateur. Un grand nombre de voyageurs ont exploré dans les derniers temps cette branche, et cherché à en découvrir le parcours. D'après les découvertes des capitaines Speke et Grant, de Baker, de Stanley, de Gordon, de Gessi et de plusieurs autres voyageurs récents, il sort du lac *Victoria* ou *Oukérévé-Nyanza*, à quelque distance au-dessous de ce lac, fait un grand détour à l'O., entre dans le lac *Albert* ou *Movutan-Nzighé*, et s'en échappe pour couler au N.

Après la jonction des deux grandes rivières qui le forment, le Nil reçoit à droite le *Tacazzé* ou *Atbara*; il parcourt du S. au N. la Nubie, puis l'Égypte, et se jette dans la Méditerranée par plusieurs branches, dont les deux principales sont celles de *Damiette*, à l'E., et de *Rosette*, à l'O. C'est entre ces dernières qu'est renfermé le fameux *Delta*.

L'après Stanley, la branche originaire du fleuve serait un tributaire du lac Victoria.

Les pluies qui tombent dans la zone torride, où sont les sources du Nil, font gonfler le fleuve vers le solstice de juin, et il inonde bientôt toute sa vallée inférieure et tout le Delta; la crue augmente jusqu'à l'équinoxe de septembre, puis les eaux décroissent peu à peu.

Les anciens Égyptiens, remplis d'admiration pour les inondations bienfaisantes du Nil, les attribuaient à des causes surnaturelles, et les célébraient par des fêtes solennelles

Ce fleuve forme plusieurs cataractes, dont six sont particulièrement célèbres, quoiqu'elles soient peu élevées.

2. Abyssinie.

L'Abyssinie, ou plutôt l'Éthiopie, est un pays montagneux et pittoresque, qui renferme les sources du Nil

Bleu et le lac Dembéa. Une grande partie de cette contrée forme un empire, dont le souverain a le titre de *négous*, et dont la capitale est *Gondar*, située dans la région d'*Amhara*. — On remarque à l'E. l'important pays de *Tigré*, qui n'est qu'à moitié soumis à cet empire et dont la capitale est *Adoueh*. — Dans le sud, se trouve le *Choa*. — On remarque, sur la mer Rouge, le port de *Massaoua*, qui appartient à l'Égypte.

Les *Galla*, très-répandus dans l'Abyssinie, se distinguent des nègres par leurs cheveux longs et bouclés (mais non laineux), par un teint rougeâtre et par des traits qui les rapprochent de la race blanche.

Les Abyssins proprement dits, qui se nomment euxmêmes *Itiopavan* (Éthiopiens) ou *Agazian*, ont le teint à peu près noir; ils se rattachent cependant à la race blanche par les traits de leur visage.

Les Français ont des droits sur quelques points de l'Abyssinie, entre autres, l'île de *Dissi* et les ports d'*Adulis* et d'*Edd*.

§ 3. Nubie et Soudan oriental.

Au sud de l'Abyssinie, on entre dans la **Nubie**, généralement dépendante du vice-roi d'Égypte, et traversée du S. au N. par le *Nil* (qui s'y forme par la réunion du *Nil Blanc* et du *Nil Bleu*). — On y remarque : le *Dongola*; — le *Halfáy*, dont la principale ville est *Khartoum*, au confluent des deux Nils; — le *Sennár*, avec une capitale du même nom, sur le Nil Bleu; — le *Taka*, à l'E. du Nil proprement dit.

A la Nubie se trouve annexée, comme une possession du vice-roi d'Égypte, le *Kordofan*, pays du Soudan. — On comprend cette province et le S. de la Nubie sous la dénomination générale de *Soudan oriental*.

La partie orientale de la Nubie renferme le grand désert de *Korosko* et le port de *Saouakin*, sur la mer Rouge.

On appelle *île de Méroé* la presqu'île comprise entre le Nil Bleu, le Nil proprement dit et le Tacazzé.

§ 4. Égypte; villes principales. — Isthme et canal de Suez; mer Rouge.

En descendant toujours le Nil, on arrive en **Égypte**, région fameuse par son ancienne civilisation, par ses intéressantes ruines, et gouvernée par un vice-roi ou *khédive*, tributaire de la Turquie. Le Nil la traverse du S. au N., et la féconde par ses utiles débordements. Elle est divisée en *Haute*, *Moyenne* et *Basse-Égypte*. C'est dans cette dernière que sont les villes les plus importantes du pays : *Le Caire*, capitale, sur le Nil, peuplée de 350 000 habitants; *Alexandrie* (220 000 habitants), port célèbre, sur la Méditerranée, principal entrepôt du commerce maritime de l'Égypte; *Rosette*, *Damiette*, situées chacune à l'embouchure de l'une des deux principales branches du Nil, qui forment le Delta; *Suez*, port sur la mer Rouge; *Port-Saïd*, sur la Méditerranée. — Entre ces deux derniers ports, se trouve l'*isthme de Suez*, qui sépare la Méditerranée de la mer Rouge, et qui joint l'Afrique à l'Asie; on a coupé cet isthme par un canal de grande navigation, dont le commerce du monde tire un immense avantage ; un canal d'eau douce, dérivé du Nil, vient le rejoindre; au milieu de l'isthme, est *Ismaïlia*, sur le lac Timsah, qui forme un port intérieur.

On remarque *Gizeh* et *Minieh*, dans la Moyenne-Egypte; — *Siout* et *Girgeh*, dans la Haute-Egypte.

Parmi les anciens monuments si nombreux, on distingue ceux des ruines de *Thèbes* et de *Dendérah*, dans la Haute-Egypte, et les *Pyramides*, vers l'emplacement de *Memphis*, à peu de distance du Caire.

Tout ce qui, en Égypte, se trouve loin de la vallée ou du delta du Nil, est stérile et désert, excepté quelques oasis, dont les principales sont la *Grande Oasis*, la *Petite Oasis*, et l'oasis de *Syouah* (l'ancienne oasis d'Ammon), à l'O.

La population des possessions égyptiennes (aussi bien en Egypte qu'en Nubie, sur le haut Nil Blanc et dans le Darfour) est d'environ 15 millions d'habitants.

L'Egypte est dans une position physique très-remarquable, qui la rend propre à être le lien du commerce entre l'Afrique et l'Asie, entre l'Europe et l'Inde. La mer Méditerranée, qui la baigne au N., la met en communication avec l'Europe et l'Asie Mineure ; la mer Rouge, qui la limite à l'E., porte les bâtiments qui partent de Suez sur les côtes d'Arabie, de Nubie, d'Abyssinie ; puis ces bâtiments franchissent le détroit de Bab-el-Mandeb, entrent dans l'océan Indien, et vont dans l'Inde, la Chine, le Japon, l'Océanie, le S. E. de l'Afrique.

Outre le canal que l'on a créé entre les deux mers, l'Égypte a un chemin de fer qui conduit de l'une à l'autre, en allant d'Alexandrie au Caire et du Caire à Suez.

LEÇON VIII.

RÉGION DU NORD-OUEST DE L'AFRIQUE.

§ 1. L'Atlas.

L'Atlas est une vaste chaîne de montagnes qui s'étend de l'O. à l'E., depuis l'océan Atlantique, auquel il a donné son nom, jusqu'au cap Bon, sur la Méditerranée, en face de la Sicile. Le point le plus élevé est, à l'O., le mont *Miltsin*, qui a 3475 mètres ; — au milieu, se trouvent les monts *Amour* et *Aourès*. — Le mont *Jurjura* est un rameau célèbre, qui s'avance vers la Méditerranée, et s'élève à 2300 mètres ; moins près de la mer, on remarque le mont *Mouzaïa*, renommé par ses mines de cuivre, et qui, avec d'autres montagnes, forme un massif à peu près parallèle à l'Atlas.

Le pays resserré entre l'Atlas et la Méditerranée est connu sous le nom de *Tell;* il est bien arrosé, très-fertile, et surtout riche en céréales ; mais, au S. de ces montagnes, s'étend le *Sahara*, c'est-à-dire le Désert. Sur les limites du Tell et du Sahara, sont de grands *plateaux*, riches en pâturages.

§ 2 États Barbaresques.

On nomme **États Barbaresques** ou **Barbarie** (ou mieux *Berbérie* , d'après les *Berbers* qui l'habitent depuis un temps immémorial) la grande contrée que couvre le mont Atlas et qui s'étend à l'E. de cette chaîne jusqu'à l'Égypte, Elle se trouve en face de l'Espagne, de la France, de l'Italie et de la Grèce, dont elle est séparée par la mer Méditerranée. Cette mer y forme les golfes de la *Sidre* et de *Cabès*, et l'on y remarque le cap *Bon* et le cap *Blanc*, le plus avancé, vers le N., de toute l'Afrique.

La Barbarie se compose de quatre divisions politiques : la régence de *Tripoli*, la régence de *Tunis*, l'*Algérie* et l'empire de *Maroc*.

La régence de **Tripoli,** la plus orientale de ces divisions, est très-étendue, mais peu peuplée, et gouvernée par un pacha qui reconnaît la suzeraineté de l'empereur de Turquie ; elle se compose du *Tripoli* proprement dit, du gouvernement de *Benghazy* (comprenant le désert de *Barcah*), du royaume de *Fezzan* et de l'oasis de *Ghadamès*. La capitale est *Tripoli*, sur la Méditerranée.

La régence de **Tunis** ou la **Tunisie,** qui s'étend du N. au S., à l'O. des golfes des Syrtes, est gouvernée par un bey, dont la nomination doit être sanctionnée par l'empereur de Turquie ; la capitale est *Tunis*, près d'un golfe du même nom et vers l'emplacement de l'ancienne *Carthage*.

L'**Algérie,** importante possession française, se trouve à l'O. de la Tunisie. Nous y reviendrons tout à l'heure.

L'empire de **Maroc,** placé à l'extrémité N. O. de l'Afrique, en face de l'Espagne, et baigné à la fois par la Méditerranée, le détroit de Gibraltar et l'Atlantique, est un pays admirablement placé et d'une extrême fertilité. Les deux capitales sont *Maroc* et *Fez ;* les autres villes sont *Méquinez*, dans l'intérieur; *Tanger, Mogador*, sur l'Atlantique. — Les Espagnols y ont *Ceuta*, sur le détroit de Gibraltar, et d'autres places maritimes.

§ 3. Algérie.

L'**Algérie** s'étend de l'E. à l'O., en face de la France, sur la Méditerranée, où elle offre les golfes de *Bône*, de *Stora*, de *Bougie*, la rade d'*Alger*, les golfes d'*Arzeu* et d'*Oran*. Elle a 600 000 kilom. carrés.

La chaîne de l'*Atlas* la parcourt de l'O. à l'E.

L'Algérie est, comme toute la Barbarie occidentale, divisée physiquement en trois parties : 1° le pays voisin de la côte ou le *Tell*, qui est surtout fertile en céréales ; — 2° les *plateaux*, renfermés entre l'Atlas et le massif plus voisin de la mer, et riches particulièrement en pâturages ; — 3° le *Sahara algérien*, qui est une espèce de désert sablonneux, mais parsemé d'oasis où abondent d'excellents fruits. Il s'y trouve plusieurs grands lacs salés, souvent à sec et n'offrant alors qu'une croûte de sel et de sable ; le plus considérable est le *Melghigh*. Cette partie du Sahara est dans une dépression de plus de 25 m. au-dessous de la Méditerranée, et l'on a conçu le projet d'y introduire les eaux de cette mer. Il y a près de l'Atlas d'autres lacs ou *sebkha* qui sont aussi desséchés une partie de l'année ; un des plus importants est celui de *Saïda* ou *Hodna*.

Parmi les cours d'eau qui, descendus de l'Atlas, se rendent dans la Méditerranée, les principaux sont : de l'E. à l'O., la *Medjerda* (ancien *Bagradas*) ; la *Seïbouse* ; l'*Ouad-el-Kebir*, qui reçoit le *Rummel* ; l'*Ouad-Sâhel*, le *Chélif*, la *Tafna*, qui a pour tributaire l'*Isly*, célèbre par une bataille gagnée par le général Bugeaud sur les Marocains, en 1844. Parmi ceux qui se perdent dans les lacs salés ou dans les sables de la zone méridionale, on remarque l'*Ouad-Djeldi*.

Deux saisons se partagent l'année : la saison sèche, de mars à novembre, et la saison des pluies, de nov. à mars.

La population de l'Algérie est évaluée à 3 millions d'habitants, qui appartiennent à deux souches principales : les *Arabes* et les *Berbères* ou *Kabyles*.

On désigne sous le nom assez vague de *Maures* des habitants des villes et des plaines cultivées, qui sont ou de simples Arabes, ou un mélange d'Arabes, d'indigènes africains et de populations venues anciennement d'Europe.

Il y a, en outre, des *Juifs*, occupés de commerce et de diverses industries ; — des *Turcs* qui, au seizième siècle, s'étaient établis les dominateurs du pays ; — des *Koulouglis*, nés du mélange des populations turque et arabe ou maure ; — des *nègres*, venus du centre de l'Afrique comme esclaves, mais aujourd'hui libres ; — enfin, 200 000 *Européens* (sans y comprendre l'armée).

L'Algérie constitue un gouvernement général, divisé en trois provinces : celles d'*Alger*, d'*Oran* et de *Constantine*. Chaque province, considérée comme territoire civil, forme un *département;* considérée comme territoire militaire, elle prend le nom de *division.*

Les principales villes sont :

1° Dans la **province d'Alger :** *Alger*, capitale du gouvernement général, et bâtie en amphithéâtre sur la côte occidentale de la rade du même nom, avec 65 000 habitants. — *Blidah*, dans une position délicieuse, au pied de l'Atlas. — *Médéah*, vers un célèbre défilé. — *Milianah*, *Orléansville*, dans la vallée du Chélif. — *Dellys, Ténez, Cherchel* (anciennement *Julia Cæsarea*), villes maritimes ; — *Fort-National*, dans la *Grande Kabylie*, soumise seulement depuis 1857 et comprise dans le N. E. de la province d'Alger. Les *Zouaoua*, une des plus courageuses tribus kabyles de cette région, ont donné leur nom au brillant corps militaire français des *Zouaves*.

2° Dans la **Province d'Oran :** *Oran*, importante place forte et maritime ; — *Mers-el-Kebir*, port vaste et sûr, le meilleur de la côte africaine de la Méditerranée, près et à l'ouest d'Oran. — *Arzeu*, avec un bon port. — *Mazagran*, illustrée par une belle défense des Français, en 1840. — *Mostaganem*, ville maritime et industrieuse. — *Mascara*, qui a été la capitale d'Abd-el-Kader. — *Tlemcen*, ancienne capitale d'un royaume du même nom.

3° Dans la **province de Constantine :** *Constantine* (ancienne *Cirta*), sur le Rummel, dans une position très-forte. — *Bougie*, port de mer et place forte, sur un golfe du même nom. — *Philippeville*, port très-fréquenté, sur le golfe de Stora. — *Bône* (anciennement *Hippone-Royal*), avec un beau port, sur le golfe du même nom, à l'embouchure de la Seïbouse. — *Sétif* (ancienne *Sitifis*), dans la grande plaine de la Medjana. — *Guelma* (anciennement *Suthul*, puis *Calama*). — *Bathna*. — *Biskara*, très-loin dans l'intérieur.

L'Algérie est extrêmement fertile dans les endroits bien arrosés. Elle a d'excellents blés. On y voit croître en abondance le maïs, le riz, le tabac, le dattier, l'olivier, l'oranger, le figuier, l'amandier, le cotonnier, le lin, la vigne, la garance, le pêcher, l'abricotier, le pistachier, le mûrier, le grenadier, la canne à sucre ; les artichauts, qui viennent sans culture ; le jujubier. Les belles forêts qui couvrent les montagnes se composent d'oliviers sauvages, de pins, d'ifs, de térébinthes, de cyprès, de thuyas, de lauriers-roses, d'arbousiers, de chênes-liéges, de chênes au gland doux, etc.

Cette contrée nourrit de beaux chevaux. On se sert beaucoup d'ânes, de mulets et de chameaux. Les autruches et les gazelles parcourent les déserts ; le lion, la panthère et l'hyène sont très-communs ; les scorpions abondent partout. Des animaux plus nuisibles encore sont les sauterelles ou criquets, qui font d'affreux ravages dans les plantations. On pêche du corail le long de la côte.

Il y a des mines d'argent, de cuivre, de plomb, de fer, de zinc, d'antimoine, et des carrières de beau marbre. Le sel est abondant.

L'Algérie a une grande importance militaire : elle est un excellent champ d'exercice pour nos troupes, qui s'y forment à toutes les fatigues, au rude métier de la guerre, et qui tiennent en respect les autres États Barbaresques et toutes les populations du nord de l'Afrique ; enfin, la situation de cette possession nous permet de surveiller les grands événements qui peuvent se passer dans la Méditerranée.

Le commerce de l'Algérie s'accroît tous les jours, quoiqu'il ne donne pas encore tout ce qu'on pourrait espérer. Les rapports de navigation avec la France sont nombreux et productifs ; les exportations en Europe, provenant du sol ou de l'industrie du pays, consistent en peaux, laines, moutons, sangsues, plumes de parure, soie écrue ou en cocons, cire, corail, fruits (oranges, jujubes, dattes, etc.), blé, tabac, garance, cochenille, sandaraque, huile d'olive, racines médicinales, liége brut, bois d'ébénisterie, écorces à tan, fourrages, métaux (cuivre, fer, plomb). Les relations avec l'intérieur de l'Afrique sont peu actives ; il ne se dirige pas de caravanes de l'Algérie vers le midi, comme il en part du Maroc, de la Tunisie et de Tripoli.

LEÇON IX.

RÉGION SAHARIENNE
AVEC LES BASSINS DU NIGER ET DU SÉNÉGAL),

§ 1. Le Sahara ou Grand Désert.

Le Sahara ou **Grand Désert**[1] s'étend au S. de la Barbarie, depuis l'Egypte et la Nubie jusqu'à l'océan Atlantique, où sa côte présente les caps *Blanc* et *Bojador*. Il a, de l'E. à l'O., une longueur presque égale à celle de l'Europe ; il se compose, en partie, de vastes plaines arides, à travers lesquelles des oasis se présentent çà et là, entre autres, celles de *Touât*, à l'O., de *Bilma*, à l'E., et d'*Ahir* ou *Asben*, au S. Il s'y trouve aussi des groupes de montagnes, dont les plus considérables sont les monts d'*Ahaggar*, au N., au milieu d'un pays d'un aspect plus varié et plus pittoresque qu'on ne croirait en voir dans le Sahara.

Il tombe, du mois de juillet au mois d'octobre, une pluie assez abondante, mais non dans toute l'étendue du Sahara, dont plusieurs parties ne sont jamais rafraîchies par une seule goutte d'eau.

L'animal le plus utile est le chameau, qu'on a surnommé le *vaisseau du désert*. L'acacia gommier, qui donne la gomme arabique, est un des principaux végétaux.

Les marchands qui se rendent de la Barbarie dans la Nigritie traversent le Sahara, réunis en caravanes qui comptent souvent jusqu'à 2000 personnes et à peu près autant de chameaux. Elles viennent de Tripoli et de Tunis, par Ghadamès et Mourzouk, et du Maroc, par l'oasis de Touât ; elles se dirigent particulièrement sur Tombouctou, Kano et Kouka, en Nigritie.

La population éparse sur cette vaste contrée est surtout d'origine berbère ; mais il y a un certain nombre d'Arabes. Les principales tribus sont celles des *Touareg* (au singulier

1. Appelé plus particulièrement par les Arabes *Sahara-el-Faldi*.

Targhi), dans les régions centrales; — celles des *Tibou* ou *Téda*, à l'E.; — les *Trarza*, les *Brakna*, à l'O.

On remarque aussi à l'O. l'oasis de *Tychyt*, dont le sol est riche en sel gemme, et dont les maisons sont bâties en blocs de ce minéral; le pays de *Tagant*, le pays d'*Adrar*, et celui de *Tiris*.

Les habitants du Sahara sont généralement grands, minces, et ont une constitution robuste. Les Touareg sont assez blancs; une pièce d'étoffe leur voile la figure. Ce peuple berber, dont le vrai nom est *Imouchar* et dont la langue s'appelle *tomachek*, est essentiellement pasteur et nomade.

Les Tibou sont noirs, quoique appartenant, sous quelques rapports, à la race blanche par leur conformation.

§ 2. Bassin du Niger. — Lac Tchad. — Nigritie ou Soudan.

Le **Niger**, que les indigènes appellent *Diali-ba* et *Kouara*, coule dans l'O. et le centre de l'Afrique, en se dirigeant d'abord au N. E., ensuite à l'E., enfin au S., et va se jeter dans le golfe de Guinée, par plusieurs branches, qui enveloppent un vaste delta. Il reçoit par sa rive gauche une grande et belle rivière nommée *Bénoué* ou *Tchadda*.

Le Kouara forme une cataracte à Boussa, où a péri, en 1805, le voyageur Mungo-Park, un des premiers qui aient vu ce fleuve. Les autres voyageurs qui ont le plus contribué à faire connaître le Niger sont le Français Caillié, les Anglais Clapperton, R. Lander, Baikie, les Allemands Barth et Rohlfs, les officiers français Mage et Quintin.

Parmi les montagnes qui entourent le bassin du Kouara, on cite les monts de *Kong*, très-peu connus. — Les monts *Camarones*, d'une altitude de 4500 mètres, s'élèvent au S. E. du delta de ce fleuve.

Non loin du Niger, se trouve le grand lac **Tchad** ou **Tsad**, dont l'eau est douce, et auquel il n'y a d'écoulement qu'à l'époque des hautes eaux, vers le N. E., par le *Bahr-el-Ghazal*, à sec pendant la plus grande partie de l'année, comme l'a fait connaître un savant voyageur Nachtigal. Ce lac reçoit au S. un assez grand fl.ve nommé *Chari*. A l'E. est le lac *Fittri*, fort peu connu.

La **Nigritie**, qu'on appelle en arabe *Soudan*, ou plutôt

Beled-es-Soudan (c'est-à-dire pays des nègres), porte plus particulièrement, chez les indigènes, le nom de *Takrour.* Elle comprend une grande partie du bassin du Niger, tout celui du lac Tchad, et s'avance à l'E. jusqu'au Nil Blanc et jusqu'aux lacs Albert et Victoria.

Malgré son nom, la Nigritie n'a pas que des populations nègres ; les *Fellata, Fellani* ou *Foulbé,* un des peuples les plus importants qui s'y trouvent, sont de couleur bronzée ou rougeâtre ; leurs cheveux sont longs et lisses, et non laineux, comme ceux des nègres; ils ont les lèvres moins épaisses et le nez moins épaté que ceux-ci.

La Nigritie se divise en un grand nombre de royaumes et de pays; tels sont, en commençant à l'O. et en suivant d'abord le bassin du Niger :

• Le pays des *Bambara* ou *Mandingues* (compr. les royaumes et les villes de *Ségou* et de *Djenné*); — le *Massina;* — *Tombouctou* ou mieux *Ten-Boktou,* siége d'un grand commerce ;

Le *Haoussa,* vaste et industrieux pays, où sont les villes de *Yaouri,* de *Sakatou,* de *Vourno,* de *Kachena,* de *Kano,* le plus grand marché de l'Afrique centrale ;

L'empire de *Bournou* (capitale *Kouka*) et les royaumes de *Baghırmi* et de *Kanem,* vers le lac Tchad ;

Le royaume d'*Adamaoua,* au S.;

Le *Ouadây,* le *Darfour* (soumis à l'Egypte), à l'E.;

Le *Kordofan,* situé aussi à l'E., et compris de même dans les possessions du vice-roi d'Égypte ;

Les pays des *Dinka,* des *Chelouk,* des *Nouerr,* des *Barri,* des *Berri,* des *Niam-Niam,* des *Djour,* vers le Nil Blanc; pays généralement rangés aussi sous la dépendance de l'Egypte, et qui ont été récemment décrits par le voyageur Schweinfurth.

§ 3. Sénégambie et Guinée.

A l'O. du bassin du Niger, sont ceux du *Sénégal* et de la *Gambie,* deux grands fleuves, qui coulent de l'E. à l'O., et qui ont fait donner le nom de **Sénégambie** à la contrée la plus occidentale de l'Afrique.

Le cap *Vert,* qui la termine à l'O., est le point le plus occidental de l'Ancien continent.

La Sénégambie a un climat très-chaud et un sol très-fertile. Il y a d'épaisses forêts, formées de palmiers, de tamariniers, de papayers, de citronniers, d'orangers, de sycomores, de baobabs (les plus gros arbres du monde), de bombax, de chis ou arbres à beurre, qui donnent une matière semblable au beurre. Les acacias-gommiers sont communs, surtout dans le N., où le commerce de la gomme est très considérable. L'arachide, qui donne une huile abondante, est aussi une production très-importante.

Trois nations européennes, les *Français*, les *Anglais* et les *Portugais*, ont des possessions dans la Sénégambie.

Les Français possèdent la plupart de leurs établissements sur les bords du Sénégal. Leur chef-lieu est *Saint-Louis*, sur une île de ce fleuve, près de son embouchure. — Une de leurs principales positions maritimes est l'île de *Gorée*, près et au S. du cap Vert, avec un excellent port. — Vis-à-vis ils ont, sur le continent, le port de *Dakar*.

Le royaume d'*Oualo* est compris aussi dans les possessions de la France.

Les Anglais ont quelques établissements sur la Gambie.

Les Portugais se sont établis plus au S.

Il y a, en outre, dans la Sénégambie, un grand nombre de petits états et de peuples indigènes.

Quelques-uns des habitants, au N., sont des hommes d'origine arabe ou berbère. Mais la masse de la population se compose de nègres; les *Ouolof*, qui passent pour les plus noirs de tous les nègres, sont une des principales nations de cette race. Les *Mandingues*, ou plutôt *Malinka*, que l'on rencontre particulièrement dans l'E. et le S., sont d'autres nègres, intelligents et industrieux.

Les *Foula*, *Poul* ou *Peul*, répandus dans plusieurs pays de la Sénégambie, sont une belle nation, d'un rouge noirâtre ou d'un brun jaunâtre, qui appartient à la même famille que les Fellata de la Nigritie.

Une vaste contrée située le long de l'Atlantique, au S. de la Sénégambie et de la Nigritie, a reçu le nom de **Guinée**.

On appelle **Guinée supérieure** la partie de la Guinée qui s'étend depuis la Sénégambie jusqu'à l'équateur, et sur la côte de laquelle l'océan Atlantique forme un grand avancement nommé *golfe de Guinée*. Le delta du *Niger* ou *Kouara* en occupe à peu près le milieu.— La *Guinée inférieure* est dans l'Afrique australe : nous en parlerons plus loin.

En descendant du N.O. au S. E., on remarque en Guinée : la côte de *Sierra-Leone*, qui appartient aux *Anglais*, et dont le chef-lieu est *Freetown;* — la côte des *Graines* ou du *Poivre*, où se trouve la petite république nègre de *Liberia*, fondée par les Américains pour les nègres affranchis; — la côte d'*Ivoire* ou des *Dents*, où la *France* avait les établissements de *Dabou*, *Grand-Bassam* et *Assinie;* — la côte d'*Or*, qui a pour villes principales *Coumassie*, capitale de l'empire d'*Achanti; Cap-Corse* ou *Cape-Coast-Castle*, *Saint-George de la Mine*, aux *Anglais;* — la côte des *Esclaves*, comprise dans le royaume de *Dahomeh*, dont la capitale est *Abomeh;* — la côte de *Lagos*, qui est depuis peu une dépendance de l'*Angleterre;* — la côte de *Bénin*, avec une assez grande ville du même nom; — la côte de *Calebar;* — celle de *Gabon*, où la *France* a un établissement.

Dans l'intérieur, derrière la côte de Lagos, est le pays de *Yarriba*, où se trouve la grande ville d'*Abbéokuta*.

La Guinée supérieure est exposée aux chaleurs les plus ardentes de la zone torride. Des pluies périodiques, qui tombent du mois de juin au mois d'octobre, rafraîchissent, il est vrai, la température; mais elles nuisent à la salubrité de l'air.

On y voit de belles espèces de palmiers, entre autres, des élaïs, dont on tire de l'huile et une espèce de beurre; des bambous, des ébéniers, du riz, du maïs, du millet, des bananes, des ananas, des oranges, de l'indigo, des arachides, des papayes, fruit analogue au melon, que produit un arbre élégant; des mangliers, dont une espèce, appelée opa, donne l'excellent pain de *dika;* des cannes à sucre, du tabac, des épices, particulièrement du poivre de Guinée, appelé aussi malaguette ou maniguette, substance d'une saveur âcre et brûlante, comparable à celle du poivre.

Les éléphants y sont fort nombreux, et fournissent au commerce une grande quantité d'ivoire. La civette produit un parfum renommé. Les singes sont communs, et, parmi leurs espèces, on distingue les gorilles, d'une taille et d'une force extraordinaires. —La principale richesse minérale est a poudre d'or.

§ 4. Iles africaines dans l'Atlantique.

Les îles **Açores** se trouvent à 900 kilomètres à l'O. du *Portugal*, auquel elles appartiennent. Elles en sont un peu plus rapprochées que de l'Afrique, à laquelle on a cependant coutume de les rattacher. Le climat y est en général salubre et tempéré, mais les coups de vent et les tremblements de terre y sont fréquents. L'ananas, le coco, le citron, l'orange, la fraise, le raisin, la banane, y réussissent, aussi bien que la pomme et la poire.

Les Açores, au nombre de dix, renferment environ 260 000 habitants. Les principales sont : *Tercère* ou *Terceira*, avec la ville d'*Angra*,—*São-Miguel*, île montagneuse et volcanique, la plus voisine du Portugal, et dont le chef-lieu, *Ponta-Delgada*, est la ville la plus commerçante des Açores ; — *Santa-Maria*, l'île la plus méridionale ; — *Fayal*, renommée par la fertilité de son sol et le riche aspect de ses paysages ; — *Pico*, très-rapprochée de Fayal, et surmontée d'un pic très-élevé.

Les îles **Madère**, composées de deux îles, *Madère* et *Porto-Santo*, et de quelques îlots déserts, sont une des plus anciennes possessions *portugaises*. Elles sont situées au S. E. des Açores, à 660 kilomètres environ des côtes occidentales de l'Afrique. La population est de plus de 120 000 habitants.

Madère, la principale île du groupe, a un sol montueux et volcanique. Il était tout couvert de bois quand les Portugais y abordèrent pour la première fois en 1419, et c'est pour cela qu'ils appelèrent cette île *Madeira* (bois). La vigne en forme la plus grande richesse, et donne des vins renommés.

Funchal est la capitale.

Les **Canaries** composent un important archipel, qui était connu des anciens sous le nom d'îles *Fortunées*. Les Espagnols les possèdent ; elles sont célèbres par leur douce température et leurs riches productions : lauriers, arbousiers, pins, orangers, myrtes, cyprès, vigne, etc. On en compte vingt, dont sept principales ; elles renferment plus de 265 000 âmes.

La plus grande et la plus peuplée des Canaries est *Ténérife*, dans le S. de laquelle s'élève un fameux pic volcanique, haut de 3700 mètres. — Sur la côte N. E. de l'île, est *Sainte-Croix* ou *Santa-Cruz*, ville de 10000 âmes, siége du gouvernement de l'archipel.

A l'E. de Ténérife, on voit *Canarie* ou la *Grande-Canarie*, qui a donné son nom à tout l'archipel, et où s'élève la belle ville de *Las Palmas*, peuplée de. 18 000 habitants ; — assez près du continent, sont *Lancerote* et *Fortaventure*.

A l'O., se trouvent : *Palma*, qui renferme un immense cratère ; *Gomère*, et l'île de *Fer*, qui était la terre la plus reculée que les anciens connussent à l'O., et où presque toutes les nations de l'Europe firent longtemps passer le premier méridien (à 20° à l'O. de Paris).

Les îles du Cap-Vert, qui appartiennent aux *Portugais*, se composent de dix îles principales.

Santiago est la plus étendue. On y éprouve de grandes sécheresses, qui ont souvent amené la disette. *Villa de Praya* ou *Puerto-Praya* est la capitale de l'île et de tout l'archipel.

Les autres principales îles sont : *Saint-Nicolas* ; — *Mayo*, riche en sel, en bestiaux et en coton ; — *Sainte-Lucie* ; — l'île de *Sel*, qui n'offre partout que la substance à laquelle elle doit son nom ; — *Saint-Vincent*, riche en bois et en tortues, et où se trouve une magnifique rade.

Les îles du golfe de Guinée forment une chaîne dirigée du N. au S. et comprenant *Fernan-do-Po*, l'île du *Prince*, *Saint-Thomas* et *Annobon*. Le sol en est fertile, mais le climat brûlant. — Les deux plus grandes sont *Fernan-do-Po* et *Saint-Thomas*. La première appartient à l'*Espagne*. La seconde et l'île du *Prince* dépendent du *Portugal*. *Annobon* est une possession *espagnole*.

L'Ascension, située au S. O. du golfe de Guinée, appartient aux *Anglais*, qui y ont formé un établissement. Son port est commode et bien abrité. On y trouve d'énormes tortues.

Sainte-Hélène a été découverte par les Portugais le jour de sainte Hélène, en 1502; elle appartient aux *Anglais*. Des rochers forment tout autour un rempart inexpugnable. Cette île est à jamais célèbre par la captivité et la mort de Napoléon I*er*. *Jamestown*, sur la côte N., est la seule ville, le seul port et le chef-lieu de Sainte-Hélène. .

Les îles Tristan da Cunha, au nombre de trois, sont situées au S. O. de Sainte-Hélène. Les Anglais y ont fondé une petite colonie.

LEÇON X.

AFRIQUE AUSTRALE ET ORIENTALE.

§ 1. Côtes

Quand on a dépassé l'équateur vers le sud, en suivant la côte occidentale de l'Afrique, on rencontre l'embouchure du fleuve *Ogôoué*, presque inconnu encore, et qu'on dit avoir un très long cours; — ensuite on voit le fleuve *Zaïre* ou *Congo*, le même que le *Loualaba*, parcouru récemment par Stanley et qu'on a proposé d'appeler *Livingstone*; — la *Coanza;* le *Cunéné* ou *Nourse*, peu connu, et le fleuve *Orange*, qui a été exploré assez complétement.

On arrive enfin à l'extrémité méridionale de l'Afrique, où se trouvent deux caps célèbres : le cap de *Bonne-Espérance*, dont la découverte par les Portugais, à la fin du quinzième siècle, a été un mémorable événement; et le cap des *Aiguilles*, qui est la pointe la plus australe du continent.

En continuant à longer la côte et en se dirigeant désormais vers le N. E., sur l'océan Indien, on entre dans le canal de *Mozambique*, qui sépare l'île de Madagascar du continent, et l'on y remarque l'embouchure du *Zambèze*, le plus grand fleuve de la côte orientale de l'Afrique. Ce fleuve s'appelle *Liambây* dans une partie de son cours; il forme une des plus belles cataractes du monde, la cataracte *Victoria;* son bassin intérieur a été en partie découvert

dans ces derniers temps par le célèbre voyageur Livingstone.

On rencontre ensuite, en remontant vers le N., le fleuve
Rovuma, et le fleuve *Djoub*, qui se jette dans l'océan sous
l'équateur; enfin on parvient au cap *Guardafui*, qui est l'extrémité orientale de l'Afrique.

§ 2. Intérieur.

Le trait physique le plus remarquable de l'intérieur de
l'Afrique austro-orientale, ce sont les grands lacs, au
nombre de cinq principaux, qu'on y a reconnus depuis
une dizaine d'années : l'un est le *Nyanza-Ourékévé* ou lac
Victoria, sous l'équateur, qui, découvert par le capitaine
Speke en 1858, a été revu par lui en 1862, puis par Stanley et quelques autres; le Nil Blanc sort de son extrémité sept., pour aller au N. O., se jeter dans un autre
lac, le *Mvoutan-Nzighé*, que Baker a visité en 1864 et
nommé lac *Albert*. — Au sud de ces deux lacs est le
Tanganyika, qui s'étend du N. au S. et qui fut découvert
par Burton et Speke en 1858. On sait, par Cameron,
qu'il communique à l'O., par la *Loukouga*, avec le
Loualaba ou Zaïre. Stanley a constaté que ce dernier
fleuve fait un grand détour au N. de l'équateur. — Un
quatrième lac, le *Nyassa*, s'allonge aussi du N. au S. et
s'écoule dans le Zambèze. — Le lac *Chiroua* se trouve au
S. E du Nyassa. C'est Livingstone qui a fait connaître
ces deux derniers lacs. C'est encore lui qui a découvert
le lac *Bangouélo* et le lac *Moéro*, tous deux appartenant
au bassin du Loualaba. Le lac *Nyami*, qu'il avait découvert longtemps auparavant, est vers 20° S.

Enfin un des caractères physiques principaux de l'intérieur de l'Afrique austro-orientale, est la masse d'énormes
montagnes qu'on y trouve près de l'équateur : les deux plus
hauts sommets connus en sont le *Kénia* et le *Kilima-Ndjaro*,
couverts de neiges continuelles, et qui ont environ 6000
mètres d'altitude : ce sont peut-être les célèbres montagnes
de la *Lune* dont ont parlé les anciens géographes. — Parmi
les autres montagnes, on distingue, en face du canal de
Mozambique, les monts *Lupata*, qu'on a dépeints longtemps comme plus élevés qu'ils ne sont et qu'on a appelés

emphatiquement l'*Epine du monde*. — Le *Sneeuwberg* est la princip. chaîne de la région la plus mérid. de l'Afrique.

§ 3. Pays des bassins des fleuves Zaïre, Coanza, Cunéné, **Orange**, et du voisinage **du** Cap de Bonne-Espérance.

Le premier pays qui se trouve sur la côte occidentale de l'Afrique australe, après l'équateur, est la **Guinée inférieure**, dont les côtes, assez généralement plates et marécageuses, sont exposées à une chaleur brûlante et malsaine. La saison des pluies y dure depuis le mois d'octobre jusqu'au mois de mars.

Les productions végétales sont à peu près les mêmes que dans la Guinée supérieure.

On y trouve : le royaume de *Congo*, dont la capitale est *San-Salvador* ou *Banza-Congo* ; la colonie *portugaise* d'*Angola*, divisée en *Angola propre*, *Benguéla* et *Mossamèdes*, et dont les villes principales sont *Saint-Paul de Loanda*, *Saint-Philippe de Benguéla* et *Mossamèdes*.

L'Ovample, pays encore peu connu, est située au S. de la Guinée inférieure. On l'a appelée ainsi à cause de l'un de ses principaux peuples, les *Ovampo*.

La Hottentotie, ou le pays des **Hottentots indépendants**, est une assez grande contrée, bornée au S. par le fleuve Orange. On y remarque les *Korana*, les *Griqua*, les *Namaqua*, les *Bosjesmans* ou *Bushmen* (hommes des bois), etc. Le vaste désert de *Kalahari* s'y étend vers le N.

La Hottentotie a beaucoup de forêts et un grand nombre d'animaux : bœufs, buffles, éléphants, rhinocéros, hippopotames, panthères, chacals, hyènes, loups, lions, girafes, antilopes d'espèces très-variées, zèbres, onaggas, couaggas, autruches, coucou indicateur, curieux par son instinct d'indiquer aux hommes les nids d'abeilles sauvages.

L'île d'*Ichabo*, fameuse par le guano qu'on y exploite, est sur la côte hottentote. Elle appartient aux Anglais.

Les Hottentots, ou plutôt *Quaïqua*, habitants originaires de toute la région méridionale de l'Afrique, diffèrent assez des nègres proprement dits. Leur couleur est d'un brun foncé ou d'un jaune brun.

On a trouvé dans la partie orientale de ce pays, vers le fleuve Orange et le Limpopo, des mines d'or et de diamants.

Sur la limite de l'Atlantique et de l'océan Indien, est la **colonie anglaise du Cap**, région fertile et salubre, avantageusement placée à l'extrémité méridionale de l'Afrique, et terminée au S. O. par le célèbre cap de Bonne-Espérance, auquel elle doit son nom. Ce cap fut découvert, en 1486, par le Portugais Barthélemi Diaz, que le manque de vivres et les mauvais temps empêchèrent d'avancer beaucoup plus loin; aussi fut-il d'abord appelé cap des *Tempêtes* ou des *Tourmentes*. Vasco de Gama, autre navigateur portugais, le doubla en 1497, arriva en Asie par cette voie, et le nom de Bonne-Espérance devint celui d'un point qui offrit désormais une route nouvelle pour aller aux Indes. On vit alors, pour la première fois, des vaisseaux européens dans l'océan Indien.

Les habitants indigènes de ce pays sont des Hottentots et des Cafres; les habitants européens sont des Anglais, des Hollandais et des descendants de protestants français réfugiés. La population est de 900 000 âmes.

La colonie est divisée en deux provinces : celle de l'*Ouest* et celle de l'*Est*.

La capitale est *le Cap*, en anglais *Cape-town*, chef-lieu en même temps de la province de l'Ouest, près et au N. du cap de Bonne-Espérance. *Graham's town* est le chef-lieu de la province de l'Est.

Il y a, dans cette partie de l'Afrique, d'excellents pâturages et de magnifiques bois de construction. On y récolte des vins renommés, du froment, de l'orge, du chanvre, des fruits d'Europe et des fruits d'Asie. Le coton, le café et la canne à sucre y réussissent, ainsi que les limons, les oranges, les citrons, les grenades, les figues, les acacias-gommiers.

Les bœufs et les moutons s'y multiplient étonnamment. Les derniers donnent une laine excellente. On trouve beaucoup de baleines dans le voisinage des côtes.

Les Anglais ont annexé à leurs possessions une partie des territoires voisins du fleuve Orange où l'on a découvert de l'or et des diamants.

§ 4. Pays de la côte de l'océan Indien et des bassins des grands lacs de l'intérieur (Cafrerie. Natal, républiques du Fleuve-Orange et du Trans-Vaal, Mozambique, Zanguebar, etc.).

On désigne sous le nom de **Cafrerie** une vaste contrée qui est baignée au S. E. par l'océan Indien, et qui se prolonge fort loin vers le N. dans l'intérieur des terres.

La côte, c'est-à-dire la *Cafrerie maritime* ou *proprement dite*, a été conquise en grande partie par les Anglais, qui y possèdent particulièrement la TERRE DE NATAL, colonie toute nouvelle et déjà florissante, dont la population s'élève à 370 000 âmes; la capitale en est *Pietermaritzbourg;* mais la ville la plus considérable est *D'Urban*, sur le port Natal.

Le *Zambèze* et le *Limpopo* coulent à travers le N. de la Cafrerie. Il s'y trouve aussi le grand lac *Nyami*. — Les bœufs sont beaux et nombreux dans cette contrée; mais une mouche redoutable nommée *tsétsé*, commune dans l'intérieur, les pique souvent et les fait périr.

Les *Koussa*, peuple bien fait, vigoureux, actif, habitent dans le S. de la Cafrerie maritime. Dans le N., sont les *Zoulou*, redoutés par leur caractère cruel.

Dans l'intérieur, on rencontre les *Bassouto* et les nombreuses tribus de la nation des *Betjouana*.

A N., se trouvent les *Makololo*, peuple intelligent et hospitalier, et les *Banyaï*, dont le pays correspond en partie à l'ancien empire du *Monomotapa*.

Sous le nom général de *Cafres*, dérivé du mot arabe *kafir*, qui signifie *infidèles*, on désigne une race qui se distingue des nègres proprement dits sous plusieurs rapports : elle a un teint moins foncé et moins luisant, des traits plus réguliers et plus beaux, un caractère plus élevé, plus fier, et même indomptable à la guerre.

Les Cafres s'occupent beaucoup du soin des troupeaux.

Il y a dans la Cafrerie un assez grand nombre de *Boers*, anciens colons hollandais, devenus des guerriers nomades. Ils ont fondé les républiques du FLEUVE-ORANGE et du TRANSVAAL, dans le bassin de l'Orange supérieur et de son affluent le Vaal et dans celui du Limpopo Le Transvaal est devenu récemment une province anglaise.

Le **Mozambfque** est une vaste possession portugaise qui s'étend au N. E. de la Cafrerie et de la colonie de Natal ; il est baigné par l'océan Indien et par le détroit auquel il donne son nom et qui le sépare de l'île de Madagascar. Le Zambèze le coupe vers le milieu.

Cette contrée est presque partout fertile. Les principales productions.végétales sont le blé, le maïs, le riz, le manioc, le sucre, le café, les ignames, les patates, les pois, les haricots, l'indigo, des forêts de palmiers, d'orangers, de citronniers, de caféiers, de figuiers indiens, de baobabs. On y trouve des éléphants, dont l'ivoire est l'objet d'un grand commerce. Les montagnes renferment de grandes richesses minérales, entre autres, de l'or et de la houille.

La capitale de la capitainerie générale est *Mozambique*, sur une petite île.

Les autres villes principales sont : *Tété*, forteresse située loin dans l'intérieur, sur le Zambèze ; — *Quilimane*, port commerçant, près et au N. des bouches de ce fleuve ; — *Sofala*, vers le S., dans l'ancien royaume du même nom, renommé par son or.

Les indigènes du Mozambique appartiennent, les uns, à la famille cafre, les autres, à la race nègre proprement dite.

Le **Zanguebar** est une longue contrée maritime, située au N. E. du Mozambique, jusqu'à l'équateur. Le climat est brûlant. Le mil, le riz et les bananes forment la principale nourriture des indigènes. Il y a de nombreux éléphants, qui donnent un ivoire renommé.

La côte de Zanguebar est presque entièrement soumise, soit immédiatement, soit comme vassale à un sultan arabe, qu'on appelle sultan de Zanzibar, car sa résidence ordina re est l'île de *Zanzibar*, avec une capitale du même nom.

On voit aussi l'île de *Mombas*, avec le meilleur port de l'Afrique orientale.

Le **Somal**, placé au N. du Zanguebar et à l'E. de l'Abyssinie, occupe la partie la plus orientale de l'Afrique, depuis l'équateur jusqu'au détroit de Bab-el-Mandeb.

La côte est marécageuse, très-chaude et malsaine ; l'intérieur est fort peu connu.

Le Somâl exporte de l'or, de la myrrhe, de l'encens, de l'ivoire, de la gomme arabique, et a pour peuple principal les habitants du même nom, Arabes d'origine et mahométans. Ces hommes de couleur noire, mais non de race nègre, sont remarquables par la beauté de leurs traits et par leur intelligence. Le petit peuple des *Adel* occupe une partie de l'O.

Les principales villes de la côte N. sont *Zeïla*, *Barbora* et *Toujoura*; celles de la côte orientale sont *Magadchou* et *Brava*. Le pays de *Harar*, à l'O., dépend de l'Égypte.

Sur la côte somâlienne, les *Anglais* ont l'île *Mouchakh*, et les *Français*, le port d'*Obokh*.

§ 5. Iles africaines (éloignées du continent) dans l'océan Indien.

Madagascar, ou plutôt **Malgache** ou **Nossi-Ndambo**, une des plus grandes îles du monde, est située en face de la côte orientale de l'Afrique, dont le canal de Mozambique la sépare; le tropique du Capricorne la coupe au S. Elle a 1700 kilomètres de longueur et 400 kilomètres dans sa moyenne largeur.

Des chaînes de montagnes élevées, d'où descendent de nombreuses rivières, la parcourent du N. au S. Le climat est assez agréable dans l'intérieur; mais sur les côtes, marécageuses pour la plupart, il est meurtrier, surtout pendant l'hivernage, c'est-à-dire pendant la saison des pluies.

Le littoral est très-riche en bois, particulièrement en palmiers et en bambous; les vallées sont d'une fertilité admirable : le riz, le maïs, les ignames, la canne à sucre, l'indigo, le coton, le gingembre, la cannelle, le poivre, le tabac, le curcuma, y croissent avec abondance. Parmi les animaux indigènes, on remarque le zébu ou bœuf à bosse.

La population de Madagascar s'élève à environ 2 millions d'âmes. Les habitants, nommés *Madécasses* ou *Malgaches*, sont d'une race basanée, qui a les traits des Malais. La plus grande partie du pays est sous la domination des *Hova*, peuple audacieux et intelligent, appartenant à cette race et dont la capitale est *Tananarivou*, vers le centre de l'île.— Les places maritimes les plus commerçantes sont *Foulpointe*, et *Tamatave*, situées sur la côte orientale.

L'île de *Sainte-Marie* ou *Nossi-Ibrahim*, près et à l'E. de

Madagascar, est une colonie *française*. On remarque sur la côte occidentale de l'île le port *Sainte-Marie*. — Les petites îles de *Nossi-Bé* et de *Nossi-Komba*, sur la côte N. O. de Madagascar, appartiennent aussi à la France.

Les îles Mascareignes, situées à l'E. de Madagascar, sont ainsi appelées du Portugais Mascarenhas, navigateur du seizième siècle. Elles sont au nombre de trois : l'île de la *Réunion*, à l'O., l'île *Maurice*, au milieu, et l'île *Rodrigue* ou *Diego-Ruys*, à l'E.

La **Réunion** (*Bourbon*), la plus occidentale, renferme 180 000 habitants, dont plus de la moitié sont des gens de couleur. Elle a de hautes montagnes et un volcan. Le climat en est délicieux et très-sain. Cependant des ouragans terribles y causent souvent de grands ravages. L'indigo, le coton, le café, sont les principales productions. Toutes les plantes potagères d'Europe croissent dans l'île, ainsi que les fruits de l'Asie et de l'Amérique, dont les meilleurs sont l'ananas, l'abricot, la datte, la mangue, la grenade, l'orange, le limon, le citron. Parmi les oiseaux, on remarque le martin et le gobe-mouches huppé, qui rendent de grands services à la colonie en détruisant les insectes.

L'île de la Réunion appartient à la *France. Saint-Denis*, le chef-lieu, est dans le N.

Saint-Pierre et *Saint-Paul* sont deux petites villes florissantes de la *côte sous le Vent*, c'est-à-dire de la côte occidentale.

Maurice (en anglais *Mauritius*), située au N. E. de la Réunion, a longtemps dépendu des Français et s'appelait alors *île de France*; aujourd'hui elle appartient aux *Anglais*. Les côtes sont escarpées, mais elles offrent des rades et des ports qui lui donnent une grande importance commerciale. L'intérieur est couvert de montagnes. Les ouragans exercent à Maurice de grands ravages. Les cultures d'indigo, de café, de sucre, de muscade, sont les plus florissantes. Les pamplemousses y sont communs. — Le chef-lieu de l'île est *Port-Louis*, jolie ville, située sur la côte N. O. On y compte 75 000 habitants. L'île entière en renferme plus de 325 000. La population est en grande partie d'origine française.

L'île Rodrigue, à l'E. de la précédente, a été aussi cédée par la France à l'Angleterre; elle nourrit beaucoup de tortues.

Les **îles Comores**, qui jouissent d'un beau climat, sont situées dans le nord du canal de Mozambique. Les quatre principales îles sont *Angazija* ou la *Grande-Comore*, la plus septentrionale; *Mohéli*, *Anjouan* et *Mayotte*. Cette dernière appartient à la *France*, et devient un établissement important. Il s'y trouve un bon port, bien fortifié. Les autres îles sont gouvernées par différents petits chefs.

Les îles **Séchelles**, ainsi nommées en l'honneur d'un administrateur français sous Louis XV, ont été d'abord occupées par les Français et le sont aujourd'hui par *l'Angleterre*. Elles sont au N. E. de Madagascar, et forment deux groupes : 1º les îles *Mahé* ou *Séchelles proprement dites*, composées de trente petites îles, dont celles de *Mahé* et de *Praslin* sont les plus considérables ; — 2º les *Amirantes*, comprenant onze îlots mal cultivés et peu peuplés. — Les cocotiers de mer sont une espèce de palmier qu'on trouve abondamment aux Séchelles.

L'île **Socotra** ou **Socotora**, aride, pierreuse, est située à environ 200 kilomètres à l'*E.* du cap Guardafui. Elle produit le meilleur aloès, une grande quantité de dattes, et ses rivages sont remplis de corail. Elle appartient à l'Angleterre.

Les îles volcaniques et inhabitées de **Saint-Paul** et d'**Amsterdam** sont dans la partie méridionale de l'océan Indien.

On rattache aussi à l'Afrique la **Terre de Kerguelen**, appelée quelquefois île de la *Désolation*, à cause de l'aspect triste qu'elle présente; elle se trouve loin de toute grande terre, au S. E. des îles Mascareignes, par 50º de latitude S. Elle est stérile et inhabitée.

La **Terre d'Enderby** est une région antarctique et inhabitable, placée au S. O. de celle de Kerguelen, par 66º de latitude.

LEÇON XI.

RÉCAPITULATION DE L'AFRIQUE

§ 1. Limites générales ; océans, golfes et détroits ; nature des côtes.

Revenons sur l'ensemble de l'Afrique, après en avoir parcouru les différentes parties.

L'Afrique, située dans le S. O. de l'Ancien continent, est une grande presqu'île, jointe à l'Asie, vers le N. E., par l'isthme de Suez; elle présente à peu près la forme d'un vaste triangle, dont le plus grand côté est à l'O., le second au N. E., et le troisième au S. E. Elle est comprise entre le 37ᵉ degré de latitude N. et le 35ᵉ de latitude S., et entre le 20ᵉ degré de longitude O. et le 49ᵉ de longitude E. Sa longueur, du N. au S., est d'environ 8000 kilomètres; sa largeur, de l'E. à l'O., de 7000 kilomètres. C'est la troisième partie du monde pour l'étendue : on y compte 29 700 000 kilomètres carrés, dont 29 100 000 pour la partie continentale. La population peut être évaluée à plus de 100 millions d'âmes.

La *mer Méditerranée* la baigne au N. ; l'*océan Atlantique*, à l'O. ; l'*océan Indien*, au S. E. et à l'E. ; la *mer Rouge*, enfoncement de cet océan, pénètre entre l'Arabie et l'Afrique. — Les côtes africaines sont assez uniformes, et n'offrent pas de découpures, comme celles de l'Europe et de l'Asie; cependant la Méditerranée y produit un grand enfoncement, qui forme à l'E. le golfe de la *Sidre*, et à l'Θ. celui de *Cabès*. Le premier est la *Grande Syrte*, et le second la *Petite Syrte* des anciens. — L'Afrique présente à l'O. un renflement considérable, au S. duquel l'océan Atlantique forme le golfe de *Guinée;* celui-ci comprend lui-même les golfes de *Bénin* et de *Biafra*. — Au S., cette partie du monde s'amincit peu à peu et se termine en pointe. — A l'E., enfin, elle figure aussi un angle assez avancé.

Trois détroits se trouvent sur les limites de l'Afrique : le détroit de *Gibraltar*, au N. O.; le canal de *Mozambique*, au S. E., entre l'île de Madagascar et le continent; et le détroit de *Bab-el-Mandeb*, à l'E., à l'entrée de la mer Rouge.

Les quatre extrémités de l'Afrique vers les points cardinaux sont marquées par le cap *Blanc de Bizerte*, au N.; le cap des *Aiguilles*, au S.; le cap *Vert*, à l'O., et le cap *Guardafui*, à l'E. Il existe plusieurs caps non moins célèbres que les quatre précédents, quoique moins avancés vers les points cardinaux; ce sont : au N., le cap *Bon*, à l'E. du cap *Blanc de Bizerte;* à l'O., le cap *Blanc d'Arguin*, sur la côte du Sahara; au S., le cap de *Bonne-Espérance.*

§ 2. Montagnes, fleuves, lacs ; ce qui reste à connaître de l'Afrique.

On peut diviser physiquement l'Afrique en deux parties : 1° l'Afrique *super-équatoriale* (c'est-à-dire au N. de l'équateur), qui est extrêmement large, et dont les principaux traits géographiques sont le mont *Atlas*, au N. O., le *Sahara*, dans l'intérieur, le *Nil*, au N. E., et le *Niger*, à l'O.;—2° l'Afrique *sub-équatoriale*, qui est étroite et va en s'amincissant vers le S.; elle forme un triangle assez régulier, parcouru par deux grandes chaînes de montagnes qui suivent la direction des deux côtes, et entre lesquelles règne une vaste et profonde dépression, remarquable par ses vastes lacs. La chaîne qui suit la direction de la côte de l'océan Indien est la plus haute, et comprend les monts *Kénia* et *Kilima-Ndjaro.*

Vers le N., l'Afrique envoie ses eaux dans la Méditerranée; — vers l'O., dans l'océan Atlantique; — vers l'E., dans l'océan Indien.

Il existe, au centre de la partie super-équatoriale, un grand bassin au milieu duquel est le lac *Tchad.* — Des grands lacs qui sont dans une autre partie de l'intérieur, sous l'équateur et plus au sud, les uns ont un écoulement vers la Méditerranée, comme les lacs *Victoria* et *Albert*, d'où sort le Nil Blanc; d'autres, vers l'océan Indien, comme le lac *Nyassa*, qui se verse dans le Zambèze; plusieurs paraissent appartenir au bassin du Zaïre et par conséquent au versant de l'Atlantique; ce sont les lacs *Tanga-*

nyika, Bangouéolo, Moéro, etc.; quelques-uns enfin, tels que le *Chiroua* et le *Nyami,* sont sans écoulement dans la mer.

Le plus grand des fleuves qui se jettent dans la Méditerranée est le *Nil,* formé par la jonction du *Nil Blanc* et du *Nil Bleu.*

Les principaux tributaires de l'océan Atlantique sont le *Sénégal,* la *Gambie,* le *Diali-ba, Kouara* ou *Niger,* l'*Ogôoué,* le *Zaïre, Congo* ou *Coango,* la *Coanza* et l'*Orange* ou *Gariep.*

Les fleuves qui coulent du côté de l'océan Indien sont peu connus ; on y remarque le *Djoub,* le *Rovuma* et le *Zambèze* ou *Liambáy,* qui se jette dans le canal de Mozambique.

Outre les lacs que nous venons de nommer, on remarque dans le N. de l'Afrique, le lac *Melghigh,* près du mont Atlas, dans une profonde dépression.

A l'E., le lac *Dembéa* ou *Tana,* formé par le Nil Bleu ;
A l'O., le lac *Déboé,* formé par le Diali-ba.

L'Afrique est la plus chaude des cinq parties du monde. Elle offre un mélange de contrées très-fertiles et de grands déserts sablonneux et arides.

Dans la région renfermée entre les tropiques, les pluies sont périodiques, et tombent abondamment durant plusieurs mois; l'année de ces contrées ne se divise qu'en deux saisons : celle des pluies et celle de la sécheresse. Il existe des espaces fort étendus (comme une grande portion du Sahara) où il ne pleut jamais.

Il y a encore dans l'intérieur de l'Afrique beaucoup de parties qui nous sont inconnues.

Le climat brûlant, les déserts et l'hostilité des populations y sont les principaux obstacles aux voyages de découvertes; cependant on a fait, dans ce siècle, et surtout depuis une vingtaine d'années, de nombreuses explorations qui ont dévoilé de vastes régions de l'Afrique : la partie qui reste à connaître est principalement celle qui avoisine l'équateur et s'étend à l'O. des lacs Victoria, Albert et Tanganyika jusqu'à l'océan Atlantique.

§ 3. Colonies européennes.

La France, l'Angleterre et le Portugal sont les puissances européennes qui ont le plus de possessions en Afrique; le nord reçoit plus particulièrement l'influence française ; le sud se partage entre l'influence anglaise et celle du Portugal. — L'Espagne a aussi quelque chose en Afrique.

France. — Après le gouvernement général de l'*Algérie*, qui n'est pas considéré comme une colonie, notre principale possession sur le continent africain est le *gouvernement du Sénégal et dépendances* (l'île de *Gorée* comprise). Le commerce le plus important y est celui de la gomme

D n *établissements de Guinée*, *Dabou*, *Grand-Bassam* et *Assinie*, sur la côte des Dents, *Porto-Novo*, sur la côte des Esclaves, *Gabon*, sur la côte du même nom, nous n'avons conservé que ce dernier point. L'huile de palme, les arachides, l'ivoire, y sont les produits les plus remarquables.

L'île de la **Réunion**, dans l'océan Indien, est une importante colonie, qui fournit du café, du coton, de l'indigo, etc.

La colonie de **Mayotte et dépendances** comprend l'île de **Mayotte** (une des Comores), dans le canal de Mozambique; l'île de **Sainte-Marie**, près de la côte orientale de l'île de Madagascar, et plusieurs îlots près de la côte N. O. de cette dernière.

Nous avons enfin, sur la côte du Somâl, le port d'**Obokh**, et en Abyssinie, la petite île de **Dessi** et les ports d'**Adulis** et d'**Edd**; mais nous n'en avons pas pris possession.

Angleterre. — Dans la Sénégambie, les Anglais ont les *établissements de la Gambie*, dont le chef-lieu est *Bathurst*. — Leurs *établissements de Guinée* sont considérables : on y voit la côte de *Sierra-Leone*, plusieurs points de la *côte d'Or*, dont le plus important est *Cap-Corse*; la côte de *Lagos*; quelques points sur le *Niger*, entre autres, *Lokoya*, vers les confins du Soudan. Les missionnaires de la Grande-Bretagne ont des stations nombreuses dans les localités mêmes qu'elle ne possède pas, et ils étendent, de cette manière, l'influence anglaise ; c'est ainsi que la grande ville d'*Abbéokuta*, dans l'intérieur, est presque entièrement sous cette influence.

Dans le sud de l'Afrique, l'Angleterre a deux grandes et florissantes colonies : celle du **Cap** et celle de **Natal**, qui sont sur la route de la navigation ininterrompue de l'Europe sont sur la route de la navigation à la voile de l'Europe aux Indes, à la Chine et à l'Australie. L'autorité de l'Angleterre s'étend indirectement, par les missionnaires, sur une grande partie de la Hottentotie et de la Cafrerie.

L'Angleterre possède dans l'Atlantique les îles de l'*Ascension*, de *Sainte-Hélène*, de *Tristan da Cunha*, d'*Ichabo*; — dans l'océan Indien, celles de *Maurice*, de *Rodrigue*, les îles *Séchelles*, l'île de *Mouchakh*, sur la côte du Somâl, et l'île *Socotora*.

Portugal. — Sur le continent, les Portugais ont une partie de la *Sénégambie* méridionale, où leurs principaux établissements sont Geba et Cacheo; on appelle quelquefois cette partie de leurs possessions *Guinée portugaise*.

.Mais, leurs colonies les plus importantes se trouvent dans l'Afrique sub-équatoriale : à l'O., la colonie d'*Angola*, qui se divise en Angola propre, Benguéla et Mossamèdes; à l'E., le *Mozambique*. Ces deux colonies exportent beaucoup d'ivoire, de manioc et de coton.

Les îles portugaises de l'Atlantique sont : les *Açores* et les îles *Madère*, qui font partie intégrante du royaume et n'ont pas le titre de colonies; les îles du *Cap-Vert*, les îles du *Prince* et de *Saint-Thomas*.

Celles de l'océan Indien sont de petites îles répandues sur la côte de *Mozambique* et comprises dans ce gouvernement.

Espagne. — L'Espagne ne possède sur le continent africain que quelques places fortes ou *présides*, situées sur la côte du Maroc et dont la principale est *Ceuta*.

Elle a, dans l'Atlantique, les îles *Canaries* qui font partie intégrante du royaume et ne sont pas une colonie; — les îles de *Fernan-do-Po* et d'*Annobon*, dans le golfe de Guinée.

Les **Pays-Bas** avaient naguère des établissements sur la *côte d'Or*; ils les ont cédés, en 1871, à l'Angleterre.

LEÇON XII.

GÉOGRAPHIE DE L'AMÉRIQUE.

AMÉRIQUE DU NORD. — RÉGION SEPTENTRIONALE.

§ 1. Terres arctiques; principaux voyages faits pour découvrir le passage Nord-Ouest; mers, golfes, détroits, îles.

Les terres arctiques de l'Amérique sont des pays incultes, où règne un froid extrême, et dont les côtes sont hérissées de rochers à pic, d'écueils, de bancs de glace; des bras de l'océan Glacial les entrecoupent de toutes parts. Elles ont été découvertes par les hardis navigateurs qui, depuis le commencement du seizième siècle, ont cherché un passage de l'océan Atlantique au Grand Océan par le nord de l'Amérique; parmi ces explorateurs, on doit citer, dans le siècle actuel, Parry, John et James Ross, John Franklin; celui-ci qui, dans un premier voyage, avait déjà, avec Dease, Simpson et Richardson, découvert les limites septentrionales du continent américain, repartit, en 1845, dans le but principal de trouver le passage *Nord-Ouest*, c'est-à-dire la voie de mer qui, au *nord-ouest* de l'Europe, pourrait conduire de cette partie du monde en Asie. Le sort de cet illustre navigateur, resté incertain pendant plusieurs années après son départ, a excité l'émulation et le dévouement d'un grand nombre de navigateurs pleins du désir de découvrir ses traces. C'est ainsi que Kellett, Belcher, Penny, De Haven, Rae, Kennedy, Inglefield, Bellot, jeune Français qui est mort victime de son dévouement, Kane et plusieurs autres courageux marins, ont dirigé des expéditions à la recherche de Franklin; l'un d'eux, Mac-Clure, après avoir franchi le détroit de Beering, s'est enfoncé dans les glaces polaires, de 1850 à 1853, et a enfin découvert le *passage Nord-Ouest*; il a vu la continuation non interrompue de la mer entre le détroit de Beering et le détroit de Davis, à travers l'océan Glacial américain;

mais il n'a pu franchir un grand espace qu'au moyen de traîneaux, et c'est une communication qui sera sans doute toujours impraticable pour les navires. Mac-Clintock a, en 1858 et 1859, reconnu les lieux où Franklin et ses compagnons ont péri, et a recueilli les débris de leur expédition. Kane et Morton, en 1854 et 1855, sont allés jusqu'à 82° 30'; ils y ont vu une mer libre de glaces, qui s'étendait au loin dans la direction du pôle, et qu'on a nommée *mer polaire de Kane*. Hayes est allé, en 1860, jusqu'aux parages reculés qu'avait déjà vus Kane. Hall, en 1862 et en 1871, a accompli aussi, dans les parties arctiques, de lointaines explorations; Nares, en 1875, est allé plus au N. encore.

Les principales terres arctiques américaines sont (sans compter le Groenland, que nous verrons tout à l'heure) les presqu'îles *Melville* et *Boothia*, la *Terre de Cumberland*, l'île *Southampton*, la *Terre du Prince de Galles*, la *Terre Victoria*, la *Terre du Prince Albert*, la *Terre de Banks*, qui se confond avec l'île de *Baring;* — l'archipel *Parry* (où est l'île .*Melville*); les deux *Terres de Grinnell*, et celle de *Grant*.

Parmi les détroits ou bras de mer nombreux qui s'avancent entre ces terres, on peut remarquer le détroit de *Lancastre*, le détroit de *Barrow*, le bassin de *Melville*, le détroit de *Banks*.

§ 2. Possessions du Danemark.

Le **Danemark** possède, dans le nord de l'Amérique, la contrée, encore peu connue, du **Groenland,** qui est une île ou plusieurs grandes îles.

Le Groenland, c'est-à-dire la *Terre verte*, a reçu son nom de l'aspect verdâtre qu'offrait la mousse de ses rivages aux Islandais qui le découvrirent dans le neuvième et le dixième siècle. Son extrémité méridionale, formée par le cap *Farewell*, s'avance dans l'océan Atlantique. Ailleurs il est enveloppé par l'océan Glacial arctique; il a à l'O. le détroit de *Davis*, la mer de *Baffin* et le détroit de *Smith* Vers le N., les bornes de ce pays sont ignorées. Les terres les plus boréales qu'on y ait trouvées sont celles de *Washington*, vue par Kane en 1854, et de *Hall*, vue par Hall en 1871.

Cette contrée est exposée à des froids rigoureux, à des brumes épaisses, et couverte de rochers et de glaciers.

Des mousses, des bruyères, des myrtils, dont les baies aigres servent quelquefois de nourriture aux indigènes, des saules, des aunes, de chétifs bouleaux et quelques arbustes rabougris sont toute la végétation du pays. Dans les cantons méridionaux, les Européens cultivent des choux, des raves, du céleri, des carottes, des pommes de terre, de l'orge. Les animaux les plus communs sont les rennes, les ours blancs, les renards rouges et noirs, les lièvres blancs, et de grands chiens, qu'on attelle aux traîneaux. La mer abonde en cétacés (baleines, narhvals), turbots, raies, harengs, morues, et surtout en phoques, qui composent la principale ressource des habitants.

L'hiver dure huit ou dix mois au Groenland. Dans la partie moyenne du pays, le soleil disparaît dès le 25 novembre, pour ne plus se montrer que vers le 15 janvier. La courte chaleur de l'été débarrasse en grande partie le sol des neiges qui le recouvraient : elle détache des quartiers de glace souvent énormes, nommés *icebergs*, qui tombent dans la mer, et qui, semblables à des montagnes flottantes, poussés par les vents, entraînés par les courants, voyagent vers les latitudes tempérées, où ils se fondent.

Le Danemark a des établissements sur la côte occidentale, qui est la moins froide. Les principaux sont *Godhavn* (dans l'île de *Disco*), *Godthaab* et *Julianeshaab* Les indigènes se nomment *Eskimaux*, *Innout* ou *Huskis*. Ils sont de très-petite taille, et ressemblent aux Lapons et aux Samoïèdes de l'Europe et de l'Asie ; ils s'occupent presque uniquement de la pêche.

L'**Islande**, à l'E. du Groenland, entre l'Atlantique et l'océan Glacial, est une autre dépendance du Danemark. Le nom de cette île signifie *terre de glace;* c'est un pays froid et peu fertile, mais intéressant par ses curiosités naturelles. Il y a de nombreuses montagnes volcaniques, dont la plus célèbre est le mont Hekla, au S. Le chef-lieu est *Reykavik*, sur la côte S. O. Les pâturages font la richesse principale de l'Islande : on y élève de nombreux troupeaux.

Au large de la côte orientale du Groenland, on remarque l'île de **Jean Mayen**, découverte en 1611, par le navigateur hollandais dont elle porte le nom. Les côtes en sont souvent bordées d'énormes amas de glace.

Le groupe du **Spitzberg**, ou plutôt des **Spitzbergen**, tire son nom des rochers pointus dont ses îles sont hérissées [1]. Il est à l'E. du Groenland et au N. de la péninsule Scandinave. Ses parages sont peuplés de baleines, de phoques, de morses, de narhvals, que des pêcheurs, surtout des Anglais, des Hollandais, des Russes, des Danois, des Norvégiens, des Suédois, viennent y poursuivre. Le soleil y reste cinq mois sur l'horizon, et la nuit y a, pendant l'hiver, une durée égale.

§ 3. Territoire d'Alaska (anc. possess. russe, auj. aux États-Unis.)

Les Russes possédaient une assez grande contrée située à l'extrémité N. O. de l'Amérique septentrionale, et qu'on appelait **Russie américaine** ou **Amérique russe**. Ils l'ont cédée, en 1867, aux Etats-Unis, qui en ont fait le **Territoire d'Alaska**. Ce pays est entre le Grand Océan et l'océan Glacial, en face de la Sibérie, dont le détroit et la mer de Beering le séparent. Ses côtes et les nombreuses îles qui les bordent sont la seule partie fréquentée et connue des Européens. La population en est presque uniquement composée de peuplades sauvages. La presqu'île d'*Alaska*, les îles *Aléoutiennes* et l'archipel du *Roi George III* en font partie. C'est dans ce dernier que se trouve la *Nouvelle-Arkhangel*, la ville principale du territoire.

Une chaîne de hautes montagnes, dont le point le plus remarquable est le mont volcanique de *Saint-Élie*, longe la côte. Le fleuve le plus considérable est le *Kvikhpakh* ou *Youkon*, qui se jette dans la mer de Beering.

Les peaux sont l'objet principal du commerce de cette région : on y trouve particulièrement beaucoup de phoques, de renards noirs, de loutres marines, de martres.

---

1. En allemand et en hollandais, *spitzbergen*, signifie montagnes pointues.

§ 4. Bassin du Saint-Laurent et des grands lacs; colonies anglaises; possessions de la France; Banc de Terre-Neuve.

Les Anglais possèdent dans le N. de l'Amérique septentrionale une vaste contrée, presque aussi grande que l'Europe, et qu'on appelle **Amérique anglaise du nord**, quelquefois **Nouvelle-Bretagne**. Elle s'étend depuis l'océan Atlantique jusqu'au Grand océan, et depuis l'océan Glacial jusqu'au 49e parallèle et aux grands lacs *Supérieur*, *Huron*, *Érié* et *Ontario*.

Elle est fort peu connue au N. Sa longueur, de l'E. à l'O., est d'environ 5800 kilomètres. Sa superficie dépasse plus de trente fois celle des îles Britanniques, dont elle est une dépendance.

Les provinces du S. E. sont les plus riches, les plus connues et les mieux peuplées; elles offrent de riantes savanes, des plaines fertiles et de magnifiques forêts. C'est là qu'on trouve ces grands et beaux lacs qui sont autant de mers d'eau douce et auxquels le *Saint-Laurent* sert d'écoulement : le plus vaste et le plus occidental est le lac *Supérieur*, qui s'écoule, par la rivière *Sainte-Marie*, dans le lac *Huron*; ce dernier se verse dans le lac *Saint-Clair* par la rivière de ce nom; le lac Saint-Clair s'écoule dans le lac *Érié* par la rivière *Détroit*, et le lac *Érié* communique au lac *Ontario* par la rivière *Niagara*, qui forme une admirable cataracte.

Le fleuve *Saint-Laurent* a un cours large et majestueux du S. O. au N. E., et se jette dans le golfe du même nom, par un vaste estuaire.

Au S. du golfe Saint-Laurent, se trouve la presqu'île de la *Nouvelle-Écosse*, que les Français, autrefois maîtres de ce pays, appelaient *Acadie*.

Dans le N. E. de l'Amérique anglaise, la mer d'*Hudson* s'enfonce très-profondément au milieu des terres.

A l'E. de la mer d'Hudson, est la presqu'île du *Labrador*, qui fut ainsi nommée par le voyageur portugais Cortereal, en 1501, à cause des avantages que le sol paraissait devoir offrir à l'agriculture [1]; mais on fut bientôt détrompé. L'hiver

1. *Laborador*, en portugais, et *Labrador*, en espagnol, signifient *laboureur*.

y est très-rigoureux, et ce pays présente presque toujours le plus triste aspect.

Toute la partie septentrionale de l'Amérique anglaise est occupée par des pays incultes, où règne un froid extrême, et dont les côtes sont hérissées de rochers et de bancs de glace. De grands fleuves y coulent vers l'océan Glacial : ce sont particulièrement le *Mackenzie*, le fleuve de la *Mine de Cuivre* et le *Back*; le premier et le dernier portent les noms de deux voyageurs anglais qui les ont découverts.

Les régions centrales, depuis la mer d'Hudson jusqu'aux monts *Rocheux*, sont entrecoupées d'innombrables rivières, de grands marécages, de déserts, mais aussi de belles prairies, et parsemées d'une infinité de lacs, unis entre eux par des canaux naturels. On y remarque, entre autres fleuves, le *Missinnipi* ou *Churchill*, qui se rend dans la mer d'Hudson; et, parmi les lacs, le lac *Ouinipeg*, qui s'écoule dans la même mer; le lac *Athabasca* ou des *Montagnes*, le *Grand lac* de *l'Esclave* et le *Grand lac des Ours*, auxquels le Mackenzie sert d'écoulement.

A l'O. des monts Rocheux, sont les *montagnes des Cascades*, riches en mines d'or, et au pied desquelles coulent le *Fraser* et le *Columbia* ou *Orégon*, tribut. du Grand Océan.

La température sur cette côte est plus égale que celle de la côte de l'Atlantique, qui a des hivers très-rigoureux et des étés très-chauds.

Le bassin de Saint-Laurent et des grands lacs est, dans l'Amérique anglaise, occupé par le **Canada,** la province la plus importante de toute cette Amérique. On le divise en *Bas-Canada* ou prov. de *Québec*, et *Haut-Canada* ou province d'*Ontario*. Il offre des aspects variés et pittoresques, de riches cultures de céréales et de fruits, une industrie florissante, une navigation active sur le fleuve Saint-Laurent et de nombreux chemins de fer.

Ottawa, la capitale, est une petite ville de 22000 habitants, avantageusement placée, au centre de la colonie, sur la rivière du même nom.

Québec (60000 hab.), ancienne capitale du Canada, est à 450 kilomètres de la mer, sur le Saint-Laurent. — *Montréal*, sur une île du même fleuve, est le plus grand entrepôt de commerce du Bas-Canada. Elle a 120000 habitants. — Il faut aussi remarquer : *Trois-Rivières*, entre Québec et

Montréal, sur le Saint-Laurent ; — *Toronto*, la ville principale du Haut-Canada, peuplée de 50 000 habitants, sur le lac Ontario ; — *Kingston*, à l'endroit où le Saint-Laurent sort de ce lac ; — *Hamilton*, à l'extrémité occidentale du même lac.

La population de cette province est d'environ 3 000 000 d'âmes. La plupart des habitants du Bas-Canada sont d'anciens Français et parlent encore français.

Le Canada, avant la conquête des Européens, était possédé par un grand nombre de tribus indiennes, parmi lesquelles se trouvaient celles des *Hurons*, des *Iroquois* et des *Algonquins*. Il n'en reste aujourd'hui que quelques débris.

Le **Nouveau-Brunswick,** à l'E. du Canada, vers l'Atlantique, est un pays florissant, traversé par le beau fleuve *Saint-Jean*. La capitale est *Frederickton*. On remarque aussi *Saint-Jean*, à l'embouchure du fleuve du même nom.

Plus à l'E , se trouve la **Nouvelle-Écosse,** dont la pêche fait la principale richesse. On y trouve deux excellents ports : *Halifax*, la capitale, sur la côte S. E., et *Annapolis*, sur la côte occidentale, au bord de la baie de *Fundy*.

Le Canada et d'autres parties continentales de l'Amérique anglaise du nord forment une association qu'on nomme **confédération Canadienne** (*Dominion of Canada*).

Le Canada et ses dépendances ont été découverts en 1494 par les Vénitiens Jean et Sébastien Cabot, et visités en 1534 et années suivantes par le Français Jacques Cartier, qui en prit possession au nom de François Ier; Champlain en fit, au commencement du XVIIe siècle, l'importante colonie de la *Nouvelle-France*, que la France conserva jusqu'en 1763, époque où elle fut cédée à la Grande-Bretagne. Déjà la Nouvelle-Écosse et le Nouveau-Brunswick (qui étaient réunis sous le nom d'Acadie) avaient été acquis par les Anglais en 1713.

Près de la côte N. de la Nouvelle-Écosse, dans le golfe de Saint-Laurent, sont deux îles : l'une, l'île **Royale** ou de **Cap-Breton,** importante par ses pêcheries et par ses inépuisables mines de houille; l'autre, l'île du **Prince-Édouard** ou **Saint-Jean,** très-fertile et qui a aussi des pêcheries.

A l'E. du golfe, on remarque la grande île de **Terre-Neuve**, qui s'étend du N. O. au S. E. L'intérieur est presque entièrement stérile. Les côtes offrent une foule de baies profondes et de ports excellents, et l'on y voit d'importants établissements pour la préparation de la morue.

Ce poisson se pêche surtout au *Grand Banc de Terre-Neuve*, qui se trouve au S. E. de l'île.

Saint-Jean est la capitale de Terre-Neuve. De la baie Trinité, à peu de distance de là, part le célèbre télégraphe sous-marin qui va jusqu'en Irlande.

Cette île a longtemps appartenu à la France. Les *Français* possèdent encore, près de ses côtes méridionales, les trois petites îles de **Saint-Pierre**, de **Miquelon** et de la **Petite-Miquelon**, formant un gouvernement colonial dont le chef-lieu est *Saint-Pierre*, et ils ont conservé le droit de pêche sur une grande partie des côtes de Terre-Neuve, ainsi que sur une certaine étendue de celles du Labrador.

A environ 900 kilomètres S. O. du Grand Banc, les Anglais possèdent le groupe des **Bermudes** ou **Somers**, composé, en grande partie, d'îlots arides et rocailleux. Les deux îles principales sont *Bermude* et *Saint-George*.

L'intérieur de l'Amérique anglaise, entre la mer d'Hudson et les monts Rocheux, était connue sous le nom général de **Rupert's land**, on en a fait les provinces de **Manitoba**, de **Saskatchawan** et le **Territoire du Nord-Ouest**. Il s'y trouve des forts et des factoreries, établis par la compagnie dite de la *Baie d'Hudson*, qui fait avec les nombreuses peuplades sauvages de ces régions un grand commerce de fourrures. Les *Assiniboines* et les *Chippeouays* sont parmi les principales de ces peuplades. On remarque des *Esquimaux* dans les parties les plus boréales.

La partie des possessions anglaises qui se trouve à l'O. des monts Rocheux jusqu'au Grand Océan, s'appelle **Colombie britannique;** c'est une colonie naissante, qui paraît appelée à beaucoup d'avenir. Il y a de riches mines d'or.

Vis-à-vis, est la grande île de **Vancouver**, colonisée aussi très-récemment, déjà florissante, et qui a pour chef-lieu la jolie ville de *Victoria*.

LEÇON XIII.

RÉGION CENTRALE DE L'AMÉRIQUE DU NORD.
ÉTATS-UNIS.

§ 1. Situation générale des États-Unis.

Au sud de l'Amérique du nord anglaise, on entre dans les **États-Unis**, qu'on appelle aussi *l'Union américaine*, et qui forment la plus vaste république du monde; ils occupent le milieu de l'Amérique septentrionale, et s'étendent depuis l'Atlantique, à l'E., jusqu'au Grand Océan, à l'O. Ils sont baignés au S. par le golfe du Mexique, et au N. par les lacs *Supérieur, Michigan, Huron, Saint-Clair, Erié*, la rivière *Niagara*, le lac *Ontario*, et le cours supérieur du *Saint-Laurent*. Ils ont 4500 kilom. de longueur, de l'E. à l'O., 2200 kilom. de largeur, du N. au S., et ils surpassent en superficie les trois quarts de l'Europe.

Les plus hautes chaînes des États-Unis sont les monts *Rocheux* et la *Sierra Nevada*, riche en or, qui courent du N. au S., dans la partie occidentale.

Les monts *Alleghany* ou *Apalaches*, dans la partie orientale, sont formés de plusieurs chaînes parallèles, dirigées du N. E. au S. O.

Le *Mississipi* traverse du N. au S. les États-Unis, et son vaste bassin s'étend entre les monts Alleghany et les monts Rocheux; à l'O. des monts Rocheux, coulent l'*Orégon* ou *Columbia* et le *Rio Colorado*, vers le Grand Océan.

§ 2. États du versant de l'est.

Commençons notre voyage dans ce grand pays par le versant de l'est, c'est-à-dire par la région renfermée entre les monts Alleghany et l'Atlantique; c'est le territoire le plus anciennement colonisé, le plus industrieux et le plus peuplé ; il est arrosé par de nombreux tributaires de l'océan (le *Connecticut*, l'*Hudson*, la *Delaware*, la *Susquehanna*, le *Potomac*, le *James*, la *Savannah*), et composé tantôt de belles vallées, tantôt de plaines marécageuses et sablonneuses.

C'est là que se trouvaient les colonies anglaises qui s'insurgèrent contre leur mère-patrie et formèrent, en 1776, les 13 premiers États-Unis.

On rencontre d'abord, en venant du nord, les six états de *Maine*, de *New-Hampshire*, de *Vermont*, de *Massachusetts*, de *Rhode-Island* et de *Connecticut*, qu'on surnomme spécialement les *États de l'est* et qui forment ce qu'on appelle la *Nouvelle-Angleterre*. Ils sont les plus peuplés, les plus industrieux et les plus éclairés des états du versant de l'est.

L'état de **Maine**, le plus septentrional, a de nombreux et excellents ports. — *Augusta* est la capitale ; — mais *Portland*, port de mer florissant, est la plus grande ville.

L'état montagneux de **New-Hampshire** a pour capitale *Concord* ; — *Portsmouth* a un beau port et un arsenal maritime.

Le **Vermont**, le seul des états de la Nouvelle-Angleterre qui ne soit pas maritime, tire son nom de ses montagnes couvertes de forêts. — *Montpellier* en est la capitale.

Le plus peuplé des états de l'E. est le **Massachusetts**, qui renferme plus d'un million d'habitants. *Boston*, capitale, est la première ville de la Nouvelle-Angleterre et la seconde de l'Union pour le commerce maritime. Elle a un beau port, et renferme 270 000 habitants. C'est la patrie de Benjamin Franklin.

Les autres principales villes du Massachusetts sont : *Salem*, port de mer florissant ; — *Cambridge*, célèbre par son université ; — *Lynn*, par ses fabriques de chaussures.

L'état de **Rhode-Island**, le plus petit de tous les États-Unis, a deux capitales, *Providence*, au fond d'une baie, et *Newport*, sur l'île qui donne son nom à l'état.

L'état de **Connecticut**, partout bien cultivé, n'a point de grandes villes, mais beaucoup de bourgs et de villages florissants. — *New-Haven* et *Hartford* en sont alternativement les capitales.

On passe ensuite dans l'important état de *New-York*, baigné au N. O. par les lacs Erié et Ontario, au N. E. par les lacs Champlain et George, au S. E. par l'Atlantique; il est traversé par le fleuve Hudson et par le *Grand Canal* ou *canal d'Érié*, qui joint ce fleuve au lac Érié. On y compte 4 400 000 d'habitants. — La capitale est *Albany*, de 76 000 âmes, sur l'Hudson; mais la ville la plus importante est *New-York*, surnommée la *Cité impériale*, la première ville américaine par la population, le commerce et la richesse; elle se trouve sur une île entourée par l'Hudson, un bras de ce fleuve et la mer, et elle est traversée dans presque toute sa longueur, du N. au S., par le *Broadway*, la plus belle rue du Nouveau-Monde; on y compte plus d'un million d'habitants. — *Brooklyn*, peuplée de 400 000 âmes, à l'extrémité de la belle île Long-Island, vis-à-vis de New-York, en est comme un faubourg.

Les autres lieux remarquables de l'état de New-York sont *Buffalo*, port très-animé, sur une baie du lac Érié, avec 120 000 habitants; — *Rochester*, près du lac Ontario; — *Troy*, sur l'Hudson; — *Rome*, sur le Grand canal; — *West-Point*, qui a une célèbre école militaire.

L'état de *New-Jersey* occupe une espèce de presqu'île entre la baie de New-York et la baie Delaware. — *Trenton*, sa capitale, est sur la Delaware. — *New ark et Jersey-City*, vis-à-vis de New York, en sont les villes les plus considérables.

La *Pennsylvanie* est un grand état, florissant à la fois par l'industrie manufacturière et par l'agriculture, et peuplé de 3 500 000 habitants. Elle s'étend de la Delaware au lac Érié; divers chaînons des monts Alleghany, riches en productions minérales, particulièrement en pétrole et en houille, l'entre-coupent; une partie de l'état, située à l'O. de ces montagnes et arrosée par l'Ohio, affluent du Mississipi, n'appartient pas au versant de l'est. — La Pennsylvanie doit son nom, qui signifie *forêts de Penn*, à Guillaume Penn, quaker fameux, qui y fonda les premières colonies dans le dix-septième siècle.

Harrisburg, sur la Susquehanna, est la capitale.—Mais la plus grande ville est *Philadelphie*, de plus de 700 000 âmes, sur la Delaware. Ce fut dans cette ville que se fit, en 1776, la déclaration de l'Indépendance, dont le centenaire, en 1876, a été fêté par une grande exposition.

Pittsbourg, très industrieuse, avec 100 000 habitants, à

la naissance de l'Ohio, est la seconde ville de la Pennsylvanie. —*Gettysburg* est célèbre par une victoire des Fédéraux sur les Confédérés.¹.

Le petit état de **Delaware**, baigné à l'E. par la baie et le fleuve du même nom, a pour capitale *Dover*. — *Wilmington*, près de la Delaware, est la plus grande ville.

Le **Maryland** entoure la baie Chesapeake, où vient se jeter la Susquehanna. Il est riche en tabac, en froment et en fer. — *Annapolis*, située sur la baie Chesapeake, est la capitale. — La ville la plus considérable est *Baltimore*, port célèbre, sur la même baie, avec 270 000 habitants. — On remarque aussi *Frederick-City*, dans l'intérieur.

Sur la rive gauche du Potomac, entre le Maryland et la Virginie, se trouve le district de **Columbia**, qui renferme Washington, capitale des États-Unis, sur le Potomac, dans une heureuse situation. L'illustre général Washington, qui a le plus contribué à l'indépendance des États-Unis, choisit lui-même l'emplacement de la ville qui reçut son nom et qui devint le siége du gouvernement de la république. Sur une colline, au centre de la ville, s'élève le Capitole, où siége le Congrès. Cette capitale, quoique très-grande, n'a encore que 110 000 habitants.

Georgetown est une autre ville importante du district de Columbia.

Le bel état de **Virginie**, qui s'étend de la baie Chesapeake aux monts Alleghany, est fertile en tabac, en riz et en froment; c'était le plus important des 11 états du Sud qui s'insurgèrent en 1860 et 1861, contre l'Union générale et qui formèrent la *confédération du Sud*²; on y comptait 2 millions d'habitants, avant qu'on en eût distrait, en 1862,

---

1. Voir la note suivante, pour cette guerre.
2. De là le nom de *Confédérés* ou de *Sudistes*, qu'on donna aux insurgés du Sud, et celui d'*Unionistes* ou de *Fédéraux* ou de *Nordistes* à ceux qui désiraient conserver intacte la Fédération entière des États-Unis. L'esclavage, que désiraient abolir les états du Nord et que ceux du Sud voulaient maintenir, était la cause principale de cette séparation. Après une lutte terrible, les Unionistes ont fini par triompher, en 1865 Les 11 états de la Confédération du Sud étaient la Virginie, la Caroline du Nord, la Caroline du Sud, la Georgie, la Floride, l'Alabama, le Mississipi, la Louisiane, le Texas, le Tennessee et l'Arkansas.

l'état de *Virginie occidentale* (situé à l'O. des monts Alleghany). Aujourd'hui il y a 1 200 000 âmes.

Les villes principales de la Virginie sont : *Richmond*, sur le James, peuplée de 50 000 habitants, capitale de cet état et qui a été le siége du gouvernement de la confédération du Sud jusqu'en 1865, époque où les Unionistes l'ont reprise. — *Mount-Vernon*, charmant endroit, fameux pour avoir été la résidence de Washington, né dans cet état. — *Alexandria*, sur le Potomac. — *Petersburg*, ville de 15 000 âmes, longtemps assiégée par les Unionistes et prise par eux enfin en 1865. — *Yorktown*, *Norfolk*, sur la mer, *Harpers-Ferry*, *Manassas*, *Fredericksburg*, *Bull-Run* et beaucoup d'autres endroits de cet état ont été le théâtre de batailles entre les Unionistes et les Confédérés. La bataille des *Cinq-Fourches*, près de Petersburg, gagnée par les Fédéraux, a terminé la guerre, en 1865.

La **Caroline du nord**, au S. de la Virginie, a une agriculture florissante, et récolte du froment, du tabac, du coton, du riz. — La capitale est *Raleigh*, et *Wilmington*, une des villes principales.

La **Caroline du sud** est un état à la fois agricole et commerçant. Avant l'abolition de l'esclavage, les esclaves y étaient plus nombreux que les hommes libres. Le tabac, le blé, le coton et le riz font la richesse de ce pays. — Les villes importantes sont *Columbia*, capitale de l'état, et *Charleston*, port de mer célèbre, de 50 000 âmes, la première ville qui s'insurgea contre l'Union, en 1860, et l'une de celles qui ont le plus souffert de la guerre. Elle fut reprise par les Fédéraux, en 1864.

La **Georgie** a de beaux bois de construction, et le coton est un important produit de son agriculture.

La capitale est la petite ville de *Milledgeville*. — *Macon* est plus importante. — *Augusta*, sur la Savannah, est aussi une ville considérable, qui fait un très-grand commerce de coton. — A l'embouchure du même fleuve, se trouve la ville de *Savannah*, la plus grande de l'état. — *Atlanta*, dans l'intérieur, est devenue célèbre par le siége et la prise qu'en ont faits les Unionistes en 1864.

L'état de **Floride** est formé en grande partie de la presqu'île qui s'avance à l'entrée du golfe du Mexique. C'est un pays plat, marécageux, entrecoupé de lacs, de savanes et de forêts de magnolias, de chênes rouges, de sassafras et de pins.

La capitale de la Floride est *Tallahassee*. Les autres principales villes sont : *Saint-Augustin*, sur la côte orientale ; — *Pensacola*, dont le port est regardé comme le plus beau et le plus sûr de tout le golfe du Mexique.

LEÇON XIV.

SUITE DES ÉTATS-UNIS.

VERSANTS DU SUD ET DE L'OUEST.

§ 1. Versant du sud. — Le Mississipi et le golfe du Mexique.
Courant du Golfe (Gulf Stream).

Entre les monts Alleghany et les monts Rocheux, s'étend l'immense vallée ou le bassin du *Mississipi*, qui s'incline au S. vers le golfe du Mexique. Ce fleuve, qui est la principale artère du système de navigation le plus étendu et le plus magnifique qu'il y ait au monde, prend sa source au petit lac *Itasca* ou de la *Biche*, à l'O. du lac Supérieur; il descend de son plateau natal par les chutes pittoresques de Saint-Antoine, coule du N. au S., et se jette dans le golfe du Mexique par plusieurs embouchures, après un cours de plus de 4500 kilomètres. Dans sa partie inférieure, le niveau de ses eaux, par suite de ses énormes alluvions, est devenu plus élevé que celui de la contrée voisine : des digues sont le seul obstacle opposé à ses débordements; quelquefois il les rompt, et dévaste les campagnes environnantes. — Le Mississipi reçoit à droite le *Missouri*, qui vient des monts Rocheux; il se dirige généralement au S E., en faisant de nombreuses sinuosités. Le Missouri entraîne dans son cours rapide une quantité énorme de sable, des pans entiers de forêts qu'il détache de ses rives, et il se joint au Mississipi, après un cours de 5000 kilomètres. Le Missouri et le Mississipi inférieur composent un seul et même cours d'eau,

de 7000 kilomètres; c'est le plus long fleuve du globe.
— Parmi les nombreuses rivières qui viennent se réunir
au Missouri, on distingue, la *Plate* ou *Nébraska*, rivière
large, mais peu profonde; le *Kansas* et l'*Osage*. — Le Mississipi reçoit plus bas, sur la même rive, l'*Arkansas* et la
rivière Rouge. — Les principaux affluents de la rive gauche
sont : l'*Illinois*, qui traverse d'immenses prairies, et l'*Ohio*,
très-grande et belle rivière, dont les principaux tributaires
sont le *Wabash*, le *Kentucky*, le *Cumberland* et le *Tennessee*.

Le bassin de ce fleuve présente, à l'E., une riche contrée,
entrecoupée de vallées pittoresques, couvertes tantôt de
superbes forêts, tantôt de prairies d'une fécondité remarquable, ou de magnifiques cultures de céréales (blé, maïs,
etc.). A l'O. du Mississipi, on voit se dérouler de vastes
savanes, traversées par de larges rivières aux rives marécageuses et boisées.

Le sud du bassin a une chaude température, et produit
du sucre, du coton et du riz.

Le *Rio Grande del Norte* est un autre grand tributaire du
golfe du Mexique; il sépare les États-Unis du Mexique.

Le **golfe du Mexique**, où viennent aboutir les eaux de
la plus grande partie des États-Unis, est comme une mer
intérieure, enfermée entre le continent américain et les Antilles. Il offre un des plus importants phénomènes de la
géographie physique, dans un courant rapide qui le contourne
au S. O., à l'O. et au N. et en sort au N. E., par le détroit
de Floride ou nouveau canal de Bahama; ce mouvement
des eaux a reçu le nom de **courant du Golfe** (en anglais
Gulf Stream); il continue longtemps encore après le
golfe qui lui donne son nom, et s'avance, en s'élargissant,
du S. O. au N. E., à travers l'Atlantique, jusqu'auprès du
banc de Terre-Neuve, où il conserve une chaleur remarquable; il tourne ensuite à l'E., et se partage en plusieurs
bras, dont l'un se dirige vers l'Espagne, la France et les
îles Britanniques, et contribue beaucoup à en adoucir la
température; un autre, passant plus au N., se répand vers
la Norvége et le Spitzberg; un autre, enfin, tourne au S. E.,
enveloppe les Açores, et vient se perdre vers les Canaries,
pour se mêler au grand courant qui dirige les eaux des

régions équatoriales de l'E. à l'O. entre l'Afrique et l'Amérique[1].

§ 2. États et territoires du versant du sud.

Sur ce versant sont compris non-seulement des états qui se trouvent dans le S. des États-Unis, mais aussi d'autres états qui sont dans l'O. de cette république et qui appartiennent, comme ceux-là, au bassin du Missisipi et par conséquent au versant du golfe du Mexique.

Commerçons par le sud.

L'état d'*Alabama* tire son nom d'une des principales rivières qui l'arrosent, et s'étend depuis les monts Alleghany jusqu'au golfe du Mexique. — *Montgomery*, en est la capitale. — *Mobile*, au fond d'une baie du même nom, est la ville la plus importante.

L'état de *Missisipi* se trouve entre l'état précédent et le fleuve Mississipi. Il s'avance au S. jusqu'au golfe du Mexique. — La capitale est la petite ville de *Jackson*. — *Natchez*, qui a conservé le nom d'une nation indigène, est près du Mississipi. — *Vicksburg*, sur le même fleuve, a soutenu un long siége contre les Fédéraux, et a été prise enfin en 1863.

Le nom de *Louisiane* fut donné longtemps à toute l'immense contrée située à l'O. du Mississipi et vendue par la France aux États-Unis, en 1803; il ne désigne plus aujourd'hui que la partie la plus méridionale de cette région vers le delta du Mississipi; c'est un pays fort bas et souvent inondé. Les deux rives du fleuve, garnies de levées considérables, et celles des *bayous* ou branches qui s'en détachent, sont presque entièrement bordées de riches plantations, qui fournissent particulièrement du sucre, du riz et du coton. C'est l'état où les habitants d'origine française sont le plus nombreux.

1. On peut dire que le courant du Golfe n'est que la conséquence de ce courant équatorial, qui, frappant le continent américain, en suit les contours et pénètre avec force dans le grand enfoncement qui s'ouvre au milieu de la côte orientale de ce continent. Le mouvement de la Terre, de l'O. à l'E., plus rapide à l'équateur qu'ailleurs, et que les eaux ne peuvent pas suivre aussi promptement que les parties terrestres du globe, est sans doute la cause principale du courant équatorial.

La *Nouvelle-Orléans*, en anglais *New-Orleans*, très-belle et très-commerçante, est la plus grande ville de la Louisiane. Le Mississipi y présente un bon port. La population est de 200 000 âmes.

Bâton-Rouge, petite ville, sur le Mississipi, est la capitale officielle de la Louisiane.

Port-Hudson, sur le même fleuve, occupe une position importante, et a été le théâtre de graves luttes dans la guerre des Fédéraux et des Confédérés.

L'état de **Texas**, qui a longtemps fait partie du Mexique, s'en sépara en 1835, et s'érigea en république indépendante ; il a été annexé aux États-Unis en 1845. La rivière Rouge le borde au N. ; au S., il est baigné par le golfe du Mexique. Le sol en est très-fertile.

Les villes les plus importantes sont : *Austin*, capitale de l'état ; — *Galveston*, le port principal.

L'état de **Tennessee** est un pays montagneux à l'E., borné à l'O. par le Mississipi, et traversé par le Tennessee et le Cumberland. — *Nashville*, à l'O., en est la capitale. — On remarque *Memphis*, sur le Mississipi. — *Knoxville* est la ville principale du Tennessee oriental.

A l'O. du Mississipi, s'étend l'état d'**Arkansas**, traversé par la rivière du même nom. La partie orientale est la plus cultivée. — *Little-Rock*, sur l'Arkansas, est la capitale.

Voici maintenant les états qu'on peut appeler les états de l'Ouest.

L'état de la **Virginie occidentale**, qui a été formé en 1862, s'étend entre les monts Alleghany et l'Ohio ; c'est une belle et fertile contrée, où fleurit l'agriculture. — La capitale est *Wheeling*, sur l'Ohio.

L'état de **Kentucky**, traversé par la rivière qui lui donne son nom, a, vers le S., d'excellents pâturages ; à l'E., d'épaisses forêts. La partie septentrionale a mérité le nom de *Paradis des États-Unis*. — *Louisville*, vers les rapides de l'Ohio, avec 100 000 habitants, est la principale ville. — *Frankfort*, la capitale, est beaucoup moins importante. — *Lexington* a une célèbre université. — On remarque aussi les petites villes de *Paris* et de *Versailles*.

Le plus important et le plus populeux des états de l'O. est celui d'**Ohio**, peuplé de plus de 2 700 000 hab. Il s'étend du lac Érié à la rivière qui lui a donné son nom. Le sol est de la plus grande fécondité.

Columbus est la capitale.

On voit sur l'Ohio l'industrieuse et commerçante ville de *Cincinnati*, peuplée d'environ 220 000 habitants.

Toledo, Sandusky et *Cleveland* sont les ports principaux de l'état sur le lac Érié.

L'état de ***Michigan*** occupe deux péninsules environnées par les lacs Saint Clair, Huron, Michigan et Supérieur. C'est un pays plat, peu fertile, mais riche en mines de cuivre et de fer, et admirablement situé pour le commerce.—La capitale est *Lansing*, et la ville principale *Détroit*, sur la rivière du même nom, qui unit le lac Saint-Clair au lac Érié.

L'état d'***Indiana***, à l'O. de celui d'Ohio, offre de vastes prairies, entrecoupées d'épaisses forêts. On y trouve d'inépuisables mines de houille. — *Indianapolis*, capitale de l'état ; *Vincennes*, fondée par des Français ; *New-Albany*, le lieu le plus peuplé, et *Vevay*, fondée par des Suisses, sont les villes principales de l'Indiana.

L'état d'***Illinois*** tire son nom d'une nation indienne, aujourd'hui anéantie; il est situé entre l'Indiana et le cours du Mississipi. Le sol y est d'une extrême fécondité. On voit s'y étendre, au centre et au nord, d'immenses prairies. Il y a des mines de plomb très-riches.—*Springfield* en est la capitale. — *Chicago*, sur le lac Michigan, à l'extrémité d'un canal qui unit ce lac à l'Illinois, est une ville de plus de 500 000 âmes, qui est toute récente et a grandi avec une prodigieuse rapidité. — *Cairo* s'élève à l'extrémité S. de l'état, au confluent de l'Ohio et du Mississipi.

L'état de ***Wisconsin*** est situé entre le Mississipi et les lacs Michigan et Supérieur. Ce pays renferme de riches mines de plomb, de fer et de cuivre. *Madison* en est la capitale, et *Milwaukee*, sur le lac Michigan, la plus grande ville.

L'état de ***Missouri*** est limité à l'E. par le Mississipi, et traversé par le Missouri. Au N., le pays est très-fertile et donne en abondance les céréales, les légumes et les fruits d'Europe. La terre est aride au S., mais il y a de grandes richesses minérales, surtout du plomb. — La capitale de cet état est la petite ville de *Jefferson-City*, au bord du Missouri. — *Saint-Louis*, qui fut d'abord toute française, est la principale ville. Elle est avantageusement située sur le Mississipi, près du confluent du Missouri et non loin de celui de l'Illinois. Elle renferme 300 000 habitants.

L'état d'*Iowa*, à l'O. du Wisconsin et au N. de l'état de Missouri, entre le cours du Mississipi, à l'E., et celui du Missouri, à l'O., est riche en prairies et en céréales.—La capitale est *Iowa-City*. — *Dubuque*, sur le Mississipi, est la ville la plus considérable et a de célèbres mines de plomb.

L'état de *Minnesota*, au N. de celui d'Iowa, renferme les sources du Mississipi et doit son nom à un affluent de ce fleuve. Il a pour capitale *Saint-Paul*, sur le Mississipi.

L'état de *Kansas*, à l'O. de celui de Missouri, est traversé par la rivière à laquelle il doit son nom et par l'Arkansas ; il est limité en partie, à l'E., par le cours du Missouri. L'E. est fertile ; l'O. est un affreux désert. — La capitale est *Topeka*, sur le Kansas. — *Leavenworth* est la plus importante ville.

L'état de *Nébraska* est arrosé par le Missouri ; une partie, connue sous le nom de *Mauvaises Terres*, n'offre qu'un amas de roches aiguës aux formes bizarres ; la capitale est *Lincoln*, et le lieu le plus important, *Omaha*, sur le Missouri, ville d'avenir, point de départ du grand chemin de fer du Pacifique, appelé à porter la civilisation dans le *Far-West*.

Il existe dans l'O. de ce même versant plusieurs territoires, qui ne sont pas encore admis au rang d'état. Ce sont : le *Nouveau-Mexique*, capitale *Santa-Fé*, sur le Rio Grande ; — le *Dakota*, peuplé en partie par les Sioux ; — le *Wyoming*, capitale *Cheyenne*, et le *Montana*, qui sont couverts en partie par les monts Rocheux ; — le territoire *Indien*, où l'on a réuni de nombreuses tribus indiennes, obligées de quitter les régions orientales : les *Chactas* ou *Choctas*, les *Chérokis*, les *Creeks*, etc.

§ 3. États et territoires du versant de l'ouest.

Les monts *Rocheux*, continués vers le S. par la *Sierra Verde* et la *Sierra Madre*, forment moins une chaîne proprement dite qu'un assemblage de groupes irréguliers, tantôt terminés en pics aigus, qui vont jusqu'à 4000 mètres, tantôt évasés en larges plateaux.

A l'O. des monts Rocheux, règne du N. au S. une chaîne non moins élevée et très-riche en mines d'or, la *Sierra Ne-*

vada, continuée au N. par les montagnes des *Cascades.* Les monts *Whitney* et *Shasta,* d'une altitude de 4500 mètres, sont les plus hauts sommets de ces montagnes.

L'espace renfermé entre les monts Rocheux et la Sierra Nevada est un territoire concave qui est connu sous le nom de *Grand Bassin;* il s'y trouve d'assez nombreux lacs sans écoulement, dont le principal est le *Grand lac Salé (Great Salt Lake).*

Le *Grand Océan* ou *océan Pacifique,* qui baigne à l'O. les États-Unis, y a pour tributaire principal l'*Orégon* ou *Columbia,* dont le cours décrit de vastes détours. Sur le même versant, coulent le *Sacramento* et le *San-Joaquin,* qui se jettent dans le port de *San-Francisco,* et le *Rio Colorado,* qui va, sur le territoire du Mexique, déboucher dans le golfe de Californie.

Quatre états se trouvent sur ce versant ou dans le Grand Bassin :

L'état de **Colorado,** qui a pour capitale *Denver.*

L'état de **Nevada,** vers les montagnes du même nom, est principalement compris dans le Grand Bassin ; il est riche en mines d'or et surtout d'argent, et a pour capitale *Carson-City.*

L'état de **Californie,** formé de la contrée qu'on appelait autrefois Nouvelle-Californie, et riche en mines d'or, d'argent et de mercure, s'étend sur le Grand Océan. Il a pour capitale *Sacramento-City,* sur le fleuve Sacramento ; mais le lieu le plus important est *San-Francisco,* port célèbre, qui, en peu d'années, depuis la découverte des mines d'or, a acquis une nombreuse population (près de 200 000 habit.), formée d'émigrants de toutes les nations. — On remarque aussi les villes de *San-José,* de *Stockton,* de *Monterey.*

L'état d'**Orégon,** au N. de la Californie, baigné par le Grand Océan, et traversé par le fleuve auquel il doit son nom, est un beau pays qui a pour capitale *Salem;* mais la ville principale est *Portland.*

Les territoires de la même région physique sont : 1° vers le Grand Océan, le territoire de **Washington,** au N. de l'Orégon, avec *Olympia* pour chef-lieu, au fond du Puget-sound, qui est un avancement du golfe de Georgie ; — 2° dans l'intérieur, l'**Arizona,** vers le Rio Colorado ; — l'**Utah,** qui a pour capitale *Great-Salt-Lake-City* (la ville du Grand Lac Salé), siége principal de la secte des *mormons;* — l'**Idaho,** qui appartient au bassin de l'Orégon. Entre ce dernier territoire et ceux de Montana et de Wyoming, se trouve un canton réservé qui est célèbre par ses curiosités naturelles et qu'on appelle le *Parc National*.

§ 4. Gouvernement, population, etc., des États-Unis.

Il y a trente-huit états : ce sont autant de républiques distinctes et indépendantes ; les grands intérêts de cette confédération sont confiés à un gouvernement électif, composé d'un président, qui possède la puissance exécutive, et de deux chambres législatives, qui forment le Congrès, et qui sont le Sénat et la Chambre des représentants.

Il n'y a point, aux États-Unis, de religion dominante : toutes les religions y sont admises et protégées. Les protestants sont les plus nombreux. Les catholiques dominent dans la Louisiane et le Maryland.

L'enseignement est libre. Les plus petites villes, les plus petites bourgades, ont une école. Aussi tout le monde, dans ce pays, sait au moins lire, écrire et calculer. Les journaux y sont plus multipliés que dans aucune autre contrée du globe. Les sciences sont cultivées avec le plus grand soin, surtout du côté pratique.

La population des États-Unis s'élève à 40 millions d'âmes. Les peuples nombreux dont le mélange forme cette population peuvent se rapporter aux trois divisions suivantes : 1° les *Européens et leurs descendants*, parmi lesquels on distingue : les Anglais ou plutôt Anglo-Américains, par abréviation, *Américains*, et, par sobriquet, *Yankees*, formant à eux seuls presque les trois quarts de tout le peuple de l'Union ; les Irlandais, les Écossais, les Allemands, nombreux dans les états de Pennsylvanie, d'Ohio et de Missouri ; les Français et les Espagnols, répandus au centre de la vallée du Mississipi et sur la côte méridionale. — 2° Les *nègres* et *autres gens de couleur* (mulâtres, quarterons et enfin tous les individus ayant un mélange de sang africain), au nombre d'environ 4 millions, qui étaient naguère encore, la plupart, esclaves, mais qui ont été affranchis par suite de la guerre entre les Fédéraux et les Confédérés. — 3° Les *indigènes*, qui sont les *Indiens* ou *Américains proprement dits*[1], et dont le nombre, sans cesse décroissant, est aujourd'hui d'environ 275 000 individus; outre ceux que nous avons nommés dans le territoire Indien, il faut remarquer les *Sioux*, les *Comanches*, les *Apaches*, les *Osages*, les *Chippeouays*, tous dans l'ouest.

Une active navigation anime les fleuves. Les chemins de fer se sont multipliés dans ce pays avec une rapidité prodigieuse : c'est surtout dans l'E. qu'ils sont nombreux ; dans l'O., est la ligne immense (le *Pacific Rail Road*) qui unit le Mississipi au Gran l Océan. On estime à 115 000 kilomètres l'étendue du réseau total des chemins de fer des États-Unis. Il y a aussi un vaste et admirable réseau de lignes télégraphiques (environ 120 000 kilomètres).

La principale industrie est l'agriculture, qui produit surtout des grains, du sucre, du coton, du riz, du tabac, et se livre à l'élevage d'une grande quantité de gros bétail et de porcs. L'industrie manufacturière est particulièrement avancée dans les états de la Nouvelle-Angleterre. C'est principalement par le commerce maritime que les États-Unis fleurissent. Leur marine marchande est la plus considérable du globe après celle de l'Angleterre. New-York, Boston, Philadelphie, Baltimore, la Nouvelle-Orléans, Charleston, Savannah, San-Francisco, sont les ports les plus importants.

LEÇON XV.

RÉGION MÉRIDIONALE DE L'AMÉRIQUE DU NORD.

§ 1. Mexique.

Le **Mexique**, qui a porté longtemps le nom de *Nouvelle-Espagne*, est resserré entre le golfe du Mexique, à l'E., et le Grand océan, à l'O. Il s'étend du N. O. au S. E. l'espace

---

1. Par abus, on désigne ordinairement aujourd'hui, comme on vient de le voir, sous le nom d'*Américains*, non les indigènes, mais les habitants qui, dans l'Union, sont d'origine anglaise.

d'environ 3000 kilomètres ; assez large au N., il se rétrécit considérablement vers le S., où il n'a que 180 kilomètres de largeur, à l'isthme de *Téhuantépec*. Le tropique du Cancer le coupe vers le milieu.

La côte du golfe du Mexique est généralement basse et bordée de langues de terre sablonneuses, séparées du continent par des *lagunes*. La partie la plus méridionale de ce golfe est la baie de *Campêche*, à l'E. de laquelle s'avance la presqu'île de *Yucatan*.

La côte du Grand Océan, beaucoup plus étendue et plus élevée, présente la longue presqu'île de *Ca'ifornie* (c'est-à-dire la *Basse* ou *Vieille-Californie*), à l'E. de laquelle est le golfe de *Californie* (mer *Vermeille* ou de *Cortez*), profondément avancé dans les terres.

Le Mexique est traversé dans toute sa longueur par les montagnes qui divisent l'Amérique en deux versants généraux et qui portent ici les noms de *Sierra Madre* et de *Cordillère* et d'*Anahuac*. Ces montagnes supportent un vaste plateau, qui s'élargit beaucoup vers le midi. Une des parties les plus remarquables du plateau est la vallée de Mexico, entourée comme d'un mur d'énormes montagnes, parmi lesquelles s'élève le *Popocatepetl*, le pic d'*Orizaba*, le *Coffre de Pérote* (4000 à 5400 mètres d'altitude).

Les tremblements de terre sont fréquents au Mexique, et les montagnes y sont généralement volcaniques.

Le plus grand fleuve du pays est le *Rio Grande del Norte*, à l'E. ·

Sur le versant occidental, on trouve le *Rio Colorado*, qui se jette dans le golfe de Californie, et le *Rio Grande del Sur* qui sert d'écoulement au lac de *Chapala*.

Quoique cette contrée soit en partie dans la zone torride la grande élévation du sol y procure vers le milieu un douce température. Mais, vers les côtes, le climat est très chaud et fort malsain ; la fièvre jaune, connue au Mexiqu sous le nom de *vomissement noir*, y exerce souvent ses ravages.

Le Mexique est fertile en bananiers, manioc, pommes de terre, ignames, patates douces, tomates, agavés, ananas, cannes à sucre, cotonniers, palmiers, cacaoyers, vanille, jalap, bois de Campêche, acajou, nopal à cochenille, etc.; il y a des mines inépuisables d'argent et d'or.

Le pays se divise en 27 états, qui portent, la plupart, les noms de leurs chefs-lieux.

Les villes les plus remarquables sont : MEXICO (200 000 hab.), capitale, dans une belle vallée, à 2270 m. au-dessus du niveau de la mer; *Guadalaxara* (70 000 hab).; *Puebla* (76 000), prise par les Français en 1863; *Cholula*, ville sainte des anciens Mexicains, avec une célèbre pyramide indienne; *Guanaxuato*, avec les plus riches mines d'argent du monde; *Queretaro; San-Luis Potosi; Vera-Cruz*, la principale ville maritime de la côte orientale du Mexique; *Tampico*, autre port de la même côte; *Orizaba*, vers la haute montagne du même nom; *Jalapa*, dans une région délicieuse, qui produit la plante médicinale nommée jalap; *Acapulco, Mazatlan*, ports de la côte occidentale; *Morelia* ou *Valladolid*, surnommée le *jardin du Mexique; Oaxaca*, célèbre par sa cochenille.

La capitale du Yucatan est *Merida*. On y voit aussi *Campêche*, connue par son bois de teinture, et située sur une baie du même nom.

On trouve au Mexique, particulièrement vers le S., un grand nombre de ruines de monuments construits par un peuple dont on ignore l'histoire, mais qui était certainement plus avancé dans la civilisation que ne le sont les indigènes actuels de ce pays. C'est surtout dans le Yucatan et le Chiapas que sont des ruines très-curieuses.

La population est d'environ 9 millions d'habitants; elle est en grande partie composée d'anciens *Espagnols* et d'Indiens de la famille des *Aztèques*.

Le Mexique était depuis longtemps au pouvoir de nations puissantes et civilisées nommées *Aztèques* et *Acolhuans*, lorsque Fernand Cortez le découvrit en 1519 et en fit la conquête. Il fut gouverné par des vice-rois espagnols jusqu'en 1810. Il se révolta alors contre sa mère patrie, acquit son indépendance, et s'érigea en république; mais des guerres intestines ont souvent désolé depuis cette belle contrée, et la forme du gouvernement y a fréquemment varié : en 1864, à la suite d'une expédition française, la république fut remplacée par un empire; mais, depuis, elle a été rétablie.

La religion catholique est générale.

§ 2. Yucatan anglais.

L'Angleterre possède, sur la côte S. E. du Yucatan, au bord de la baie de Honduras, une colonie connue sous le nom de **Yucatan anglais, Honduras anglais** ou **colonie de Balize.** Elle est arrosée par une rivière de ce dernier nom, à l'embouchure de laquelle est *Balize*, chef-lieu de la colonie. C'est le siége d'un grand commerce de bois de teinture et d'acajou.

§ 3. Grand isthme américain. — Amérique centrale.

L'Amérique septentrionale se rétrécit tout entière vers le S., et forme, sur un espace de plus de 2000 kilomètres, un **grand isthme** qui s'étend du N. O. au S. E, et qui est parcouru, dans toute sa longueur, par une chaîne de montagnes volcaniques, nommée *Cordillère de l'Amérique centrale* ou *Sierra Madre*. Vers le milieu de l'isthme, se trouve le lac de *Nicaragua*, un des plus considérables de l'Amérique, et qui, très-voisin du Grand Océan, s'écoule dans la mer des Antilles par la rivière *San-Juan*.

Cet isthme, le plus remarquable du globe, éprouve des étranglements successifs, qui constituent autant d'isthmes particuliers, et qui semblent inviter à établir des communications inter-océaniques.

Ainsi, entre le golfe de Téhuantépec, dans le Grand Océan, et le golfe du Mexique, dans l'Atlantique, est resserré l'*isthme de Téhuantépec*, qu'on a le projet de faire franchir par un chemin de fer.

Entre le golfe de Honduras, dans la mer des Antilles, et la côte la plus voisine du Grand Océan, est un espace très-resserré qu'on peut appeler *isthme de Honduras;* on y a commencé un chemin de fer qui devra aboutir vers le S. au golfe de Fonseca.

Entre le lac de **Nicaragua** et le golfe de Papagayo, est l'*isthme de Nicaragua,* qui n'a que 22 kilomètres de largeur, et qu'un canal coupera sans doute un jour.

L'*isthme de Chiriqui* se trouve un peu plus au S., entre la lagune de Chiriqui, sur la mer des Antilles, et le golfe

Dulce, sur le Grand Océan ; on pourrait encore établir sur ce point une communication.

L'*isthme de Panama*, qui réunit l'Amérique du N. à celle du S., se divise en trois sections : l'isthme de *Panama* proprement dit, entre le golfe de ce nom et l'embouchure du Chagrès ; — l'isthme de *San-Blas*, plus étroit que le précédent et qui n'a que 44 kilomètres de largeur ; — l'isthme de *Darien*, entre le golfe de San-Miguel ou de Darien du S. et le golfe d'Uraba ou de Darien du N.

Tous ces isthmes seront sans doute, dans un temps plus ou moins rapproché, coupés par des communications entre les deux océans. Jusqu'ici, cependant, il n'y a de jonction établie qu'à l'*isthme de Panama*, où un chemin de fer s'étend, de la ville de ce nom, sur le Grand Océan, à Aspinwall, sur la mer des Antilles.

La plus grande partie de l'isthme américain qu'on vient de décrire constitue l'**Amérique centrale**. Cette contrée a formé longtemps une colonie espagnole sous le nom de capitainerie générale de Guatémala ; elle compose aujourd'hui cinq républiques distinctes : celle de **Guatémala**, la plus importante, avec une population de 1 200 000 habitants ; celles de **Honduras**, de **San-Salvador**, de **Nicaragua** et de **Costa-Rica**. La population totale est de 2 à 3 millions d'hab.

On y remarque la rivière *Saint-Jean* ou *San-Juan*, qui sort de l'extrémité orientale du lac de *Nicaragua*. Ce lac reçoit au N. O. les eaux du lac de *Managua*, et ne se trouve qu'à 22 kilomètres du Grand Océan, auquel on a le projet de l'unir par un canal.

Les villes principales sont : GUATÉMALA (60 000 hab.), capitale de la république de Guatémala, près du Grand Océan ; — COMAYAGUA, capitale du Honduras ; — SAN-SALVADOR, capitale de la république du même nom ; — MANAGUA, capitale du Nicaragua ; *Léon*, *Granada* et *Nicaragua* ou *Rivas*, dans la même république ; *San-Juan del Norte* ou *Greytown*, encore dans le même état, à l'embouchure de la rivière San-Juan ; — SAN-JOSÉ, capitale de l'état de Costa-Rica.

Dans l'E. de l'Amérique centrale habitent les **Mosquitos**, peuple mélangé, qui, autrefois placé sous la suzeraineté de l'Angleterre, est maintenant réuni au Nicaragua.

On trouve dans l'Amérique centrale, au N. O. surtout, des ruines intéressantes, semblables à celles du Mexique.

Les principales productions sont les bois de construction, d'ébénisterie et de teinture, la cochenille, l'indigo, le café, le sucre, la salsepareille, la vanille, l'or et l'argent.

§ 4. Antilles ou Indes occidentales. — États d'Haïti. — Colonies.

Avant la découverte du Nouveau-Monde, on donnait le nom d'*Antilia* à une île imaginaire qu'on disait être placée à l'O. des Açores ; et lorsque Christophe Colomb eut découvert les îles qu'il vit dans son premier voyage, on supposa que c'était Antilia. Ce nom est devenu celui du vaste archipel des **Antilles,** qui se prolonge en ligne sinueuse devant le golfe du Mexique et la mer des Antilles, depuis les côtes de la Floride jusque vers le golfe de Maracaybo, dans le Vénézuéla. Le nom d'*Indes occidentales,* que ces îles portent aussi, leur a été donné parce que Colomb les prit d'abord pour les îles des *Indes.*

On partage les Antilles en quatre grandes divisions : au N., les î es **Lucayes** ou **Bahama ;** au milieu, les **Grandes Antilles** (*Cuba, Haïti,* la *Jamaïque* et *Puerto-Rico*) ; à l'E., les **Petites Antilles, îles Caraïbes** ou **îles du Vent** (exposées aux vents d'E., ou vents *alizés,* qui y soufflent constamment) ; au S., les **îles sous le Vent.**

Les puissances européennes se partagent presque toutes ces îles, excepté celle d'*Haïti,* qui est indépendante.

Haïti (autrefois *Saint-Domingue*) est une des quatre Grandes Antilles, et se trouve à l'E. de Cuba, la plus considérable des Antilles. Elle était autrefois partagée entre les Français, qui avaient l'O., et les Espagnols, qui possédaient la partie orientale ; elle a formé ensuite une république, établie par des nègres et des mulâtres révoltés ; aujourd'hui elle se compose encore une fois de deux parties distinctes : à l'O., la république d'*Haïti,* qui a pour capitale PORT-AU-PRINCE, et pour autres villes *Le Cap-Haïtien* (autrefois *Le Cap-Français*) et *Les Cayes ;* — à l'E., la république *Dominicaine,* dont la capitale est SAINT-DOMINGUE ou SANTO-DOMINGO.

Cette île est une des plus belles parties de l'Amérique ; elle fournit beaucoup de productions précieuses, surtout du café, du sucre et du coton. La population est d'environ 750 000 habitants.

Les nations d'Europe qui possèdent les autres Antilles, sont la *France*, l'*Angleterre*, l'*Espagne*, la *Hollande*, le *Danemark* et la *Suède*.

Les deux plus importantes **Antilles françaises** sont la *Guadeloupe* et la *Martinique*, découvertes par Colomb en 1493, et situées dans les Petites Antilles ou îles du Vent.

La Guadeloupe se compose de deux parties, séparées l'une de l'autre par un petit bras de mer. La partie orientale s'appelle *Grande-Terre*, et présente un territoire plat, le mieux cultivé et le plus peuplé de la colonie. Elle produit beaucoup de sucre, de cacao, de café. La partie occidentale, qu'on nomme *Basse-Terre*, est hérissée de hautes montagnes, dont la principale est le volcan très-actif de la *Soufrière*. Le chef-lieu est *La Basse-Terre*, jolie petite ville, agréablement située sur la côte occidentale de la région du même nom.

La Pointe-à-Pitre, chef-lieu de la Grande-Terre, est la ville la plus importante de la colonie; elle a 12 000 habitants et un port spacieux.

Près de la Guadeloupe, la France possède encore la petite île de *Marie-Galante*, celle de la *Désirade* et le petit groupe des *Saintes*.

La Martinique, assez loin au S. de la Guadeloupe, offre, dans l'intérieur, des montagnes volcaniques hérissées de rochers et couvertes de forêts. Mais elle a de riches plantations dans les régions basses, voisines des côtes; on y cultive la canne à sucre, le meilleur café des Antilles, le cacao, le tabac, les bananes, les patates, le manioc.

Le Fort-de-France (autrefois *Fort-Royal*), avec un port excellent, est le chef-lieu de la Martinique.— *Saint-Pierre*, autre port, est le centre du commerce de l'île.

Les Français ont, en outre, dans les Petites Antilles, la partie septentrionale de *Saint-Martin*, dont le S. est aux Hollandais.

La population de toutes les Antilles françaises est de 200 000 habitants, dont plus de la moitié pour la Martinique seule.

Les *Antilles espagnoles* sont *Cuba*, la plus occidentale des Grandes Antilles, et *Puerto-Rico*, la plus orientale.

Cuba s'allonge de l'O. à l'E. l'espace d'environ 1200 kilomètres, devant le golfe du Mexique, entre la presqu'île de Yucatan et l'île d'Haïti ; elle présente le plus bel aspect, et produit en abondance le sucre, le café, les ananas, les oranges et autres excellents fruits, le bois d'acajou et du tabac renommé. La population est de 1 400 000 âmes. — *La Havane*, sur la côte septentrionale, avec un très-beau port et 200 000 habitants, en est la capitale. — *Cuba* ou *Santiago de Cuba* (40 000 habitants) est un autre port important dans la partie orientale de l'île. — *Matanzas* est aussi un port, sur la côte N.

Puerto-Rico, à l'E. d'Haïti, est la moins considérable des Grandes Antilles : sa population est de 460 000 habitants ; elle a, comme les autres, un aspect agréable et un sol fertile ; sa capitale est *San-Juan de Puerto-Rico* ou simplement *Puerto-Rico*, sur la côte septentrionale.

Les *Antilles anglaises* se partagent en trois divisions principales :

Au N., on trouve les îles *Lucayes* ou *Bahama*, au nombre d'environ 500, et distribuées sur deux bancs de sable : le *Grand Banc* et le *Petit Banc de Bahama* ; ce sont les premières terres d'Amérique que vit Christophe Colomb, en 1492. On croit généralement que la première où il aborda, et qu'il appela *San-Salvador*, est celle que l'on nomme aujourd'hui *Cat-Island*. L'île de la *Providence* est le siége de l'administration anglaise des Lucayes. Le chef-lieu est *Nassau*.

Au milieu, dans les *Grandes Antilles*, est la *Jamaïque*. Cette île, située au S. E. de Cuba et au S. O. d'Haïti, est remarquable par sa belle culture, et renferme 500 000 habitants ; elle a pour chef-lieu *Spanishtown* ; mais la plus grande ville est *Kingston* (35 000 hab.).

Au S., dans les *Petites Antilles* ou *îles Caraïbes*, les Anglais ont *Tortola, Virgin-Gorda, Anegada, Saint-Christophe,* (qui font partie du groupe des *Vierges*), l'*Anguille*, la *Barboude, Antigoa, Nevis, Montserrat,* la *Dominique, Sainte-Lucie, Saint-Vincent,* la *Barbade*, la plus peuplée de toute les Petites Antilles anglaises (100 000 hab.) ; la *Grenade*,

les *Grenadines*, *Tabago* et la *Trinité*, la plus grande de ces
Anti les, avec 110 000 habitants.

Toutes ces îles sont généralement très-fertiles en sucre,
café, coton, tabac, oranges, ananas et autres bons fruits.

Les **Antilles hollandaises** sont : 1° *Saint-Eustache*,
Saba et la moitié de *Saint-Martin*, qui font partie des îles
du Vent; 2° *Curaçao, Buen-Ayre* et *Aruba*, dans les îles
sous le Vent, près de la côte septentrionale de l'Amérique
du S.

Les **Possessions danoises des Antilles** se composent de *Sainte-Croix*, de *Saint-Thomas* et de *Saint-Jean*,
dans les îles Vierges. Saint-Thomas a un port excellent et
très-fréquenté.

Il y a quelques **Antilles dépendantes des puissances
américaines continentales.** — Les États-Unis ont:
1° *Saint-Thomas* (dans les îles *Vierges*), avec un chef-lieu de
même nom, dont le port est le point central des communications des Antilles; 2° *Saint-Jean* (dans le même groupe).
— Le Vénézuéla a la *Marguerite*, dans les îles sous le Vent.

LEÇON XVI.

AMÉRIQUE DU SUD.
RÉGIONS DU NORD-EST ET DE L'EST.

§ 1. Bassin de l'Orénoque; montagnes et fleuves.

En sortant de l'isthme de Panama, on rencontre bientôt,
dans l'Amérique du S., le bassin de la *Madeleine* ou
Magdalena, tributaire de la mer des Antilles; — puis le
grand lac de *Maracaybo*, qui communique directement avec
le golfe du même nom, formé par cette mer; — ensuite le
bassin très-considérable de l'*Orénoque*, fleuve remarquable
par son vaste circuit, et qui va se jeter dans l'Atlantique

par de nombreuses embouchures ; — enfin les bassins de l'*Esséquébo*, du *Démérari*, du *Surinam*, de l'*Oyapok*, beaucoup moins étendus que le précédent et qui débouchent dans le même océan.

Cette région, inclinée vers les côtes N. et N. E. de l'Amérique du S., est circonscrite à l'O. par la haute *Cordillère des Andes*, au S. par la *Sierra Parime*, la *Sierra Pacara'ma* et les monts *Tumucumaque*. Elle a, sur plusieurs points, surtout vers l'O , des plateaux tempérés et sains, comme celui de *Bogota* ; mais, dans la plus grande partie, elle est caractérisée par de vastes plaines basses, en espagnol *llanos*, inondées dans le temps des pluies périodiques, formant alors des lacs temporaires, qui sont ensuite remplacés par des prairies, et plus tard, quelquefois, par une surface desséchée et aride.

§ 2. Nouvelle-Grenade ou États-Unis de Colombie ; Vénézuéla ; les Guyanes.

Dans les bassins qu'on vient de citer, sont compris à peu près les trois pays suivants : la *Nouvelle-Grenade*, le *Vénézuéla* et les *Guyanes*.

La **Nouvelle-Grenade**, la première contrée qu'on rencontre dans l'Amérique méridionale en sortant de l'Amérique du N., s'appelle plutôt **États-Unis de Colombie**, nom qui lui a été donné en l'honneur de Christophe Colomb.

Elle est baignée à la fois par la mer des Antilles, qui y produit le golfe de *Darien du N.*, et par le Grand Océan, qui y forme les golfes de *Panama* et de *Darien du S.* Elle comprend au N. O. l'*isthme de Panama*, qui est coupé par un chemin de fer et dont le prolongement S. E. prend le nom d'*isthme de Darien*.

La Nouvelle-Grenade est en grande partie couverte par le *Cordillère des Andes ;* les fleuves principaux sont la *Madeleine* ou *Magdalena* et l'*Atrato*, qui vont se jeter dans la mer des Antilles.

Il y a, sur les montagnes, des plateaux fertiles ; à leur pied, s'ouvrent de très-belles vallées ; dans l'E. de la contrée, s'étendent des *llanos*.

Les États-Unis de Colombie sont principalement renommés pour leurs richesses minérales : l'or et le platine y abondent sur plusieurs points ; on y a trouvé des émeraudes et d'autres pierres précieuses, et il y a de célèbres mines de sel. Les principales productions végétales sont le cacao, l'indigo, le froment, le tabac et le coton.

C'est une confédération de neuf états : *Antioquia, Bolivar, Boyaca, Cauca, Cundinamarca, Magdalena, Panama, Santander* et *Tolima.*

La république est peuplée de 3 millions d'habitants, et a pour capitale Santa-Fé de Bogota (ou simplement Bogota), avec 50 000 habitants, sur un des plateaux les plus tempérés et les plus salubres de l'Amérique ; les autres villes principales sont : *Popayan, Antioquia,* dans l'intérieur ; *Carthagène des Indes, Sainte Marthe, Chagrès, Aspinwall* ou *Colon,* ports sur la mer des Antilles ; *Panama,* sur l'isthme et le golfe du même nom ; *San-Buenaventura,* port sur le Grand Océan.

Ce pays est, comme l'Amérique centrale, admirablement placé pour la communication entre les deux océans. Déjà, comme on l'a dit, un chemin de fer unit *Aspinwall* à *Panama ;* et des canaux ont été projetés pour unir le golfe de Darien du N. ou l'Atrato, qui va s'y jeter, avec le golfe de Darien du S. ou quelque autre point du Grand Océan.

Le **Vénézuéla** est une autre république, située à l'E. de la Nouvelle-Grenade et composée de 20 états confédérés Il est borné au N. par la mer des Antilles, au N. E par l'Atlantique ; il renferme à l'O. le grand lac circulaire de *Maracaybo.* L'*Orénoque* ou *Orinoco* l'arrose au milieu et à l'E.

Ce pays offre un mélange de montagnes et de plaines fertiles. Il est exposé à de violents tremblements de terre.

Les forêts donnent d'excellents bois de construction, de marqueterie, de teinture ; c'est un des pays qui fournissent le palissandre. Parmi les nombreux palmiers, on distingue le palmier séjé, qui donne une huile excellente. On y recueille aussi la vanille, la salsepareille, le quinquina, le caoutchouc, le manioc, le maïs, le gingembre, les bananes, le froment, le cacao, le café, le coton, le sucre, l'indigo, le tabac ; les récoltes sont surtout abondantes dans les vallées septentrionales. Les *llanos* nourrissent beaucoup de bestiaux. Il y a des mines d'or dans le sud.

Le Vénézuéla est peuplé de 1 500 000 habitants, **et** a pour capitale CARACAS (50 000 hab.), près de la mer des Antilles ; *La Guayra* en est le port. — Les autres villes principales sont *Cumana*, port sur la mer des Antilles ; *Valencia*, près du lac du même nom ; *Maracaybo*, sur le détroit qui réunit le lac et le golfe de Maracaybo ; *Ciudad-Bolivar* (autrefois nommé *Angostura*), port principal de l'Orénoque ; cette dernière ville est dans la *Guyane vénézuélienne* (l'ancienne *Guyane espagnole*), qui occupe le S. du Vénézuéla.

La *Marguerite*, une des îles Antilles, dépend de cette république.

On donne le nom général de **Guyane** au vaste pays environné par l'Atlantique, l'Orénoque, l'Amazone, le Rio Negro, affluent de l'Amazone, et le Casiquiare, remarquable canal naturel qui s'échappe de l'Orénoque et va rejoindre le Rio Negro. Dans le dix-septième siècle, les Français, les Anglais, les Hollandais, les Espagnols et les Portugais s'emparèrent des différentes parties de la Guyane ; ce ne fut qu'après de nombreux démêlés que les limites furent définitivement tracées, et il s'y est formé cinq Guyanes : la *Guyane portugaise* (actuellement réunie au Brésil); la *Guyane espagnole* (actuellement réunie au Vénézuéla), et les *Guyanes française, hollandaise* et *anglaise*.

Ces trois dernières sont les seules qui aient aujourd'hui une existence séparée des états américains.

Les côtes de ces Guyanes sont bordées presque partout de terrains bas et marécageux, couverts de forêts impénétrables. Dans l'intérieur, on remarque de petites collines et des groupes irréguliers de montagnes.

Le climat n'est pas aussi malsain ni aussi chaud qu'on le croit généralement : l'action des vents alizés, les forêts et le grand nombre des cours d'eau diminuent beaucoup l'intensité de la chaleur.

On distingue, parmi les arbres des Guyanes, le roucouyer, propre à la teinture ; le copaïer, qui produit le baume de copahu ; l'hévée, qui fournit la gomme élastique. Les côtes sont garnies de mangliers, de palétuviers et d'autres arbres touffus. Il y a de riches plantations de sucre, de café, de cacao, de coton, d'indigo, de vanille, etc.

La **Guyane anglaise** est la plus peuplée des trois colonies. L'*Esséquébo*, le *Démérari* ou *Démérara* et la *Berbice* la traversent. — *Georgetown* ou *Démérara*, la capitale, est un port fort commerçant, à l'embouchure du Démérari.
Cette colonie a une population de 200 000 habitants.

La **Guyane hollandaise**, à l'E. de la précédente, comprend, sur la côte de l'Atlantique, l'espace entre l'embouchure du *Maroni* et celle du *Courantin*. Le *Surinam* la traverse du S. au N. C'est un pays riche et bien cultivé. *Paramaribo*, la capitale, a un bon port, à l'embouchure du Surinam.
La population de la Guyane hollandaise est de 65 000 hab.

La **Guyane française** est la plus orientale et la moins peuplée des trois Guyanes que les Européens possèdent. Elle s'étend depuis le *Maroni*, qui la sépare de la Guyane hollandaise, jusqu'à l'*Oyapok*, d'après les prétentions des Brésiliens; mais la France, d'après d'autres prétentions, réclame encore un territoire placé au S. E. de l'Oyapok jusqu'à l'*Araouari*, qui se jette dans l'Amazone, très-près de l'embouchure de ce fleuve. L'*Approuague* est une rivière importante, près de laquelle on trouve des mines d'or.
Cayenne, la capitale de la Guyane française, est une petite ville de 5000 habitants, située sur une ile formée par l'océan, par la rivière Cayenne et par les bras d'autres rivières. — *Sinnamari*, sur la mer, à 80 kilomètres N. O. de Cayenne, est célèbre pour avoir été le lieu de déportation des proscrits du 18 fructidor.
Les iles du *Salut*, au N. O. de Cayenne, et les iles de *Remire*, à l'E., servent de lieu de déportation. Il y a, en outre, plusieurs colonies pénitentiaires sur le continent.
La population coloniale de la Guyane française est de 20 000 individus. Il y a, de plus, d'assez nombreux indigènes.

§ 3. **Bassin du fleuve des Amazones; empire du Brésil.**

En continuant à longer la côte N. E. de l'Amérique du S., on rencontre l'embouchure du **fleuve des Amazones,** qu'on appelle ordinairement simplement l'**Amazone ;** on le nomme aussi *Marañon* (suivant l'orthographe espagnole), *Maranhao* ou *Maranham* (suivant l'orthographe portugaise), et quelquefois *Orellana*, du nom d'un voyageur espagnol qui le descendit le premier en 1539 ; ce fleuve, le plus large de la Terre et le plus long de l'Amérique méridionale, prend sa source dans les Andes, et coule d'abord au N. sous le nom de *Tunguragua*, puis tourne à l'E. Il reçoit un nombre infini d'affluents, parmi lesquels on doit remarquer : à droite, l'*Ucayale*, le *Rio Madeira* ou la rivière du *Bois*, le *Tapajos* et le *Xingu*; à gauche, le *Yapura* et le *Rio Negro*. Après un cours d'environ 5000 kilomètres, depuis la source du Tunguragua, il se jette dans l'Atlantique, sous l'équateur, à côté de l'île de Marajo, par une embouchure de 300 kilomètres de large : la puissance de son immense masse d'eau est telle qu'elle repousse la mer et coule sans mélange l'espace de 350 kilomètres. La profondeur de l'Amazone est de 100 brasses dans beaucoup d'endroits. Ce fleuve déborde tous les ans, et couvre alors une étendue de plus de 200 kilomètres de largeur. Il forme d'innombrables îles. — Le *Tocantins*, qui se jette dans l'océan, tout près et à l'E. de l'*Amazone*, peut être considéré comme appartenant à son bassin.

Le bassin de l'Amazone est, avec celui du Mississipi, le plus vaste du globe. Il a une riche végétation, et il offre à la navigation et au commerce de magnifiques perspectives; mais jusqu'ici il est à peu près encore inculte et sauvage.

L'empire du **Brésil** (en portugais *Brasil*), ancienne colonie portugaise, est compris, pour environ la moitié de son étendue, vers le N., dans le bassin de l'Amazone; pour sa partie S., il appartient au bassin du *São-Francisco*, qui, coulant d'abord au N., puis à l'E., parcourt un pays riche en mines d'or et de diamants, et au bassin du *Rio de la Plata*, par le *Parana*, l'*Uruguay* et le *Paraguay*, qui se dirigent au S.

Cet empire occupe le centre et l'E. de l'Amérique méridionale, et confine vers le N. aux Guyanes française, hollandaise et anglaise, au Vénézuéla et aux États-Unis de Colombie; l'Atlantique le baigne au N. E., à l'E. et au S. E. Il est compris entre le 5ᵉ degré de latitude N. et le 34ᵉ de latitude S. Son étendue (3 425 000 kilomètres carrés) est égale aux trois quarts de l'Europe, et forme près de la moitié de l'Amérique du S. ; cependant il ne renferme que 10 millions d'habitants.

Les côtes sont régulières, et se développent sur un espace de plus de 8400 kilomètres. Elles ont deux expositions principales, l'une au N. E., l'autre au S. E. : c'est vers les caps *Saint-Roch* et *Toiros* qu'est la limite de ces deux expositions; mais les caps *Blanc* et *Saint-Augustin* sont encore plus avancés à l'E.

La principale chaîne de montagnes pour le partage des eaux se nomme *Serra dos Vertentes* (*chaîne des Versants*). Elle limite au S. le bassin de l'Amazone et le sépare des cours d'eau qui débouchent sur la côte S. E. de l'Amérique méridionale.

Les parties moyennes et méridionales du Brésil ont un sol ondulé, et même, en quelques endroits, montagneux; les plus hautes montagnes y forment la *Serra do Espinhaço*; (environ 3000 mètres d'altitude). On y trouve des vallées remarquables par la salubrité de leur climat, leur printemps perpétuel et leur fertilité; les nuits y sont fraîches et les rosées abondantes.

Mais de vastes plaines marécageuses et chaudes s'étendent dans le N. Elles sont couvertes d'herbes touffues, de roseaux, de broussailles, d'immenses et impénétrables forêts.

A l'extrémité méridionale du pays, se trouvent les lacs *dos Patos* et *Mirim*.

Les productions du Brésil sont variées à l'infini. Il y a de l'or, de l'argent, du platine, du fer, du cuivre, dans les montagnes. On y trouve aussi des diamants, des topazes, des tourmalines. Le sol est partout d'une étonnante fécondité, et il produit en abondance du coton excellent, du tabac, du sucre, du café, du cacao, du maïs, du manioc, du riz; des patates douces, des melons, des citrouilles. Les citronniers, les limoniers, les orangers, les pamplemousses, les goyaviers et les cocotiers sont communs. Les forêts sont les plus riches de la Terre en bois de construction et de teinture, en arbres résineux, en plantes aromatiques et médicinales.

Le caoutchouc se récolte abondamment dans le bassin de l'Amazone. Parmi les nombreux palmiers de ce pays, on remarque le *carnauba*, qui produit une cire précieuse.

Le Brésil est divisé en 20 provinces, dont voici les principales :

Au N., celle de *Para*, qui comprend la *Guyane brésilienne* ou *portugaise*, et où l'on remarque la ville de *Para* ou *Belem*, près de l'embouchure du Tocantins, appelé aussi Para.

A l'E., la province de *Maranham*, dont le chef-lieu est *Saint-Louis de Maranham*, sur une île ; — la province de *Pernambouc* ou *Fernambouc*, avec la ville de *Recife* ou *Pernambouc* (100 000 habitants) ; — la province de *Bahia*, qui tire son nom de la baie (*bahia*) de *Tous les Saints*, et qui a pour chef-lieu la grande et florissante ville maritime de *Bahia* ou *São-Salvador* (160 000 habitants) ; — la province de *Rio-de-Janeiro*, qui doit son nom à une belle baie sur laquelle est la ville de RIO-DE-JANEIRO, capitale du Brésil, peuplée de 420 000 h.

Au centre, la province de *Minas-Geraes*, célèbre par ses mines de diamants, d'or, etc.; — et la province de *Goyaz* ;

A l'O., la grande province, presque déserte, de *Mato-Grosso* ;

Au S., la province de *Saint-Paul*, avec la florissante ville du même nom ; — la province de *Sainte-Catherine*, qui tire son nom d'une belle île qu'elle renferme ; — enfin la province de *Rio-Grande do Sul*.

Il y a un assez grand nombre d'Indiens dans le Brésil ; ils appartiennent la plupart à la grande famille des *Guaranis*.

LEÇON XVII.

SUITE DE L'AMÉRIQUE DU SUD.
RÉGIONS DU SUD, DU SUD-EST ET DE L'OUEST.

§ 1. Bassin de la Plata. — Pampas. — Paraguay. — Provinces-
Unies du Rio de la Plata. — Uruguay.

En suivant l'Atlantique sur la côte S. E. de l'Amérique
du S., on voit s'ouvrir l'immense estuaire du **Rio de la
Plata** (c'est-à-dire *fleuve d'Argent*), qui offre plutôt l'appa-
rence d'un golfe que d'un cours d'eau, et qui a 300 kilomètres de largeur à son embouchure. Ce fleuve est formé
par la réunion du *Parana* et de l'*Uruguay*; le premier se
grossit lui-même du *Paraguay*.

On remarque encore sur le même versant le *Rio Colorado*
ou *Rio de Mendoza* et le *Rio Negro de Patagones* ou *Limay-
Leubu*, qui coulent du N. O. au S. E.

C'est entre ces deux fleuves et le bassin du Rio de la
Plata que s'étendent les grands déserts des *Pampas*, plaines
monotones couvertes d'herbes, où l'eau potable et le bois
sont également rares, et où l'on trouve beaucoup de petits
lacs, de marais salés et de ruisseaux saumâtres. D'innombrables troupeaux de bœufs et de chevaux, les uns sauvages,
les autres gardés par de grossiers bergers appelés *gauchos*,
parcourent ces vastes pelouses, où l'on voit errer aussi les
nandous ou autruches américaines, moins grosses que celles
d'Afrique.

Le premier pays qu'on trouve en descendant, hors du
Brésil, le cours de Parana et du Paraguay, est la **république du Paraguay**, contrée autrefois soumise à l'Espagne, et peuplée aujourh'hui de moins de 1 000 000 d'habit.

C'est un pays fertile, qui a pour bornes, en général,
à l'E. et au S., le Parana; à l'O., la rivière à laquelle
il doit son nom; d'après d'anciennes prétentions élevées

par le gouvernement du Paraguay, ses limites devaient s'étendre assez loin au delà de ces deux cours d'eau.

Les principales productions sont le coton, le tabac, le maïs, la canne à sucre, le maté (ou thé du Paraguay).

La capitale est L'ASSOMPTION, ville de 50 000 âmes, sur le Paraguay. *Villarica* est la seconde ville de l'état.

Placé loin de la mer, le Paraguay réclame, pour la facilité de son commerce, la liberté de la navigation du Parana et du Rio de la Plata, qui conduisent à l'Atlantique.

Les *Guaranis* et les *Payaguas* sont parmi les principaux peuples indigènes de ce pays.

Les **Provinces-Unies de la Plata**, appelées plus communément **confédération Argentine**, ont fait partie autrefois de la vice-royauté espagnole de Buenos-Ayres. Elles tirent leur nom du *Rio de la Plata*[1], qui les baigne au S. E. Ce sont quatorze provinces confédérées, qui s'étendent depuis l'Atlantique jusqu'à la Cordillère des Andes. — Les dernières ramifications méridionales des collines du Brésil se montrent dans la partie orientale, c'est-à-dire dans la riche *mésopotamie* renfermée entre le Parana et l'Uruguay. Au centre, s'étendent de vastes plaines, au milieu desquelles s'élève cependant le plateau de *Cordova*; elles offrent un mélange de bois, de déserts salins et de terrains fertiles, très-propres à la culture. La partie méridionale est presque entièrement occupée par le grand désert des *Pampas*.

Le climat est rigoureux dans les hautes vallées des Andes. Les plaines de l'intérieur jouissent de la plus douce température; cependant, en hiver, c'est-à-dire en juin, juillet et août, le vent du S. devient assez froid pour geler la surface de l'eau. En général, le climat est très-salubre dans la région de la Plata.

Les plaines cultivées produisent du maïs, du blé, de l'orge, des olives, du cacao, du sucre, du tabac, de l'indigo, du coton. Les bœufs et les chevaux se rencontrent partout dans les Pampas, même à l'état sauvage. Les vigognes, les lamas et les alpacas sont nombreux dans les montagnes.

---

1. *La Plata*, en espagnol, signifie *l'argent*. Le Rio de la Plata (le fleuve de l'argent) a reçu ce nom de ce que les premiers navigateurs qui le visitèrent, firent un butin considérable en argent et en or chez les Indiens du voisinage.

Les 14 provinces de la confédération Argentine sont : *Buenos-Ayres*, *Entre-Rios*, *Corrientes*, *Santa Fé*, *Cordova*, *La Rioja*, *Santiago*, *Tucuman*, *Catamarca*, *Salta*, *Jujuy*, *San-Luis*, *Mendoza*, *San-Juan*.

Les villes principales sont ·

Buenos-Ayres, capitale, grande et belle ville de 220 000 âmes, sur la rive méridionale de Rio de la Plata.

Rosario, sur la rive droite du Parana.

Parana ou *Bajada*, sur la rive gauche du même fleuve, dans la province d'Entre-Rios, c'est-à-dire entre le Parana et l'Uruguay.

Corrientes, située un peu au-dessous du confluent du Paraguay et du Parana. (A côté de la province de Corrientes, située entre le Parana et l'Uruguay, est l'ancien et célèbre territoire des *Missions*, qui étaient composés entièrement de populations indiennes converties et dirigées par les jésuites et qui étaient parvenues à un haut degré de prospérité.) Les forêts ou *yerbales* de maté, c'est-à-dire de thé du Paraguay, font la richesse principale de ces pays.

Santa-Fé, sur la rive droite du Parana.

Mendoza, dans l'O., ville détruite en 1861 par un tremblement de terre.

Au centre de la confédération, *Cordova*.

Au N., *San-Juan* et *Catamarca*, dans le voisinage desquelles sont de riches mines d'argent.

L'étendue de la conf. est de 2 258 000 kil. carrés, et la population de 2 000 000 d'habitants. Les blancs forment le quart de ce nombre ; le reste se compose de mulâtres, de métis, de nègres et d'indigènes.

La république de l'**Uruguay**, ou république **Orientale de l'Uruguay**, qui renferme 450 000 âmes, est une ancienne colonie espagnole, comprise entre le Brésil, à l'E., la rivière Uruguay, à l'O., et le Rio de la Plata et l'Atlantique, au S.

C'est un pays tempéré et fertile, surtout en pâturages ; sa richesse principale consiste en bœufs et en chevaux, dont il y a d'innombrables troupeaux.

Montevideo, peuplée de 100 000 habitants et située sur le Rio de la Plata, avec un bon port, est la capitale de cette république.

§ 2. Patagonie, Terre de Feu, détroit de Magellan et cap Horn;
îles Falkland.

La **Patagonie** occupe l'extrémité méridionale du continent américain. Elle s'étend considérablement du N. au S., entre l'océan Atlantique, à l'E., et le Grand Océan, à l'O.; le détroit de *Magellan*, ainsi appelé en l'honneur du célèbre navigateur qui le découvrit en 1520, la termine au S., sous le 54e degré de latitude.

Couverte en grande partie par la haute chaîne des Andes, et composée, vers le N. E., d'immenses plaines, continuation des Pampas de la Plata, la Patagonie est un pays sauvage et stérile. Les côtes offrent le plus triste aspect, et sont extrêmement découpées. Le cap *Froward*, qui s'avance dans le détroit de Magellan, est à l'extrémité méridionale du continent.

Le *Rio Negro de Patagones* ou *Limay-Leubu* touche ce pays au N., vers la confédération Argentine.

Les *Patagons* sont d'une taille très-élevée, quoiqu'on l'ait exagérée dans les premières descriptions qu'on en a données. Leur teint est d'une couleur de cuivre. Le tatouage leur donne un aspect bizarre et effrayant. Ils ont beaucoup de chevaux, et sont excellents cavaliers. Tous sont encore sauvages.

Les Chilliens ont des établissements dans le S. de la Patagonie, au *Port-Famine* et à *Punta-Arenas*, sur le détroit de Magellan. Les Argentins réclament la possession de la partie orientale.

La **Terre de Feu**, ainsi nommée par Magellan, qui y aperçut beaucoup de feu et de fumée s'élevant dans le lointain et provenant probablement des feux allumés par les indigènes, est un amas d'îles montagneuses, froides et stériles, qu'on rattache à la Patagonie. Elle est séparée de la Patagonie proprement dite par le détroit de *Magellan*, long, sinueux et d'une navigation difficile. Le temps est toujours nébuleux, froid et orageux dans ce triste pays.

La partie la plus méridionale de la Terre de Feu est la petite île de *Horn* (ou plutôt *Hoorn*), terminée par le cap du même nom, que Guillaume Schouten, Hollandais, découvrit en 1616, et auquel il donna le nom de sa ville natale.

Le cap Horn est encore la voie longue et orageuse que suit la navigation ininterrompue pour se rendre de l'Europe à la côte occidentale de l'Amérique et à la partie orientale de l'Océanie.

Les indigènes de la Terre de Feu sont généralement petits, mal conformés et profondément abrutis.

La *Terre des États* est séparée de l'extrémité orientale de la Terre de Feu par le détroit de *Le Maire*, ainsi nommé d'un voyageur célèbre, compagnon de Schouten.

A l'E. du détroit de Magellan, sont les îles que les Français appellent *Malouines*, et que les Anglais ont nommées *Falkland*. Il y en a deux principales : *Falkland* proprement dite, et *Soledad* ou *Falkland oriental*. Des Français de Saint-Malo s'y étaient établis au dix-huitième siècle. Les Espagnols les ont occupées longtemps. Aujourd'hui, les Anglais y ont quelques établissements. Elles sont dépourvues de bois, mais elles abondent en végétaux herbacés, et nourrissent de nombreux troupeaux de bœufs et de chevaux. Les oiseaux appelés manchots y sont très-communs.

A 1850 kilomètres à l'E. du cap Horn, on rencontre l'île *Saint-Pierre*, nommée aussi *Georgie australe*, *Nouvelle-Georgie* ou île du *Roi George*. C'est un amas de rochers déserts.

§ 3. Côte du Pacifique, Cordillères des Andes.

La côte de l'*océan Pacifique*, appelé plus justement *Grand océan*, offre généralement, dans l'Amérique du S., une succession de falaises escarpées et une forme régulière, qui n'est interrompue que par deux golfes principaux : celui de *Guayaquil*, au N., et celui de *Guaiteca*, au S. (sans parler des nombreux petits golfes de la Patagonie).

Cette côte est longée constamment par une grande chaîne de montagnes volcaniques, la **Cordillère des Andes**, qui s'étend depuis l'isthme de Panama jusqu'à l'extrémité S. de l'Amérique méridionale et divise cette contrée en deux versants : l'un vers l'Atlantique; l'autre, beaucoup plus étroit, vers le Grand océan.

Les plus hauts sommets de la Cordillère sont : dans le N.. les monts *Chimborazo, Cotopaxi, Antisana, Pichincha;*

vers le milieu, les monts *Illimani*, *Sorata* et *Sahama*; vers le sud, l'*Aconcagua*; leur altitude est de 6 à 7000 mètres. L'*Aconcagua* paraît être le point culminant. L'*Antisana* passe pour le plus haut de tous les volcans actifs du globe. Le *Cotopaxi* est celui qui fait les plus fortes éruptions. Les Andes sont assez fréquemment divisées en plusieurs chaînes ou *Cordillères* parallèles: elles offrent aussi, en beaucoup d'endroits, des plateaux étendus, qui sont les parties les plus saines, les plus cultivées, les plus peuplées de toutes les contrées de l'Amérique méridionale. Le plateau du lac *Titicaca*, vers le milieu de la chaîne, est le plus vaste de tous ceux que forment les Andes.

§ 4. États de la côte du Pacifique.

En se dirigeant du N. au S., le long de cette côte, on trouve d'abord la république de l'**Équateur**, où le Grand Océan forme le golfe de *Guayaquil*. Ce pays, ancienne possession espagnole, est traversé, du N. au S., par la *Cordillère des Andes*, à l'E. de laquelle il appartient au bassin de l'Amazone.

Des plateaux fertiles couronnent plusieurs parties de la Cordillère, et sont parsemés de villes et de villages, de gras pâturages et de champs bien cultivés. Le quinquina est une des productions végétales les plus précieuses de ce pays; les mines d'or et d'émeraudes y sont communes.

L'Équateur renferme environ 1 300 000 habitants, et se divise en 11 provinces.

La république a pour capitale Quito, grande ville de 80 000 habitants, située au milieu des Andes, sous l'équateur, et qui a été plusieurs fois ravagée par des tremblements de terre. — *Guayaquil* est un port commerçant, près du golfe du même nom. — *Cuenca* est une des villes principales de l'intérieur.

A l'O. de la république de l'Équateur, dans le Grand Océan, est l'archipel des *Galapagos* ou des *Tortues*. Les Équatoriens ont formé, sur l'une d'elles, un petit établissement.

Le **Pérou**. qu'on rencontre ensuite, est la contrée la plus occid. de l'Amérique du sud; il a 1 300 000 kil. car. La Cordillère des Andes, qui le traverse du N. O. au S. E., y est riche en mines d'or et d'argent, et les vallées qui s'ouvrent à sa base sont ornées de la plus brillante végétation (cacao, canne à sucre, manioc, ébéniers, palmiers céroxyles (donnant de la cire), arbres de la vache (donnant du lait), coca, substance très-fortifiante, etc.).

A l'O. de ces montagnes, près la côte du Grand Océan, sont des plaines stériles, où il ne pleut jamais. La partie orientale du pays est composée de plaines humides, et arrosée par une foule de rivières, premiers affluents de de l'Amazone, fleuve qu'on nomme *Tunguragua* dans son cours supérieur. Le grand lac *Titicaca*, qui se trouve sur un plateau d'environ 4000 m. d'altitude, entouré par les Andes, est sur la limite S. E. du Pérou.

Le Pérou a longtemps été soumis à l'Espagne; il forme maintenant une république, divisée en 18 départements.

Les villes les plus considérables sont: LIMA (180 000 h.), capitale de la république, à l'O., près du Grand océan, où *le Callao* lui sert de port; — *Huamanga* ou *Ayacucho*, très-belle ville, au centre de la contrée; — *Cuzco* (40 000 hab.), au S. E., ancienne résidence des Incas, qui gouvernaient le Pérou avant la conquête des Espagnols, et pleine d'antiques monuments qui rappellent une civilisation très-avancée; — *Arequipa* (40 000 hab.), au S., près du volcan du même nom; — *Arica*, port de mer, aussi au S.; — *Trujillo*, autre port, au N., près de ruines remarquables d'anciens monuments péruviens. La plupart de ces villes ont beaucoup souffert d'un grand tremblement de terre en 1868.

Le Pérou renferme 3 200 000 hab. Il s'y trouve un assez grand nombre d'Indiens de l'ancienne nation *Quichuà*.

Une des principales richesses du Pérou est l'engrais appelé *guano*, formé de la fiente des oiseaux et qu'on a exploité principalement aux îles *Chincha* pendant longtemps; aujourd'hui on le tire des îles *Lobos* et de quelques autres points.

La **Bolivie,** au S. E. du Pérou, dont elle est en partie séparée par le grand lac Titicaca, est traversée aussi par les Andes, qui y présentent quelques-uns de leurs plus hauts sommets, tels que les pics d'*Illimani*, de *Sorata* et de *Sahama*. Elle s'étend au S. O. jusqu'au Grand Océan, et toucne, à l'E., au Brésil. C'est une ancienne possession espagnole.

La république se divise en 9 départements.

La pop. est de 2 000 000 d'h., et la superf de 1 200 000 k. c.

La capitale est CHUQUISACA, LA PLATA ou SUCRE (25 000 hab.), célèbre par ses mines d'argent. — On remarque, parmi les autres villes, *La Paz*, fameuse par ses mines d'or, et la plus grande ville de la Bolivie (avec 75 000 hab.); — *Potosi*, connue par ses mines d'argent; — *Cochabamba*; — *Cobija* ou *Puerto de la Mar*, à peu près le seul port de la Bolivie sur l'océan Pacifique, près du grand désert sablonneux d'*Atacama*.

Les plus belles parties du pays sont au pied des Andes: il règne, dans les vallées de ces montagnes, un printemps perpétuel et la plus riche fécondité. Les productions sont les mêmes qu'au Pérou.

Les *Moxos* et les *Chiquitos* sont des Indiens qui habitent dans la partie orientale de la république. Sur les plateaux des Andes, on trouve des *Quichuas*.

On entre enfin dans le **Chili**, contrée longue et étroite, renfermée entre le Grand Océan et les Andes, qui y présentent leur plus haut sommet, le mont *Aconcagua*. Le sol est d'une fécondité remarquable, et il y règne le climat le plus doux de l'Amérique; mais les tremblements de terre y sont fréquents et terribles. D'abondantes mines d'or, d'argent, de cuivre et d'aimant se trouvent dans les montagnes. Les grains et les fruits d'Europe réussissent dans le sud. Parmi les arbres des forêts, on remarque l'araucaria, sorte de pin gigantesque.

Le Chili a 2 millions d'hab. (non compris les indigènes) et 345 000 kil. car. — Sa capitale est SANTIAGO (1 0 000 h.). — Les autres villes principales sont: *Valparaiso* (100 000 h.), port très-important; — *La Serena*, qui a pour port *Coquimbo*; — *San-Francisco de la Selva*, qui a pour port *La Caldera*; — *La Concepcion*, *Valdivia*, ports de mer.

Dans le S., habitent les *Araucanos*, indigènes belliqueux, que les Espagnols, autrefois possesseurs du Chili, n'ont jamais pu soumettre, et qui sont aujourd'hui en partie réunis à la république Chilienne.

De cette république dépendent, au S., l'île *Chiloé*, et,

loin à l'O:, les îles *Juan-Fernandez*, sur l'une desquelles a été abandonné le marin Selkirk, qui a donné lieu à l'histoire de Robinson Crusoé. Le Chili possède aussi une portion de la Patagonie, où il a particulièrement le territoire de *Magellan*, situé vers le milieu du détroit de ce nom, à l'extrémité S. du continent américain.

LEÇON XVIII.

RÉCAPITULATION DE L'AMÉRIQUE.

§ 1. Forme générale; océans et mers intérieures; détroits; îles; caps; étendue.

Résumons-nous maintenant sur l'Amérique, dont nous venons de parcourir les différentes parties.

Elle s'allonge du N. au S., entre l'*océan Atlantique*, à l'E., et le *Grand océan* ou *océan Pacifique*, à l'O.

Elle se termine en pointe vers le S. — Au N., vers l'océan Glacial, ses bornes sont encore peu connues, à cause des froids trop rigoureux et des amas de glace qui ont empêché les voyageurs de faire des explorations complètes; cependant on s'est avancé de ce côté jusque vers 83° de latitude; au S., cette partie du monde s'arrête à 56° de latitude méridionale. Elle est comprise entre 20° et 171° de longitude ouest.

L'Amérique se rétrécit beaucoup vers le milieu; sa partie la plus étroite est l'*isthme de Panama*, continué au S. E. par celui de *Darien*. Tout ce qui se trouve au N. de cet isthme est l'*Amérique septentrionale;* tout ce qui est au S. est l'*Amérique méridionale.*

Les côtes de l'Amérique septentrionale sont très-irrégulières, comme celles de l'Europe et de l'Asie; mais celles de l'Amérique méridionale sont presque partout uniformes, comme les côtes d'Afrique. En général, cette Amérique ressemble beaucoup à l'Afrique; elle offre, comme celle-ci, la forme d'un vaste triangle, qui a son plus grand côté exposé à l'O.

et les autres au N. E et au S. E.; elle a, comme elle, un grand renflement à l'O ; mais elle est plus allongée et plus mince.

La mer *Polaire de Kane* ou de *Lincoln*, la mer de *Baffin*, le détroit de *Lancastre* et le bassin de *Melville* baignent les terres peu connues de la partie la plus boréale.

En s'avançant un peu au S., on rencontre le détroit de *Davis* (qui sépare le S. du Groenland du reste de l'Amérique) et la mer d'*Hudson* (qui pénètre fort avant sur la côte N. du continent). L'océan Atlantique forme, sur la côte orientale de l'Amérique septentrionale, le golfe *Saint-Laurent*, et, entre les deux Amériques, un grand enfoncement qui porte au N. le nom de golfe du *Mexique* et au S. celui de mer des *Antilles*.

Vers l'extrémité méridionale de l'Amérique, on trouve le détroit de *Magellan*, qui sépare du continent l'archipel de la Terre de Feu.

Du côté du Grand Océan, on voit le golfe de *Panama*, le golfe de *Californie* (appelé aussi mer *Vermeille*) et la mer de *Beering*.

Au N. de cette dernière mer, est le détroit de *Beering*, resserré entre la pointe N. O. de l'Amérique et la pointe N. E. de l'Asie.

Il y a dans l'Amérique septentrionale un grand nombre de presqu'îles :

On remarque, à l'E., le *Labrador*, la *Nouvelle-Écosse* ou *Acadie*, la *Floride* et le *Yucatan*.

A l'O., on voit la presqu'île de *Californie* et celle d'*Alaska*, qui sont toutes deux très-longues et très-étroites.

Le cap le plus oriental de la partie continentale de l'Amérique du nord est le cap *Charles*, dans le Labrador, et le plus avancé vers l'O. est le cap *Occidental*, sur le détroit de Beering. Le cap *Farewell* est à l'extrémité S. du Groenland.

L'Amérique méridionale a, comme l'Afrique, quatre caps célèbres vers les quatre points cardinaux: au N., est le cap de *Gallinas*; à l'E., le cap *Blanc* du Brésil; à l'O., le cap *Parina*; au S., le cap *Horn*.

Mais ce dernier cap n'est pas sur le continent ; il appartient à l'archipel de la Terre de Feu ; l'extrémité continentale de l'Amérique vers le S. est réellement le cap *Froward*, sur le détroit de Magellan. Il faut aussi remarquer, près de l'extrémité orientale de l'Amérique du sud, le cap *Saint-Roch*, et près de l'extrémité O., le cap *Blanc* du Pérou.

L'Amérique continentale a environ 15 500 kilomètres de longueur, du N. au S.; sa largeur, de l'E. à l'O., varie beaucoup : elle n'est que de 45 kilomètres à l'isthme de Panama ; elle a 5300 kilomètres dans les parties les plus larges de l'Amérique septentrionale et de l'Amérique méridionale. Si l'on y comprend les îles, c'est la plus grande partie du monde. On y compte 42 500 000 kilom. carrés, mais seulement 85 millions d'habitants.

Les îles sont nombreuses et considérables, surtout autour de l'Amérique du nord, où la plus grande de toutes est le *Groenland*, au N. E. ; on remarque l'*Islande*, *Terre-Neuve*, les *Antilles* (Cuba, Haïti, etc.), les îles *Aléoutiennes*, et les innombrables îles de l'océan Glacial au N. de l'Amérique anglaise.

Autour de l'Amérique du sud, les îles les plus remarquables sont la *Terre de Feu*, *les Malouines*, l'île de *Chiloé*.

Le climat est extrêmement froid dans le N. de l'Amérique; il est froid aussi vers la partie la plus méridionale, mais fort chaud dans les régions du milieu, qui sont dans la zone torride ; ces régions éprouvent des pluies périodiques semblables à celles de l'Afrique, et sont d'une fertilité prodigieuse.

§ 2. Montagnes, fleuves et lacs.

L'Amérique a de très-grandes chaînes de montagnes : la principale est celle qui parcourt le continent dans toute sa longueur ; elle porte le nom de monts *Rocheux*, au N. ; ceux de *Cordillère du Mexique* et de *Cordillère de l'Amérique centrale*, au milieu, et celui de *Cordillère des Andes*, au S. On remarque, en outre, sur la côte occidentale de l'Amérique du nord, la *Sierra Nevada*, où se trouvent les plus riches mines d'or de la Californie ; et les monts *Alleghany* ou *Apalaches*, qui s'élèvent dans la partie orientale de la même Amérique.

Le Nouveau continent a beaucoup de grands fleuves et une infinité de lacs.

Il est divisé en deux versants : l'un occidental, incliné vers le Grand Océan, et l'autre oriental, incliné vers l'océan Atlantique et l'océan Glacial.

L'Amérique n'envoie que trois fleuves un peu considérables au Grand Océan, et tous les trois se trouvent dans l'Amérique septentrionale. Ce sont : le *Youkon*, qui se rend dans la mer de Beering, le *Columbia* ou *Orégon* qui tombe directement dans l'Océan ; et le *Rio Colorado*, qui se jette dans le golfe de Californie.

Beaucoup de fleuves coulent sur le versant oriental. Dans l'Amérique septentrionale, on voit le *Mackenzie*, le fleuve de la *Mine de cuivre* et le *Back*, qui se rendent dans l'océan Glacial ;

Le *Missinnipi* ou *Churchill* se jette dans la mer d'Hudson ;

Le *Saint-Laurent* se rend, par une large embouchure, dans le golfe du même nom ;

L'*Hudson*, le *Potomac*, se jettent directement dans l'océan Atlantique ;

Le *Mississipi* reçoit le *Missouri* et l'*Ohio*, et tombe dans le golfe du Mexique ;

Le *Rio Grande del Norte* se jette aussi dans le golfe du Mexique.

Dans l'Amérique méridionale, la *Madeleine* se jette dans la mer des Antilles ;

L'océan Atlantique reçoit directement : l'*Orénoque ;* — l'*Esséquébo ;* — l'*Amazone*, qui se grossit de la grande rivière *Madeira ;* — le *Tocantins ;* — le *São-Francisco ;* — le *Rio de la Plata*, fleuve très-large, mais peu long, qui est formé par la réunion du *Parana* et de l'*Uruguay :* le Parana se grossit lui-même du *Paraguay*.

Le principal de tous ces fleuves de l'Amérique méridionale est l'*Amazone*, qui a environ 5000 kilomètres de longueur ; c'est le fleuve le plus large du globe.

Le fleuve le plus long de l'Amérique et de la Terre entière est le *Mississipi*, joint au *Missouri ;* c'est un cours d'eau de 7000 kilomètres.

L'Amérique septentrionale est le pays où l'on trouve le plus de lacs ; il y en a surtout beaucoup à l'O. et au S. de la mer d'Hudson.

Le lac des *Montagnes*, le *Grand lac de l'Esclave* et

le *Grand lac des Ours* s'écoulent dans l'océan Glacial par le Mackenzie

Le lac *Ouinipeg* verse ses eaux dans la mer d'Hudson.

Le fleuve Saint-Laurent sert d'écoulement aux cinq grands lacs *Ontario, Érié, Huron, Michigan* et *Supérieur.* Ce dernier est le plus grand lac d'Amérique

Dans cette partie étroite de l'Amérique qui est resserrée entre la mer des Antilles et le Grand Océan, on voit le lac de *Nicaragua,* qui s'écoule dans la mer des Antilles par la rivière *San-Juan.*

Dans l'Amérique méridionale, le lac de *Maracaybo* est joint à la mer des Antilles par un détroit.

Le lac *dos Patos* est sur la côte S. E.

Le lac *Titicaca* ou *Chucuyto,* à l'O., se trouve sur un plateau des Andes.

§ 3. Colonies européennes.

La **France** a, en Amérique: 1° dans les Antilles, le gouvernement de la *Guadeloupe* et celui de la *Martinique.* — 2° Dans l'Amérique du sud, le gouvernement de la *Guyane.* — 3° Près de Terre-Neuve, le gouvernement de *Saint-Pierre et Miquelon.*

L'**Angleterre** a: 1° dans le N. de l'Amérique septentrionale, le *Canada,* le *Nouveau-Brunswick,* la *Nouvelle-Écosse,* qui forment, avec quelques autres provinces, la *confédération Canadienne;* — *Terre-Neuve;* — les îles de *Cap-Breton* et du *Prince Édouard;* — le *Labrador;* — le *Manitoba;* — le *Saskatchawan;* — le *Territoire du Nord-Ouest,* très-peu habité; — la *Colombie britannique* et l'île de *Vancouver,* qui ont pris un accroissement rapide

2° Dans l'Amérique centrale, le *Yucatan* ou le *Honduras* anglais, formant le *gouvernement de Balize.*

3° Dans les Antilles: la *Jamaïque* les îles *Lucayes* ou *Bahama,* et un grand nombre des *Petites Antilles,* c'est-à-dire la *Barbade,* la *Trinité, Sainte-Lucie, Saint-Vincent,* la *Grenade, Antigoa,* etc.

4° Dans l'Amérique du sud, la *Guyane anglaise.*

L'**Espagne** possède, aux Antilles, l'île de *Cuba,* celle de .

do *Puerto-Rico*, et quelques petites îles dans le groupe des *Vierges*.

Les **Pays-Bas** ont : 1° aux Antilles du Vent, *Saint-Eustache, Saba*, la moitié de *Saint-Martin*, et aux Antilles sous le Vent, *Buen-Ayre, Curaçao* et *Aruba*.—2° Dans l'Amérique du sud, la *Guyane hollandaise* ou colonie de *Surinam*.

Le **Danemark** a le *Groenland*, l'*Islande*, et, dans les Antilles, *Sainte-Croix, Saint-Thomas* et *Saint-Jean*.

La **Suède** ne possède que l'île *Saint-Barthélemy*, dans les Petites Antilles.

LEÇON XIX.

GÉOGRAPHIE DE L'OCÉANIE ET DES TERRES ANTARCTIQUES.

OCÉANIE OCCIDENTALE.

§ 1er. Malaisie; principaux archipels; possessions de la Hollande et de l'Espagne.

A côté de la presqu'île de Malaka, c'est-à-dire de l'extrémité S. de l'Asie, on trouve la **Malaisie**, qu'on appelle quelquefois *archipel Indien* ou *archipel Asiatique*, et qui renferme un grand nombre de belles îles.

A l'O. et au S., s'y trouve l'**Archipel de la Sonde**, qui forme une longue chaîne dirigée d'abord du N. O. au S. E., puis de l'O. à l'E., et qui semble être la continuation de la presqu'île de Malaka.

Sumatra, la plus grande des îles de la Sonde, s'étend du N. O. au S. E. Les côtes en sont généralement basses et marécageuses, et la mer qui les borde est couverte d'îles et de bancs de sable. Elle est traversée dans toute sa longueur par une haute chaîne de montagnes, qui renferme plusieurs volcans en activité. Quoique située sous l'équateur, elle jouit d'un climat très-tempéré. Le sol est en grande partie couvert de forêts impénétrables. On cultive principalement le riz, le cocotier, le bétel, le sagoutier, une grande variété de palmiers, et le poivre. Il y a beaucoup d'ébéniers, de caféiers, de camphriers.

Les Hollandais possèdent la plus grande étendue de la côte occidentale, où leur chef-lieu est *Padang*, importante place de commerce. Leur établissement de *Bencoulen* est sur la même côte. Ils dominent aussi sur le royaume de *Palembang*, situé au S. E.

La portion indépendante est partagée entre divers états, parmi lesquels on distingue le royaume d'*Achem* ou *Atchin*, qui comprend la partie N. O. de l'île, et la confédération des *Battahs*, peuple féroce et anthropophage.

Les peuples de Sumatra sont presque tous d'origine malaise, et forment une population de 2 à 300 000 habitants.

Dans l'archipel de *Rio*, on distingue l'importante ville du même nom. — *Banca* est très-riche en étain et en beaux bois. — *Billiton* a beaucoup de riz, des bois odorants et des mines de fer. Toutes ces îles, placées à l'E. de Sumatra, appartiennent aux Hollandais.

La belle île de ***Java*** est située au S. E. de Sumatra, dont elle est séparée par le détroit de la Sonde. Une chaîne volcanique la traverse de l'E. à l'O. : plusieurs montagnes de cette chaîne sont des volcans actifs. Le tek y forme de grandes forêts ; le cocotier, le sagoutier, espèce de palmier qui fournit une moelle précieuse, les bananiers, l'ananas, la goyave, le jaquier ou arbre à pain, le riz, l'indigo, le ricin, le maïs, la canne à sucre, le sorgho jaune, le café, sont les autres productions importantes de cette contrée.

La ville principale de Java est BATAVIA, capitale de l'Océanie hollandaise, sur la côte septentrionale de l'île ; elle a un vaste port et 250 000 habitants.

On y remarque encore *Bantam*, *Chéribon*, *Samarang*, *Sourabaya*, toutes sur la côte septentrionale ; *Sourakarta* et *Djokjakarta*, dans le S. E.

Java appartient tout entière à la Hollande. Sa population s'élève à environ 18·000 000 d'habitants.

Madura, située au N. E. de Java, est une île extrêmement fertile et bien peuplée, qui dépend des Hollandais.

Bali, Lombok, riche en bois de sapan ; *Sumbava* ou *Byma*, qui renferme des mines d'or, de fer et de cuivre ; *Florès* ou *Endé*, fertile en cocotiers et en cannelle ; *Sumba* ou *Sandal-Bosch*, c'est-à dire l'*île du bois de sandal*, au S. de Florès, forment une chaîne d'îles à l'E. de Java, et appartiennent en partie aux Hollandais, en partie à des princes tributaires de cette nation.

Timor, au S. E. de Florès, s'étend du S. O. au N. E. Elle est remplie de superbes forêts, peuplées de bambous, d'arbres à pain, d'orangers, de pamplemousses, de cocotiers et de mangoustans. Cette île est partagée en un grand nombre de petits états, presque tous vassaux des Portugais et des Hollandais.

Enfin, au N. E. de Timor, se trouvent encore quelques îles qui font partie de l'archipel de la Sonde, et dont la principale est la jolie île de *Timorlaout*, aux Hollandais.

Bornéo, que les indigènes appellent *Kalémantan*, est divisée par l'équateur en deux parties presque égales. C'est la plus grande île de la Malaisie. Une chaîne de montagnes la traverse du S. au N. Les tremblements de terre y sont fréquents, et il y a plusieurs volcans. Le climat est plus tempéré que ne pourrait le faire supposer la position équinoxiale de l'île. Les parties voisines de la côte, les seules bien connues des Européens, sont marécageuses et malsaines. Il y a des mines d'or, de fer, de cuivre, d'étain et de diamants. Les forêts y sont magnifiques.

L'île est partagée entre les Hollandais et un grand nombre d'états. Les premiers ont les parties occidentales et méridionales. Ils possèdent, à l'O. les territoires et les villes de *Sambas* et de *Pontianak* ; — au S., le *Bandiermassin*, etc. Les Anglais exercent leur influence sur le royaume de *Sarawak*, un des pays de la côte occidentale.

Le plus important des états indépendants est, au N. O., le royaume de *Bornéo*, dont la capitale est nommée *Varouni, Brouni* ou *Bornéo*.

La population de l'île de Bornéo paraît être de 3 à 4 000 000 d'habitants. Des Malais, des Chinois et d'autres peuples commerçants sont établis sur les côtes. Dans l'intérieur, on remarque des populations sauvages, qui se nomment généralement *Dayaks*, et qui paraissent appartenir à la race nègre; elles ont l'aspect repoussant et le caractère farouche.

Au N. O. de Bornéo, on remarque l'île de *Labouan*, qui dépend des Anglais; au N. E., sont les îles *Soulou*, habitées par de redoutables pirates, et remarquables par leurs perles et leur ambre gris.

Célèbes, la plus considérable des îles de l'archipel de ce nom, est à l'E. de Bornéo, dont la sépare le détroit de Macassar. Elle est remarquable par sa figure irrégulière, et se compose de plusieurs longues presqu'îles. Le riz, le coton, le camphre, les bois de sandal et de calambac, sont les principales productions de cette belle île. Il y a des mines d'or au N.

Célèbes a quelques états indépendants. Mais la plus grande partie est soumise aux Hollandais. *Macassar* ou *Vlaardingen*, sur la côte occidentale, est une des principale villes de l'île.

Les *Boughis* forment une grande partie de la population de Célèbes, évaluée à 2 000 000 d'habitants.

Les îles **Moluques**, appelées aussi *îles aux Épices*, dépendent presque toutes des Hollandais. Leurs productions les plus précieuses sont des épices: le giroflier et le muscadier y croissent en quantité. Elles comprennent deux divisions: les *Petites Moluques* ou *Moluques proprement dites*, et les *Grandes Moluques*.

Les premières sont au nombre de cinq: *Ternate*, la plus importante, *Tidor*, *Makian*, *Motir* ou *Mortir*, et *Batchian*.

Les Grandes Moluques sont beaucoup plus nombreuses: les principales sont: *Gilolo* ou *Halamahera*, île considérable, d'une forme très-irrégulière; — *Céram*, couverte de montagnes élevées, riche en sagou et remarquable par ses aspects enchanteurs; — *Amboine*, où abondent les girofliers, et dont la capitale est une jolie ville du même nom, chef-lieu du gouvernement hollandais des Moluques; — les îles *Banda*, toutes volcaniques, et célèbres par la culture du muscadier.

Les îles **Philippines** forment la partie la plus septentrionale de la Malaisie. Elles sont belles et fertiles. La principale culture est celle du riz. On y trouve le cotonnier, l'ananas, le gingembre, le cassier, plusieurs espèces de bananiers, et le manguier qui produit les mangues les plus estimées et les plus grosses. La majeure portion de cet archipel est soumise à l'Espagne.

Luçon, la plus grande et la plus importante des Philippines, renferme beaucoup de volcans et a un sol très-riche.

MANILLE, sur la côte orientale de Luçon, est la capitale de l'île et le chef-lieu des établissements espagnols dans les Philippines. On y compte 160 000 habitants. Elle est admirablement située, entre la mer et le beau lac Bay.

Mindanao ou *Magindanao*, la seconde et la plus méridionale des Philippines, est remarquable par sa beauté et sa fertilité.

Parmi les autres Philippines, on distingue *Zébu*, qui renferme une importante ville du même nom ; *Mindoro*, remarquable par ses masses de soufre. Elles sont l'une et l'autre soumises aux Espagnols. — A l'O., est la longue île de *Paragoa* ou *Palaouan*, qui est en partie aux Espagnols, en partie indépendante.

Les Philippines ont environ 5 000 000 d'habitants, la plus part Malais, et parmi lesquels on compte aussi beaucoup de Chinois et d'Espagnols. Les possesseurs primitifs du pays vivent dans les montagnes, au fond des plus épaisses forêts, et sont peu connus ; on les dit d'un caractère doux. Ils sont noirs et ont tous les autres traits des nègres.

En résumé, les HOLLANDAIS sont les plus puissants dans la Malaisie : leurs possessions y comptent environ 25 000 000 d'habitants ; ils possèdent toute l'île de Java, où se trouve *Batavia*, capitale de leurs colonies océaniennes; ils ont des établissements à Sumatra et dans presque toutes les autres îles de la Sonde, ainsi qu'à Bornéo, à Célèbes, et aux Moluques, où se trouve l'importante ville d'*Amboine*.

Les ESPAGNOLS possèdent une grande partie des Philippines, où leur ville la plus importante est *Manille*, dans l'île de Luçon.

Les PORTUGAIS ont une petite partie de Timor.

Les ANGLAIS ont la petite île de *Labouan*, au N. O. de Bornéo; et le royaume de *Sarawak*, sur la côte O. de cette grande île, est soumise à leur influence. Ils possèdent les petites îles *Keeling* ou des *Cocos*, au S. O. de Java et de Sumatra.

Les MALAIS sont un peuple indigène, répandu dans toute la Malaisie, principalement sur les côtes, où ils font un commerce actif. Ils se distinguent par leur intelligence, leur habileté dans la navigation, mais aussi par leur piraterie et leurs usages cruels.

L'intérieur de Bornéo et de quelques autres grandes îles a encore un certain nombre d'*aborigènes nègres*, habitants plus anciens que les Malais, et refoulés par ceux-ci dans les montagnes et les forêts : les *Dayaks* de Bornéo sont les plus remarquables.

§ 2. Mélanésie : Australie, Tasmanie, etc.

On appelle **Mélanésie** (c'est-à-dire *îles des Noirs*) la partie méridionale de l'Océanie. La terre principale en est l'***Australie*** ou ***Nouvelle-Hollande***, grande contrée qui s'étend de l'E. à l'O., l'espace de 4500 kilomètres, sur une largeur de 2000 kilomètres, du N. au S.; l'intérieur est encore très-peu connu, quoique plusieurs voyageurs, dont les premiers furent Burke, Mac-Kinlay, Landsborough et Mac Douall Stuart, aient traversé ce continent dans sa largeur, depuis 1860. On remarque sur sa côte septentrionale le golfe de *Carpentarie;* le cap *York* termine l'Australie au N., et le cap *Wilson* au S. ; la côte méridionale offre les golfes de *Spencer* et de *Saint-Vincent;* c'est près de ce dernier qu'est l'embouchure du *Murray*, le plus grand fleuve connu du pays; et c'est au N. du golfe Spencer que se trouvent les plus grands lacs qu'on ait vus dans l'Océanie, les lacs *Torrens, Gairdner* et *Eyre*. Sur la côte N. O., débouche la *Victoria*, un des principaux fleuves du continent. La partie orientale est traversée du N. au S. par la chaîne des montagnes *Bleues* et des *Alpes Australiennes*, où l'on exploite de très-riches mines d'or.

L'Australie appartient aux Anglais, qui l'ont partagée en six parties : 1° à l'E , la *Nouvelle-Galles méridionale*, qui fut la première colonisée ; — 2° au S. E., la province de *Victo-*

ria, qui a pris en peu de temps un développement prodigieux, par suite des abondantes mines d'or qu'on y a découvertes ; 3° au N. E., le *Queensland ;* — 4° l'*Australie du sud ;* — 5° l'*Australie du nord*, qui dépend momentanément de l'Australie du sud ; — 6° l'*Australie de l'ouest.*

Le climat de l'Australie est généralement salubre et tempéré. L'hiver, qui a lieu en juin, juillet et août, est marqué par de violentes tempêtes ; cependant il se passe quelquefois plusieurs mois sans pluie dans plusieurs parties du pays, et la sécheresse est un des inconvénients du climat australien.

Le sol de cette contrée produit, naturellement, très-peu de substances alimentaires ; mais les Anglais y ont introduit les fruits, les céréales et la vigne d'Europe, qui réussissent bien dans le S. Les arbres indigènes les plus communs sont les eucalyptus ou gommiers. Des fourrés inextricables de hautes herbes et d'arbrisseaux épineux occupent de grands espaces dans l'intérieur.

Les animaux de l'Australie diffèrent tout à fait, par leurs formes et leurs habitudes, de ceux des autres contrées. Le plus grand est le kangourou. Les animaux d'Europe se naturalisent bien ; les moutons donnent une laine superbe et sont très-nombreux.

La ***Nouvelle-Galles méridionale*** fut d'abord destinée à servir d'exil aux condamnés de la mère patrie. La population de la colonie est aujourd'hui de 500 000 habitants.

Sydney, la capitale, est une ville de 80 000 âmes, agréablement située sur le bord méridional du port *Jackson*, un des plus beaux du monde. — *Paramatta* est la seconde ville, qui communique à Sydney par un chemin de fer.

La province de **Victoria**, qui compte 730 000 habitants, a pour chef-lieu la florissante ville maritime de *Melbourne*, sur le port Phillip, toute récente, mais déjà grande, fort belle, et peuplée de 200 000 habitants.

Geelong, autre ville maritime de cette province, est unie à Melbourne par un chemin de fer.

Le **Queensland** a pour chef-lieu *Brisbane.*

Adélaïde, chef-lieu de l'*Australie du S*., vers le golfe de Saint-Vincent, est une ville déjà importante (30 000 h.).

Perth est la ville principale de l'*Australie de l'O*., où l'on envoie aujourd'hui les condamnés.

On remarque, sur la côte de l'*Australie du N*., le beau port *Essington*, et la ville **toute** nouvelle de *Palmerston*, sur le port **Darwin**.

La population coloniale de l'Australie s'élève à 1 600 000 habitants. Tout le continent ne doit pas renfermer plus de 3 000 000 d'individus.

Les peuplades indigènes sont disséminées par familles éparses. Elles ont le teint noir et sont très-sauvages.

La **Tasmanie** ou **Terre de Diemen** est une île triangulaire, située au S. E. de l'Australie, dont elle est séparée par le détroit de *Bass*. Elle a été nommée *Tasmanie* en l'honneur de Tasman, navigateur hollandais qui la découvrit en 1643 et l'appela lui-même Terre de Diemen, du nom du gouverneur de Batavia. C'est une florissante colonie anglaise, qui compte 100 000 habitants. Il n'y a plus d'indigènes. Le climat est très-variable, mais salubre en général. On y cultive du froment, de l'orge, presque tous les légumes et beaucoup d'arbres fruitiers d'Europe.

Le chef-lieu est *Hobart-town*.

La **Nouvelle-Guinée**, encore peu connue, est située au N. de l'Australie, dont elle est séparée par le détroit de Torres, que ses écueils ont rendu l'effroi des navigateurs. On lui a donné le nom de *Nouvelle-Guinée*, parce qu'on trouva de la ressemblance entre ses habitants et les nègres de la Guinée, en Afrique. On l'appelle aussi *Papouasie*, à cause des *Papous* ou *Papouas*, qui forment une partie importante de sa population. Elle a environ 2500 kilomètres du N. O. au S. E. : c'est une des plus grandes îles du monde. Ses rivages offrent les sites les plus pittoresques et les plus variés. Ses superbes forêts sont remplies d'une multitude d'oiseaux, parmi lesquels on distingue les oiseaux de paradis.

Les noirs qui habitent l'intérieur de la Nouvelle-Guinée sont les *Arafouras* ou *Alfourous;* ils ont la peau d'un noir brun sale, les cheveux épais, rudes et peu longs, les yeux grands, la bouche extrêmement fendue. Ils sont très-féroces, et on les accuse d'anthropophagie. Ils ont été refoulés dans l'intérieur par les *Papouas*, qui noirs aussi, ont les traits assez réguliers et se font remarquer par une volumineuse chevelure.

Les habitants de l'E. paraissent provenir d'émigrations polynésiennes.

On donne le nom de **Louisiade** à une terre peu connue, située au S E. de la Nouvelle-Guinée. On l'a considérée longtemps comme un archipel séparé; mais on a reconnu que la terre principale de la Louisiade est une presqu'île qui tient à la Nouvelle-Guinée; plusieurs îles sont répandues autour.

L'archipel de la **Nouvelle-Bretagne** se trouve à l'E. de la Papouasie; il en est séparé par le détroit de *Dampier*, ainsi nommé en l'honneur du célèbre navigateur qui la découvrit en 1699. Il comprend la *Nouvelle-Bretagne* proprement dite, la *Nouvelle-Irlande*, le *Nouveau-Hanovre*, les îles de l'*Amirauté* et quelques autres îles moins considérables. Les indigènes sont remarquables par leur férocité.

L'archipel **Salomon** s'étend du N. O. au S. E., à l'E. de la Nouvelle-Bretagne. Ces îles furent découvertes en 1567, par l'Espagnol Alvaro Mendaña, qui leur donna ce nom à cause de l'idée, peu exacte d'ailleurs, qu'il s'était faite de leur richesse (semblable à celle du roi Salomon). Des récifs et des bancs de corail en rendent l'approche très-dangereuse. Les principales sont *San-Cristobal, Guanalcanar, Isabelle, Bougainville*, ainsi nommée d'un célèbre navigateur français, qui la découvrit en 1768.

L'archipel de **La Pérouse**, connu aussi sous les noms de *Santa-Cruz* et de la *Reine Charlotte*, est au S. E. de l'archipel Salomon, et se compose de l'île de *Santa-Cruz* ou *Egmont* et de quelques autres, parmi lesquelles on distingue *Vanikoro*. C'est sur les récifs de cette dernière qu'échouèrent, en 1788, les deux vaisseaux du grand navigateur La Pérouse. On ne découvrit le lieu de ce naufrage qu'en 1827, et Dumont d'Urville y érigea, en 1828, un monument en mémoire de son illustre compatriote.

L'archipel des *Nouvelles-Hébrides*, du *Saint-Esprit* ou des *Grandes Cyclades* se compose d'un grand nombre d'îles très-fertiles, mais habitées par des hommes encore très-sauvages. La principale est la *Terre du Saint-Esprit*.

L'archipel de la *Nouvelle-Calédonie*, qui est une dépendance de la France depuis 1853, se compose de la grande île de la *Nouvelle-Calédonie proprement dite*; de l'île des *Pins* ou *Kòunié*, au S. E. de la précédente, et des îles *Loyalty*, c'est-à-dire *Halgan* ou *Ouvéa*, *Chabrol* ou *Lifou*, et *Britannia* ou *Maré*, qui forment, dans la partie la plus orientale de l'archipel, une chaîne parallèle à l'île principale.

La Nouvelle-Calédonie proprement dite est une île longue et étroite, qui s'étend du N. O. au S. E. l'espace d'environ 300 kilomètres. Elle fut découverte et nommée par le capitaine Cook en 1775. Elle est presque entièrement entourée de récifs madréporiques qui se prolongent fort loin en mer, et qui sont cependant interrompus çà et là par des ouvertures propres à donner passage aux navires. Une haute chaîne de montagnes la parcourt.

Elle a des mines de houille, de fer, d'or et de nickel, et produit le bananier, l'arbre à pain, le sandal, le cocotier, le figuier, l'oranger, le gingembre, la canne à sucre, le coton, le chou palmiste, le riz, le café, le taro, qui, par la forme, ressemble assez à la pomme de terre. Les indigènes, au nombre d'environ 50 000, ont le teint noir et quelquefois jaunâtre. L'anthropophagie est encore en vigueur chez plusieurs peuplades. Deux villes principales s'élèvent dé à dans cette île : *Nouméa* ou *Port de France*, chef-lieu de la colonie, sur la côte O.; *Kanala*, sur la côte E. ; des routes, des cultures, commencent à se montrer autour de ces cen tres de population. La population coloniale s'élève à 15 000, y compris les déportés et les transportés.

Assez loin au S. E. de la Nouvelle-Calédonie, on trouve

l'île de *Norfolk*, remarquable par la beauté de son climat et la fertilité de son sol. Elle appartient aux Anglais, qui y envoient des condamnés.

L'archipel **Viti** ou **Fidji** est le plus oriental de Mélanésie. Il a deux îles considérables : Viti-Lévou Paou, ou Vanoua-Lévou.

Les îles Viti ont été célèbres par leur bois de sandal, dont les forêts sont aujourd'hui presque entièrement épuisées. Les habitants, de race papoue, longtemps féroces et cannibales, commencent à se civiliser, sous l'influence européenne. Ces îles sont soumises aux Anglais.

En résumé, les ANGLAIS, les HOLLANDAIS et les FRANÇAIS sont les nations européennes qui ont des possessions dans la Mélanésie.

Les Anglais ont l'Australie, la Tasmanie, l'île de Norfolk et les îles Viti. Ils appellent toutes ces possessions réunies d'*Australasie*, en y comprenant aussi la Nouvelle-Zélande, située dans la *Polynésie*.

Les Hollandais possèdent la partie O. de la Nouvelle-Guinée et quelques petites îles.

Les Français ont l'archipel de la Nouvelle-Calédonie.

Les INDIGÈNES de la Mélanésie sont des noirs, la plupart fort abrutis et fort sauvages. Les *Papous* ou *Papouas* sont une des populations principales. On les trouve sur les côtes de la Nouvelle-Guinée. Mais l'intérieur de cette grande île est habité par les *Alfourous* ou *Arafouras*, qui sont plus sauvages encore que les Papous. C'est à la race des Alfourous ou à celle des Papous qu'appartiennent les naturels de l'Australie et de la plupart des autres terres de la Mélanésie. Quelques Polynésiens se sont mêlés aux habitants des parties orientales.

LEÇON XX.

OCÉANIE ORIENTALE
ET RÉCAPITULATION DE L'OCÉANIE.

§ 1ᵉʳ. Polynésie.

La **Polynésie**, dont le nom veut dire beaucoup d'îles, occupe, au milieu de l'océan Pacifique, un très-grand espace, qui s'étend surtout du N. au S. Les terres importantes qui en forment les parties extrêmes sont les îles Havaïi, au N., et la Nouvelle-Zélande, au S.

Les îles **Sandwich** ou **Havaïi** furent découvertes en 1548 par l'Espagnol Gaëtan; Cook les vit plus complétement en 1778, et leur donna le nom de **Sandwich**. Elles forment l'archipel polynésien le mieux connu, le plus civilisé, le mieux placé pour servir d'entrepôt au commerce entre l'Amérique et l'Asie orientale et méridionale. Elles sont en général montueuses et volcaniques. Les côtes offrent de belles baies et des ports commodes et sûrs. Le climat y est doux. Les plantes les plus communes sont le kalo (ou taro), dont les racines forment la principale nourriture des indigènes; la patate douce, de très-grosses cannes à sucre, des ignames, le tabac, le coton et le gingembre. On y récolte du café, de l'indigo, de l'arrow-root. Il y a des arbres à pain, des orangers, des citronniers, des tamariniers, des grenadiers, des bananiers, des cocotiers; le ki (ou ti), variété du dragonnier, fournit une boisson enivrante. Les animaux domestiques d'Europe se sont fort multipliés.

Les îles Sandwich sont au nombre de onze. — *Havaïi*, la plus considérable, est célèbre par la mort de Cook, qui y fut tué par les naturels en 1779. Elle ne présente qu'une masse de laves et de matières volcaniques. — *Oahou* est la plus fertile, la plus jolie, et surnommée le *Jardin des Sandwich;* elle renferme la ville d'*Honoloulou*, qui possède un beau port et une marine marchande florissante. C'est la résiden e du roi de l'archipel.

Les indigènes ou *Kanaks* sont généralement grands, bien faits et agiles. Leur physionomie est gracieuse et animée. D'un caractère doux et affable, extrêmement industrieux, ils sont disposés à recevoir tous les arts de la civilisation, dans lesquels ils ont déjà fait de grands progrès.

Ces insulaires ont abandonné leurs anciennes coutumes barbares et ont été convertis au christianisme. Leur nombre, qui était de 400 000 du temps de Cook, ne s'élève plus qu'à 70 000, et va sans cesse en diminuant.

Les ***Sporades de la Polynésie équatoriale*** sont des îles éparses vers e milieu de la Polynésie, dans une zone traversée par l'équateur; ce sont particulièrement les îles *Phœnix* et de l'*Union* qui appartiennent aux États-Unis, et les îles *Malden* et *Fanning*, aux Anglais; on en tire beaucoup de guano.

Entre l'équateur et le tropique du Capricorne, la Polynésie renferme les îles *Samoa* ou des *Navigateurs*, les îles *Tonga* ou d s *Amis*, les îles *Manaïa*, d'*Hervey* ou de *Cook*, les îles *Toubouaï*, les îles *Taïti* ou de la *Société*, l'archipel *Touamotou* ou des *îles Basses*, les îles *Mendaña*.

Les îles ***Samoa*** furent découvertes en 1758, par Bougainville, qui leur donna le nom d'îles des *Navigateurs*, à cause des nombreuses pirogues qu'avaient les naturels. Elles sont en général élevées et très-fertiles. Les cocotiers, les goyaviers, les cannes à sucre, les bananiers, y sont très-communs. *Pola* ou *Sévaï* est la plus grande.

Les insulaires des îles Samoa ont une stature et une force peu communes, et construisent de charmants petits canots, qu'ils peuvent charger sur leurs épaules, et avec lesquels ils entreprennent de longs voyages.

Les îles ***Tonga*** furent appelées par Cook îles des *Amis*, à cause de l'accueil qu'il reçut des naturels. Ces îles jouissent d'un doux climat. La plus grande et la plus peuplée est nommée *Tonga-tabou*, c'est-à-dire *Tonga sacrée*.

Les mœurs des naturels des îles Tonga se sont fort adou-

cies sous l'influence de la religion chrétienne, à laquelle
beaucoup d'entre eux se sont convertis. Ils sont supérieurs
par leurs facultés à la plupart des insulaires voisins. Leur
principale nourriture consiste en bananes, noix de coco,
ignames, taro, fruit à pain, poisson et coquillages.

Les îles **Manaïa**, appelées aussi archipel d'*Hervey* ou de
Cook, ont des habitants généralement assez civilisés, et
beaucoup d'entre eux ont embrassé le christianisme.

Les îles **Toubouaï** forment un groupe, au S. E. des îles
Manaïa. Deux d'entre elles sont soumises au protectorat de
France. — *Oparo*, au S. E., est aussi sous ce protectorat.

Les îles de la **Société** furent ainsi nommées par Cook,
en l'honneur de la Société Royale de Londres. Elles portent
aussi le nom de **Taïti**, de celui de la plus grande île de
l'archipel.

L'île de *Taïti* a mérité le titre de *reine de l'océan Pacifique*.
Elle est couverte de montagnes, entre lesquelles s'ouvrent
de belles vallées. Presque tous les végétaux propres à l'Océanie y viennent en abondance et de la meilleure qualité :
tels sont les bambous, le mûrier à papier, dont l'écorce sert
à faire des étoffes fines et moelleuses.

Taïti a pour capitale *Papeète*. La reine de cette île a
reconnu en 1842 le protectorat de la France. — L'île *Mooréa*,
au N. O. de Taïti, a aussi accepté ce protectorat.

Les Taïtiens ont le teint olivâtre et une belle stature.
Ils sont graves, courageux et d'un caractère franc et ouvert.
Convertis au christianisme par des missionnaires européens,
ils ont abandonné les coutumes barbares et l'idolâtrie de
leurs ancêtres. Leur nombre a beaucoup diminué depuis
l'arrivée des Européens; l'île de Taïti n'en compte plus que
14 000.

Les îles **Touamotou**, c'est-à-dire *îles lointaines* (appelées auparavant *Pomotou*, signifiant, en taïtien, *îles soumises*),
sont situées à l'E. des îles de la Société. On les appelle
aussi *îles Basses*, et l'on en désigne une grande partie sous
le nom d'*archipel Dangereux*. Ces îles sont sablonneuses,
entourées de récifs de corail, et d'un abord difficile. Les ha-

bitants ressemblent beaucoup aux Taïtiens. Ils sont soumis au protectorat de la France.

On rattache aux îles Touamotou, vers le S., les îles *Gambier* ou *Mangaréva*, dont les insulaires ont été civilisés par des missionnaires catholiques, et ont reconnu le protectorat de la France en 1844.

On y rattache aussi l'île *Pitcairn*, colonisée dans le siècle dernier par des marins anglais révoltés, qui se transformèrent sous la direction patriarcale d'un des colons, John Adams.

Les îles **Mendaña** ou **Marquises**, situées au N. E. des précédentes, se divisent en deux groupes, et furent découvertes en 1595 par l'Espagnol Mendaña, qui les appela îles du *Marquis de Mendoze*, en l'honneur du gouverneur du Pérou. Ces îles sont hautes et boisées. Elles jouissent d'un climat sec et salubre, et offrent des aspects enchanteurs dans les vallées basses. Les principales productions sont le goyavier, l'ananas, le citronnier, l'oranger, le ricin, l'ama, espèce de noyer; l'igname, le taro, le ti, le kapé (arum), le kava (poivrier avec lequel les indigènes font une liqueur enivrante), la patate douce, l'arrow-root, le cocotier, l'arbre à pain, le pandanus, le bananier, le mûrier blanc.

La plus peuplée de ces îles est *Nouka-hiva*, dans le groupe du N. O. La plus grande est *Hiva-oa* ou *Santa-Dominica*, dans le groupe du S. E., où l'on remarque aussi celle de *Tahouata*.

La France a pris possession des Marquises en 1842.

Les habitants, au nombre d'environ 10 000, sont remarquables par leurs belles formes, la régularité de leurs traits, la blancheur de leur teint, la variété de leurs tatouages. Ils ont un grand penchant à la rapacité, et se livrent à l'anthropophagie.

Un peu au S. du tropique du Capricorne, se trouve l'île de **Pâques**, amas de rochers volcaniques; elle fut découverte en 1772 par l'amiral hollandais Roggeween, qui la nomma ainsi en l'honneur de la solennité du jour où il l'aperçut. Les naturels l'appellent *Ouaïhou*. C'est la terre habitée la plus orientale de l'Océanie. Les hauteurs sont arides, mais les vallons sont fertiles, et ils produisent abondamment des patates, des ignames, des cannes à sucre, d'excellentes bananes.

La ***Nouvelle-Zélande***, située dans le S. O. de la Polynésie, au S. E. de l'Australie, se compose surtout de deux grandes îles, qui s'étendent du N. E. au S. O., aux antipodes d'une partie de la France. Ces deux îles, découvertes par Tasman, en 1642, sont séparées l'une de l'autre par le détroit de Cook, vu en 1770 par le navigateur de ce nom; la plus septentrionale et la moins considérable est nommée *Té-Ika-a-Maoui* ou *Nouvelle-Ulster;* l'autre est *Té-Vahi-Pounamou* ou *Nouvelle-Munster.* Il se trouve une troisième île, peu étendue, nommée *Stewart,* très-près au S: de Té-Vahi Pounamou. — Une chaîne de hautes montagnes, généralement volcaniques, parcourt les deux grandes îles dans leur longueur; les sommets les plus élevés sont dans la grande île du sud.

La température de la Nouvelle-Zélande est à peu près semblable à celle de la France, mais les ouragans y sont fréquents et terribles. Le sol est excellent : les céréales, les racines et les légumes d'Europe y réussissent très-bien. Le pays est couvert d'arbres d'une beauté remarquable. Le *phormium,* dont les feuilles fournissent une filasse aussi fine que la soie et propre à la fabrication des étoffes, est une production de cette contrée. On a découvert de riches mines d'or dans Té-Vahi-Pounamou.

Les Néo-Zélandais ou *Maoris* ont une taille élevée, des traits réguliers Actifs et braves, ils respirent généralement la guerre. Longtemps inhospitaliers et sans pitié, ils ont souvent exercé avec perfidie des actes de cruauté contre les navigateurs que la tempête jetait sur leurs côtes, et ils étaient anthropophages. Aujourd'hui la plupart sont convertis à la religion chrétienne et se livrent à la culture.

Les Anglais ont pris possession de ces îles; mais ils ont eu à réprimer de graves insurrections des indigènes. Leurs principales villes y sont : *Auckland,* anc. siége du gouvern. de la colonie, dans le nord de Té-Ika-a-Maoui; — *Wellington,* cap. actuelle, dans la même île, sur le détroit de Cook; — *Nelson, Dunedin,* dans Té-Vahi-Pounamou, où l'on trouve le territoire d'*Otago*, très-riche en or. — La population coloniale de la Nouvelle-Zélande est de 270 000 âmes.

Le groupe de **Chatham** ou **Broughton**, les îles **Bounty**, et l'île des **Antipodes**, qui a été appelée ainsi parce qu'elle est la terre la plus voisine des antipodes de Greenwich, marquent une chaîne presque parallèle à la côte orientale de Té-Vahi-Pounamou. Les *antipodes de Paris* se trouvent aussi à l'E. de cette grande île.

Les îles **Campbell, Auckland** et **Macquarie** terminent la Polynésie vers le S.

La FRANCE et l'ANGLETERRE sont les puissances européennes qui ont des possessions dans la Polynésie. La première occupe les Marquises, où ses principaux établissements sont dans l'île Nouka-hiva et dans celle de Tahouata, et elle exerce un protectorat sur l'île de Taïti, sur Mooréa, sur deux des îles Toubouaï, sur Oparo et sur les îles Touamotou (y compris les îles Mangaréva). — La seconde a principalement la Nouvelle-Zélande, les îles Campbell, Chatham, Bounty, Auckland et Macquarie.

Les ÉTATS-UNIS possèdent, comme on a vu, plusieurs petites îles voisines de l'équateur.

Les INDIGÈNES POLYNÉSIENS ont de la ressemblance avec la race malaise, quoique, sous quelques rapports, on puisse en faire une race distincte : leur taille est élevée, leur corps bien proportionné, leur teint olivâtre ; leurs traits sont réguliers et beaux ; mais ils se couvrent d'un tatouage bizarre. Leurs pirogues sont faites avec beaucoup d'art, et ils sont excellents navigateurs. L'anthropophagie et d'autres usages cruels existent encore parmi eux. Cependant ils sont intelligents, et le christianisme et la civilisation ont pénétré dans plusieurs îles. Leur principal état est celui des îles Havaï, sur lequel les États-Unis exercent une grande influence.

§ 2. Micronésie.

La **Micronésie**, dont le nom signifie *petites îles*, se trouve au N. O. de la Polynésie, assez près de l'Asie, et se compose des six archipels suivants.

L'archipel *Magellan*, situé dans le N. de la Micronésie, est généralement volcanique : le groupe *Bounin-sima*, qui en fait partie, dépend de l'empire du Japon.

Les îles *Palaos* forment le groupe le plus occidental de toute la Micronésie. Le sol en est fertile et, dans plusieurs endroits, cultivé avec soin. L'ébénier, le cocotier, l'arbre à pain et un grand nombre de bambous croissent dans les forêts qui couvrent presque partout le sol. Les ignames et les noix de coco sont la principale subsistance des naturels.

Les îles *Mariannes* forment une chaîne alignée du N. au S., au N. E. des îles Palaos. Elles furent découvertes en 1521 par Magellan, qui faisait alors le premier voyage autour du monde. Ce navigateur leur appliqua la dénomination d'*îles des Larrons*, parce que les indigènes lui parurent être très-enclins au vol; on les a nommées, depuis, îles *Mariannes*, en l'honneur de Marie-Anne d'Autriche, femme de Philippe IV, roi d'Espagne. Les Espagnols en sont les maîtres.

Guam est la plus importante des Mariannes.

La plupart de ces îles ont un aspect triste et stérile.

Cependant il y a des parties fertiles, qui produisent le cocotier, le jaquier, l'oranger, les pastèques, le cycas, dont la moelle procure une excellente farine. Les Espagnols y ont introduit le coton, l'indigo, le cacao, le riz, le maïs, la canne à sucre.

Les îles *Carolines*, qui furent ainsi nommées en l'honneur de Charles II, roi d'Espagne, sont au nombre de 500, et forment une chaîne très-étendue, qui s'allonge de l'O. à l'E., vers le milieu de la Micronésie. Elles ont un climat tempéré, mais des ouragans terribles les dévastent quelquefois. Les cocotiers et les arbres à pain y sont communs, et produisent des fruits très-gros et très-savoureux.

On remarque, dans l'archipel des Carolines, en se dirigeant de l'E. à l'O. : la belle île *Oualan;* — le groupe d'*Hogoleu,* situé vers le centre de l'archipel et remarquable par sa fertilité, mais aussi par sa population abrutie; — l'île *Lamoursek,* résidence d'un roi assez puissant; — *Yap,* la plus grande et la plus occidentale des Carolines.

Les Carolins déploient beaucoup d'habileté dans la construction de leurs pirogues.

Les îles **Marshall** et **Gilbert,** ainsi nommées en l'honneur de deux capitaines qui les découvrirent en 1788, sont à l'E. des îles Carolines.

L'archipel Marshall se compose de deux principales chaînes : la chaîne de *Ralick,* à l'O., et celle de *Radack,* à l'E.; de cette dernière fait partie le groupe des *Mulgrave,* ainsi nommé d'un navigateur anglais du dernier siècle.

L'archipel Gilbert est situé au S. de la chaîne de Radack.

L'arbre à pain, le cocotier et le bapier, dont le fruit ressemble à une pomme de pin, sont communs dans ces îles.

Les canots des insulaires dénotent une extrême adresse.

Les ESPAGNOLS sont les seuls Européens qui aient des possessions dans la Micronésie; ils y ont les Mariannes, et le chef-lieu de leur gouvernement y est *Agagna,* dans l'île de Guam. — Les JAPONAIS possèdent les îles *Bounin-sima,* dans l'archipel Magellan.

Les INDIGÈNES de la Micronésie sont un mélange de MALAIS et de populations de race MONGOLIQUE. Les principaux sont les *Carolins,* dont un des états les plus importants est celui de *Lamoursek.*

§ 3. Récapitulation de l'Océanie. — Voyages qu'on y a entrepris.

En résumé, l'Océanie, qu'on appelle aussi *Monde Maritime,* se compose des quatre divisions suivantes : *Malaisie, Mélanésie, Polynésie, Micronésie.*

Elle est située au **S. E.** de l'Asie et à l'**O.** de l'Amérique.

Toutes ses terres sont répandues dans le Grand Océan, ou entre cet océan et l'océan Indien. C'est la partie du monde qui embrasse le plus vaste espace ; mais une partie considérable de cet espace est occupée par la mer. Les terres seules de l'Océanie ne forment pas une étendue beaucoup plus grande que l'Europe. Elles renferment environ 35 millions d'habitants.

La terre principale qui s'y trouve, l'*Australie*, peut mériter le titre de continent. Les Anglais désignent sous le nom d'*Australasie* toutes leurs possessions réunies de la Mélanésie et de la Polynésie, c'est-à-dire l'Australie, la Tasmanie, l'île de Norfolk, la Nouvelle-Zélande et les petites îles voisines.

L'Océanie a été le théâtre des explorations d'illustres navigateurs :

En 1520, le Portugais Magellan découvrit le détroit auquel il a donné son nom, entre la Terre de Feu et l'extrémité méridionale de l'Amérique ; il entra dans le Grand Océan, qu'il appela océan Pacifique ; mais il mourut dans les Philippines en 1521 ; son navire, dirigé désormais par Cano, qui doubla le cap de Bonne-Espérance, revint en Europe en 1522, et accomplit ainsi le premier voyage autour du monde.

Dans la première partie du seizième siècle, d'autres Portugais visitèrent les Moluques, la Nouvelle-Guinée, et peut-être une partie du continent qu'on appela plus tard Nouvelle-Hollande.

Drake, de 1577 à 1580, accomplit le second tour du monde.

Le Hollandais Noort fit aussi, en 1598 et dans les années suivantes, un voyage autour du monde, en suivant la même direction que Magellan.

Les Espagnols Mendaña et Quiros visitèrent une grande partie de l'océan Pacifique vers la fin du seizième siècle.

Les Hollandais, en 1606 et dans les années suivantes, abordèrent à la Nouvelle-Hollande ; en 1616, Schouten et Lemaire découvrirent le cap Horn et franchirent le Grand Océan ; en 1642, Abel Tasman explora une grande partie des côtes de la Nouvelle-Hollande, vit la terre de Diemen (ou Tasmanie) et la Nouvelle-Zélande.

L'Anglais Dampier fit trois voyages autour du monde, de 1673 à 1711.

Au dix-huitième siècle, on remarque les expéditions de Roggeween, en 1721; d'Anson, en 1740; de Byron, en 1765; de Wallis et Carteret, en 1766; de Bougainville, en 1768; celles de Cook, de 1768 à 1779, les plus importantes de toutes; celle de Furneaux, en 1773; celles de La Pérouse et de d'Entrecasteaux, de 1785 à 1791; de Vancouver, en 1790; de Marchand, en 1791. Bass et Flinders, firent, en 1798, le tour de la Tasmanie.

Au dix-neuvième siècle, les expéditions les plus importantes dans l'Océanie sont celles de Péron, de Baudin, de Freycinet, de Flinders, à la Nouvelle-Hollande, vers le commencement du siècle; — celles des navigateurs russes Krusenstern, Kotzebue; — la seconde expédition de Freycinet et celle de Duperrey; — celles de Dillon, qui a fait connaître le lieu du naufrage de La Pérouse; — celles de La Place, de Dupetit-Thouars; — les trois voyages de Dumont d'Urville; celui de l'Anglais James Ross, qui s'est avancé le plus loin vers le sud; — celui de l'Américain Wilkes.

Parmi les plus récents voyages scientifiques de circumnavigation, on peut citer l'expédition de la frégate autrichienne *la Novara*.

§ 4. Terres antarctiques de l'Océanie.

Au S. de la Polynésie et de la Mélanésie, vers le cercle polaire antarctique, entre le 110° et le 165° degré de longitude E., on voit les *Terres Sabrina, Clarie, Adélie, Balleny*, découvertes par Dumont d'Urville, Wilkes, Balleny et d'autres hardis navigateurs de ce siècle; elles sont ensevelies sous des amas de neige et de glace. Plus loin encore, est la *Terre Victoria*, découverte en 1841 par le capitaine James Ross, et qu'on a reconnue jusqu'au 78° degré de latitude. On y a vu les hauts volcans d'*Erebus* et de *Terror*. La plupart de ces terres se touchent peut-être; et peut-être aussi rejoignent-elles la *Terre d'Enderby*, au S. E. de l'Afrique, ainsi que la *Terre de Graham*, la *Terre de Louis-*

Philippe, la *Terre de Joinville* et autres qu'on voit au S.
de l'Amérique : on le suppose généralement, et l'on croit
qu'il existe un *continent antarctique* qui enveloppe le pôle
austral.

LEÇON XXI.

ÉTUDE DÉTAILLÉE DE L'EUROPE[1].

RÉGION DU NORD-OUEST. — VERSANT DE L'ATLANTIQUE.

ILES BRITANNIQUES.

§ 1. Limites; montagnes et fleuves; divisions principales; villes.

La première division politique qui s'offre en Europe dans
la région du nord-ouest, sur le versant de l'Atlantique, est
le royaume des **îles Britanniques** ou le **Royaume-Uni de
Grande-Bretagne et d'Irlande.**

Ces îles sont situées au N. O. de la France, dont elles
sont séparées par la *Manche* et par le *Pas de Calais*. L'océan
Atlantique les baigne à l'O. et au N., et il forme à l'E.
la mer du *Nord* ou d'*Allemagne*, qui sépare ce royaume du
Danemark, de l'Allemagne, des Pays-Bas et de la Belgique.
La superficie est de 300 000 kilomètres carrés.

Les deux principales îles Britanniques sont la *Grande-
Bretagne*, à l'E., et l'*Irlande*, à l'O. : la première, d'une
forme triangulaire ; la seconde, d'une forme ovale. Elles
sont séparées l'une de l'autre par la mer d'*Irlande* et par
les détroits assez larges qu'on appelle *canal Saint-George* et
canal du Nord.

La GRANDE-BRETAGNE comprend trois pays: l'*Angleterre*,
le pays de *Galles* et l'*Écosse*.

---

1. Dans cette étude n'est pas comprise la *France*, qu'on a traitée
dans la Géographie de l'année préparatoire et dans celle de la 2ᵉ année.

L'**Angleterre** forme la partie méridionale de l'île. Elle renferme au N. les montagnes du *Pic* et les monts *Cumbriens*, célèbres par leurs beautés naturelles; elle est arrosée par la *Tamise*, au S. E., l'*Humber*, au N. E., la *Mersey*, au N. O., et la *Saverne* (qui se jette dans le canal ou golfe de *Bristol*), au S. O. L'Angleterre est agréablement coupée de vallées et de collines; une fraîche verdure y charme presque partout les regards; de jolis parcs, des champs bien cultivés, de gras pâturages, le tableau animé d'une industrie active, y offrent une intéressante variété d'aspects.

Il y a peu de pays aussi riches en mines : le charbon de terre, le fer, le cuivre, le plomb et l'étain donnent surtout d'énormes produits.

L'Angleterre ne récolte pas assez de grains pour sa consommation. On y élève beaucoup de bestiaux ; les chevaux anglais sont superbes, et les moutons de cette contrée fournissent une laine très-fine.

Le climat est très-humide, l'air est épais et souvent chargé de brouillards; mais les hivers sont assez doux.

Un grand nombre de canaux et de chemins de fer traversent le pays dans tous les sens.

L'Angleterre comprend 40 comtés, en anglais *counties* ou *shires;* (quand on emploie ce dernier mot, on l'ajoute au nom du comté; ainsi on dit l'*Yorkshire*, pour le *comté d'York*).

Il y a 20 comtés maritimes et 20 intérieurs.

Parmi les premiers, on distingue : le long de la mer du Nord, le *Northumberland*, riche en mines de houille; — le comté d'*York*, le plus grand et l'un des plus industrieux du royaume; — ceux de *Lincoln*, de *Norfolk*, de *Suffolk*, d'*Essex;*

Sur le Pas de Calais, le comté de *Kent*, le plus voisin de la France;

Sur la Manche, les comtés de *Sussex*, de *Southampton* ou *Hampshire*, de *Dorset;*

Entre la Manche et le canal de Bristol, le comté de *Devon* et celui de *Cornouaille*, qui s'allonge en mince presqu'île à l'extrémité S. O. de l'Angleterre et qui possède d'importantes mines d'étain et de cuivre;

Au fond du canal de Bristol, les comtés de *Somerset* et de *Glocester;*

Sur la mer d'Irlande, le comté de *Chester*, celui de *Lancastre*, où règne surtout l'industrie du coton.

Les comtés principaux de l'intérieur sont ceux de *Warwick*, remarquable par sa grande industrie (armes, rubans, horlogerie, etc.); — de *Stafford*, également très-industrieux (serrurerie, poterie, porcelaine); — de *Leicester* (lainages); — de *Nottingham* (soie et coton); — de *Buckingham*, renommé pour sa fertilité; — de *Middlesex* et de *Surrey*, qui se partagent la ville de Londres.

Les villes principales sont : au N., *Newcastle* (130 000 h.), célèbre par ses mines de charbon de terre et son port; — *Sunderland*, autre port; — *York*, recommandable par son ancienneté; — *Hull* (120 000 h.), port à l'embouchure de l'Humber; — *Sheffield*, *Leeds*, villes industrielles de 2 à 300 000 h.; — *Manchester*, ville très-peuplée (500 000 h., y compris *Salford*), fameuse par ses filatures de coton et ses manufactures d'étoffes; — *Liverpool* (520 000 h.), port célèbre, à l'embouchure de la Mersey.

Au milieu, *Birmingham* (340 000 h.), renommée par ses manufactures d'armes; — *Nottingham, Leicester, Norwich*, par leurs tissus; — *Oxford* et *Cambridge* par leurs universités.

Au S., LONDRES (en anglais *London*), grande ville, avec port, sur la Tamise, capitale de l'Angleterre et de tout le royaume des îles Britanniques, et peuplée de 3 500 000 habitants; — *Greenwich* (140 000 h.), sur le même fleuve, avec un observatoire célèbre, où les Anglais font passer le premier méridien; — *Douvres*, sur le Pas de Calais, en face de la ville française de Calais; — *Folkestone*, en face de Boulogne; — *Brighton*, sur la Manche; — *Portsmouth, Southampton* et *Plymouth*, ports de mer fameux, aussi sur la Manche; — *Exeter*, près de la même mer; — *Bristol* (190 000 h.), grand port de commerce, vers le golfe de son nom; — *Bath*, avec des eaux minérales célèbres.

Le pays de **Galles**, à l'O. de l'Angleterre, est montagneux et peu fertile. Il se divise en *Galles du nord* et *Galles du sud*, contenant, chacune, 6 comtés : il n'a pas de capitale; sa plus grande ville est *Merthyr-Tydvil*, au S., avec 100 000 âmes, au milieu de riches mines de fer et de houille.

— Dans le voisinage, sont *Cardiff* (40 000 h.), le port de *Swansea* (50 000 h.), *Neath*, avec grandes usines à cuivre.

L'*Écosse* occupe le N. de la Grande-Bretagne. Elle a, au centre et au N., des montagnes arides et sauvages, dont les plus remarquables sont les monts *Grampiens* (1400 m.); au S., elle présente des plaines agréables et fertiles, qui sont séparées de l'Angleterre par les monts *Cheviot*, et qui sont arrosées à l'E. par le *Forth*, à l'O. par la *Clyde*. Elle est parsemée de lacs, dont le plus important est le lac *Lomond*, à l'O.

Il y a 33 comtés, parmi lesquels on peut remarquer : au S., ceux d'*Edinbourg* et de *Lanark*, qui renferment les plus grandes villes d'Écosse; celui de *Dumfries*; celui d'*Ayr*, qui a des bestiaux renommés; — au N., les comtés de *Perth* et d'*Inverness*, les plus grands de tous.

Les villes principales sont *Edinbourg*, capitale de l'Écosse (200 000 hab.); — *Leith*, qui lui sert de port, sur le golfe de Forth; — *Glasgow*, la ville la plus peuplée de ce pays (550 000 hab.) et la première par ses manufactures, avec un port sur la *Clyde*; — *Dundee* et *Aberdeen*, ports de la côte orientale; — *Greenock*, port de la côte occidentale; — *Paisley*, ville manufacturière, aussi vers l'O.

L'*Irlande* a un climat humide et un sol fertile, mais marécageux sur plusieurs points, et entrecoupé de lacs, dont les plus remarquables sont les lacs *Erne* et *Neagh*, au N., et ceux de *Killarney*, au S. O. Elle est traversée par le *Shannon*, qui forme beaucoup de lacs et se jette dans l'océan Atlantique, sur la côte occidentale de l'île.

Ce pays offre presque partout l'aspect de la misère, parce que l'agriculture n'y est pas aussi encouragée que dans le reste du Royaume-Uni; les pommes de terre forment à peu près la seule nourriture des paysans. Le lin et le chanvre sont abondants, et l'on fabrique beaucoup de toile.

L'île est partagée en quatre provinces, et subdivisée en 32 comtés : au N., est la province d'*Ulster*, où se trouvent les villes de *Londonderry* et de *Belfast* (175 000 h.); — à l'E., le *Leinster*, où l'on voit *Dublin* (300 000 hab.), capitale de l'Irlande, dans une magnifique position, au fond d'une vaste baie, et *Kilkenny*, très-jolie ville; — au S., le *Munster*, où sont *Cork* (80 000 hab.), importante par son port et son commerce; *Limerick*, vers l'embouchure du *Shannon*, et

Waterford, sur la Suir; — enfin, à l'O., le **Connaught,** dont la plus grande ville est *Galway,* sur une baie du même nom.

Plusieurs petites îles sont répandues autour des deux grandes îles Britanniques. Les plus remarquables sont : les *Orcades* ou *Orkney,* situées près et au N. de l'Écosse, sous un climat humide ; — les îles *Shetland,* rocailleuses et stériles, au N. E. des Orcades ; — les *Hébrides,* montagneuses et d'un aspect sauvage, à l'O. de l'Écosse ; — l'île de *Man,* au centre de la mer d'Irlande ; — *Anglesey,* fertile et agréable, au N. O. du pays de Galles ; — les îles *Sorlingues* ou *Scilly,* vers le cap *Land's End* (fin de terre), qui forme l'extrémité S. O. de l'Angleterre ; — l'île de *Wight,* située dans la Manche, et que son climat très-doux et son bel aspect ont fait surnommer le *Jardin* de l'Angleterre.

Les îles *Anglo-Normandes,* dans la Manche, près des côtes de France, appartiennent aussi au royaume des îles Britanniques. Les principales sont *Jersey, Guernesey* et *Aurigny* ou *Alderney.*

§ 2. Communications.

L'Angleterre est le pays d'Europe qui a le plus de chemins de fer. Londres est le centre des principaux ; il en part huit lignes importantes. L'étendue des lig. expl. est de 26 000 kil.

Des télégraphes électriques sous-marins mettent en communication l'*Angleterre* avec la *France,* la *Belgique,* les *Pays-Bas,* l'*Allemagne,* l'*Irlande* ; l'*Irlande* avec l'*Amérique.*

§ 3 Population, religion, gouvernement, etc.

Les îles Britanniques ont 32 000 000 d'habitants ; il y en a 22 000 000 en Angleterre, 1 000 000 dans le pays de Galles, 3 400 000 en Écosse, et 5 500 000 en Irlande ; cette dernière en renfermait 8 millions il y a vingt-cinq ans ; c'est un des rares pays d'Europe où la population va en décroissant : l'émigration enlève, chaque année, à cette île de nombreux habitants.

La population des îles Britanniques se partage en quatre peuples principaux : les *Anglais*, les *Gallois*, les *Écossais* et les *Irlandais*.

La langue anglaise, dont le fond est le saxon, mais qui a beaucoup emprunté au français, domine parmi tous ces peuples ; cependant des restes remarquables de l'ancienne langue celtique se retrouvent encore dans le pays de Galles, dans la Haute-Écosse et en Irlande.

Le gouvernement est une monarchie constitutionnelle ; les femmes peuvent régner ; le Roi ou la Reine partage le pouvoir avec deux chambres : la *Chambre* des *lords* ou des *pairs*, composée de membres choisis par le souverain ; et la *Chambre des communes*, composée de membres élus par la nation. Les deux chambres forment ce qu'on appelle le *Parlement*.

L'Église *anglicane* ou *protestante épiscopale* est l'Église *établie* en Angleterre ; elle reconnaît pour chef suprême le souverain même de la Grande-Bretagne.

L'Église *établie* en Écosse est le *presbytérianisme*, qui tient de près au calvinisme.

Les Irlandais professent, la plupart, le *catholicisme*; cependant l'Église anglicane y a un clergé aussi nombreux que l'Église catholique.

L'Angleterre est le pays du monde où l'industrie et le commerce ont été portés au plus haut point : la moitié de la population vit du travail des fabriques. Le grand nombre des machines, l'abondance de la houille, la facilité des communications, l'extrême division du travail, les vastes possessions des Anglais dans toutes les parties du monde, leur esprit entreprenant et persévérant, ont imprimé à leur patrie une activité industrielle et commerciale inconnue ailleurs.

§ 4. Possessions britanniques.

Outre les îles Britanniques proprement dites, la Grande-Bretagne a de nombreuses possessions répandues sur tout le globe : elle possède, en Europe, *Gibraltar*, et les îles de *Malte* et de *Helgoland*. — En Asie, elle a la plus grande partie de l'*Hindoustan*, *Ceylan*, une partie de l'*Indo-Chine*, avec les îles de *Poulo-Pinang* et de *Singapour*; l'île de

Hong-kong, en Chine ; *Aden*, dans l'Arabie ; près de là, l'île de *Périm*, à l'entrée de la mer Rouge, et quelques autres petites îles sur les côtes S. E. et S. O. de l'Arabie ; — en Afrique, la colonie du *Cap*, celle de *Natal*, l'île *Maurice*, *Rodrigue*, les *Séchelles*, *Sainte-Hélène*, l'*Ascension*, les îles *Tristan da Cunha* ; la côte de *Sierra-Leone*, *Cap-Corse* et d'autres points de la côte d'*Or* ; la colonie de la *Gambie* ; — en Amérique, le *Canada*, la *Nouvelle-Écosse*, le *Nouveau-Brunswick*, *Terre-Neuve*, l'île *Royale* ou de *Cap-Breton*, l'île du *Prince-Édouard* ou *Saint-Jean*, l'île de *Vancouver*, la *Colombie anglaise* et d'autres parties des régions boréales de l'Amérique ; les *Bermudes*, la *Guyane anglaise*, le *Yucatan* ou *Honduras anglais*, la *Jamaïque*, la *Trinité*, la *Barbade*, les *Lucayes* et beaucoup d'autres îles de l'archipel des *Antilles* ; des établissements aux îles *Malouines* ou *Falkland* ; — dans l'Océanie, l'*Australie*, la *Tasmanie*, la *Nouvelle-Zélande*, les îles *Chatham*, *Auckland*, *Macquarie* et quelques autres îles moins importantes.

L'empire Britannique s'étend ainsi sur un espace immense, qu'on peut évaluer à 20 millions de kilomètres carrés, et les populations qui lui sont soumises, soit immédiatement, soit indirectement, s'élèvent à plus de 250 millions d'âmes. Sa brillante et active marine sert de lien à tant de territoires épars dont il se compose.

LEÇON XXII.

SUITE DE LA RÉGION DU NORD-OUEST ET DU VERSANT DE L'ATLANTIQUE.

BELGIQUE, PAYS-BAS ET GRAND-DUCHÉ DE LUXEMBOURG.

§ 1. Belgique.

La **Belgique**, comprise dans les bassins de la *Meuse* et de l'*Escaut*, est bornée au N. par le royaume des Pays-Bas, à l'E. par le même royaume et celui de Prusse, au S. O.

par la France, et à l'O. par la mer du Nord. Elle contient 29 500 kilomètres carrés.

C'est, en général, un pays de plaines; cependant, il y a au S. E. quelques montagnes, dont les plus remarquables sont celles des *Ardennes*.

Le terrain est très-fertile, agréablement varié par des prairies, des bois et de belles cultures de céréales, de lin, de houblon, de tabac, de garance. Les jardins sont nombreux et admirablement bien tenus, et les fleurs forment même un objet de commerce très-important. — Il y a de riches mines de charbon de terre, de fer et de zinc.

Au N. E., sont quelques vastes landes, dans le territoire de la *Campine*, qui s'améliore cependant de jour en jour.

On y trouve les provinces de *Flandre occidentale*, *Flandre orientale*, *Anvers*, *Brabant méridional*, *Limbourg belge*, *Liége*, *Namur*, *Hainaut* et *Luxembourg belge*.

Les villes les plus remarquables sont : *Bruges*, *Ostende*, *Gand* (130 000 h.); — *Anvers* (125 000 h.), port célèbre sur l'Escaut; — *Malines*; — BRUXELLES (300 000 h., avec ses annexes), la capitale du royaume, près de laquelle est le village de *Waterloo*, fameux par une bataille en 1815; — *Liége* (100 000 h.), *Louvain*, *Verviers*, *Namur*, *Mons*, *Tournai*. — Dans le voisinage de ces dernières villes, on voit plusieurs lieux illustrés par des victoires des Français : ce sont particulièrement *Fleurus*, *Fontenoy*, *Jemmapes*.

La Belgique a beaucoup de chemins de fer : *Malines* et *Bruxelles* en sont les deux principaux centres.

Le peuple belge compte environ 5 000 000 d'âmes. Le français est la langue de la partie éclairée de la population. Le flamand (qui a du rapport avec l'allemand) et le wallon (qui est une sorte de patois français) se parlent dans les campagnes : le premier, au N. O.; le second, au S. E.

La religion catholique est la plus générale; mais tous les autres cultes jouissent d'une entière liberté. Il y a un archevêché à Malines. Le gouvernement est une monarchie constitutionnelle; il y a deux chambres élues par la nation : le *Sénat* et la *Chambre des représentants*.

La Belgique est, avec l'Angleterre, la France et la Prusse, la plus industrieuse région de l'Europe; elle fabrique des toiles renommées, de belles dentelles, des étoffes de laine, de coton et de soie, des ouvrages en fer, en acier et en laiton, des armes, de la coutellerie, des voitures.

§ 2. Pays-Bas et grand-duché de Luxembourg.

Au nord de la Belgique, on trouve le royaume des **Pays-Bas,** de **Néderlande** ou **Néerlande,** que souvent on appelle aussi **Hollande,** du nom de sa principale province, et qui est borné au N. et à l'O. par la mer du Nord, à l'E. par l'Allemagne. La superficie est de 34 000 kilomètres carrés.

Le sol est bas, humide, exposé aux inondations de la mer et des fleuves, et entrecoupé de canaux et de digues innombrables. Cette contrée renferme le profond golfe du *Zuider-zee,* dont une partie était autrefois un lac, et dont l'extrëmité S O. forme un autre golfe nommé l'*Y.* Le *Rhin* et la *Meuse* la parcourent de l'E. à l'O., et s'y divisent en plusieurs branches. L'*Escaut* s'y jette dans la mer, au S. O., par deux larges embouchures.

L'aspect de la contrée est riche et beau; une infinité de villes, de bourgs et de villages opulents s'y offrent de toutes parts; d'excellents pâturages y nourrissent de nombreux et superbes troupeaux; l'industrie et la patience des habitants ont couvert le sol de riches cultures de blé, de lin, de tabac, de garance; et les jardins y sont très-beaux. Mais c'est principalement par la navigation et la pêche que le peuple hollandais a atteint une brillante prospérité.

Quoiqu'on ait fait d'immenses travaux pour dessécher le terrain, de grands marécages s'étendent encore dans diverses parties des Pays-Bas.

Les canaux de navigation sont fort nombreux. Le canal de la *Nord-Hollande,* qui s'étend d'Amsterdam à Nieuwe-Diep, dans le territoire placé à l'O. du Zuider-zee, est peut-être le plus beau canal du globe.

Les Pays-Bas ont formé pendant longtemps une république sous le nom de *Provinces-Unies,* et ensuite sous celui de *république Batave.* Ils comprennent les provinces de *Hollande septentrionale, Hollande méridionale, Utrecht, Zélande, Brabant septentrional, Gueldre, Over-Yssel, Frise Drenthe, Groningue, Limbourg hollandais.*

On remarque, dans ce royaume, de nombreuses villes

florissantes, comme AMSTERDAM (265 000 hab.), capitale du pays, fameuse par son commerce, et située à l'endroit où l'*Y* communique au Zuider-zee ; — *Harlem*, près de l'en placement d'un lac du même nom, qui a été desséché ; — *Leyde*, connue par ses draps ; — LA HAYE (100 000 h.), résidence du roi, siége des Etats généraux, et considérée comme une seconde capitale ; — *Rotterdam* (130 000 hab.), place maritime très-importante, sur la Meuse ; — *Dordrecht ;* — *Utrecht*, célèbre par deux traités ; — *Bois-le-Duc, Nimègue, Arnhem, Groningue, Maestricht ;* — *Middelbourg* et *Flessingue*, ports commerçants.

Les canaux sont, avec les chemins de fer, les principales voies de communication des Pays-Bas. •

La population du royaume est d'environ 3 500 000 habitants. On y parle le *hollandais*, une des langues tudesques ou germaniques.

Le gouvernement est une monarchie constitutionnelle ; il y a deux chambres : la *première*, composée de membres nommés par le souverain ; et la *seconde*, dont les membres sont élus par les provinces ; ces deux chambres forment les *Etats généraux*.

Les Pays-Bas ont d'importantes colonies hors d'Europe. Les principales sont : en Afrique, quelques points de la *Guinée ;* — en Amérique, la *Guyane hollandaise, Saint-Eustache, Curaçao* et quelques autres Antilles ; — dans l'Océanie, *Java*, plusieurs autres îles de la *Sonde*, une partie de *Sumatra*, de *Bornéo*, de *Célèbes*, des *Moluques*.

Les possessions océaniennes sont de beaucoup les plus importantes.

La population de **toutes** les colonies néerlandaises est d'environ 25 millions d'habitants.

Le **grand duché de Luxembourg**, qui reconnaît pour chef le roi des Pays-Bas, sans faire partie de ce royaume, forme un pays neutre entre la Belgique, la France et la Prusse. Il était compris dans la confédération Germanique, avant la dissolution de cette confédération, en 1866.

Les montagnes des *Ardennes*, couvertes généralement de forêts, occupent une partie considérable du territoire ; la *Moselle* forme la limite orientale, et c'est à son bassin qu'appartient presque entièrement le grand-duché.

La population, de 200 000 habitants, parle diverses langues : le français, l'allemand, le wallon.

La capitale est *Luxembourg*, célèbre autrefois par ses fortifications.

LEÇON XXIII.

. RÉGION CENTRALE.

ALLEMAGNE ET PRUSSE.

§ 1. Description physique générale de l'Allemagne.

L'empire d'**Allemagne** est une vaste contrée, située au centre de l'Europe, à l'E. de la France, de la Belgique et des Pays-Bas, au N. de la Suisse et de l'Italie, à l'O. de l'empire Austro-Hongrois et de l'empire de Russie.

Il est baigné au N. par la mer du Nord et la mer Baltique. Ailleurs, ses frontières naturelles sont : à l'O., les Vosges, du côté de la France ; au S., le Rhin, du côté de la Suisse, et des rameaux des Alpes, du côté de l'empire Austro-Hongrois. A l'E., ses limites sont tracées à travers de vastes plaines vers la Russie, et par les monts *Sudètes*, *Riesen-gebirge*, *Erz-gebirge* et *Bœhmer-wald*, vers l'empire Austro-Hongrois. La superficie est d'environ 545 000 kilomètres carrés.

L'Allemagne est, vers le S., couverte par les ramifications septentrionales des *Alpes;* au S. O., par les montagnes de la *Forêt-Noire;* au centre, par celles des *Pins* (*Fichtel gebirge*) et celles de la *Thuringe;* à l'E., par les monts du *Bœhmer-wald* (de la *Forêt de Bohème*), l'*Erz-gebirge*, très-riches en mines, le *Riesen-gebirge* (*monts des Géants*), et les monts *Sudètes;* à l'O., par les monts volcaniques de l'*Eifel* et par les *Vosges*.

Au N., elle renferme les montagnes du *Harz*, renommées par leurs mines, mais elle offre aussi, dans cette partie, de vastes plaines marécageuses et froides.

Quatre fleuves principaux, tributaires de la mer du Nord, arrosent l'O. et le centre de l'Allemagne; ce sont: le *Rhin*, qui s'y grossit du *Neckar*, du *Main*, de la *Moselle*, de la *Lahn* et de la *Lippe;* — l'*Ems*, qui a son embouchure dans la baie de *Dollart;* — le *Weser*, qui se forme par la réunion de la *Werra* et de la *Fulde;* — et l'*Elbe*, qui reçoit la *Mulde* et la *Saale*.

Vers l'extrémité N. de l'Allemagne, coule l'*Eider*, qui se jette aussi dans la mer du Nord.

Au N. E., cette contrée est traversée par l'*Oder*, la *Vistule*, le *Pregel* et le *Niémen*, qui se rendent dans la mer Baltique.

Au S. E., coule le *Danube*, qui s'augmente de l'*Isar* et de l'*Inn*, et qui va, bien loin de l'Allemagne, se jeter dans la mer Noire.

L'Allemagne est riche en mines : il y a de l'or, de l'argent, du cuivre, du fer, du plomb, de l'étain, du mercure, du manganèse, du cobalt, de l'arsenic, du sel gemme, de l'alun, de la houille, des pierres précieuses.

Le sol est généralement fertile et bien cultivé. Les céréales, les pommes de terre, le chanvre, le lin, les plantes oléagineuses, le houblon, la garance, le pastel, le tabac, la vigne (qui est cultivée jusqu'au 51° parallèle), sont les principaux produits végétaux.

Les bœufs, les moutons, les chevaux, les porcs, sont nombreux et estimés.

La population de l'empire d'Allemagne, évaluée à 41 millions d'habitants, appartient à deux familles principales : les *Allemands proprement dits* (*Deutsch* ou *Teutsch*, d'où le mot français *Tudesques*); et les *Slaves* (particulièrement les *Wendes* et les *Polonais*). Il y a un assez grand nombre de *Juifs*, répandus à peu près partout; des *Wallons* (d'origine française', vers le cours inférieur du Rhin; des *Frisons*, sur les côtes de la mer du Nord; des *Lettons*, vers le Niémen.

La langue allemande est parlée universellement dans l'empire d'Allemagne; néanmoins les langues polonaise, lettonne, wallonne et frisonne y sont répandues dans quelques parties.

Toutes les religions sont tolérées dans ce pays, et l'on y

trouve une grande diversité de cultes. Au S., la religion catholique domine; au N., règne généralement la religion protestante, comprenant des luthériens et des calvinistes.

L'instruction est fort répandue; il y a des universités florissantes, une infinité de gymnases, de musées, de sociétés littéraires, de bibliothèques publiques, etc. ; beaucoup d'hommes de génie et de talent ont enrichi la littérature allemande.

§ 2. Divisions générales de l'Allemagne.

De 1815, à 1866, cette contrée a formé la *confédération Germanique*, qui se composait en dernier lieu de 34 états : trois d'entre eux, la *Prusse*, l'*Autriche* et les *Pays-Bas*, avaient à la fois des provinces dans la confédération et hors de la confédération. Les 31 autres étaient entièrement allemands. Les affaires générales de l'association étaient réglées par la Diète, composée des députés de tous les états et siégeant à Francfort-sur-le-Main.

A la suite de la guerre de 1866, de grands changements se sont opérés : l'Autriche a cessé de faire partie de l'association, qui s'est reconstituée d'une manière plus restreinte; la Prusse a réuni à ses possessions plusieurs des états entièrement allemands, elle s'est instituée protectrice de plusieurs autres, et elle forma avec eux la **confédération de l'Allemagne du Nord**, qui s'arrêtait vers le S. au cours du Main. Les **États de l'Allemagne du Sud**, restés en dehors de la suprématie immédiate de la Prusse, étaient le royaume de *Bavière*, le grand-duché de *Hesse*, le royaume de *Würtemberg*, le grand-duché de *Bade*.

La guerre de 1870-1871 avec la France a amené d'autres modifications considérables dans la situation politique de cette contrée. Il s'est reformé un **empire d'Allemagne**, à la tête duquel s'est placé le roi de Prusse, et dont font partie tous les états qui se trouvaient soit dans l'Allemagne du Nord, soit dans l'Allemagne du Sud. Ces états sont représentés par un Parlement ou *Reichstag*, qui siége à Berlin. — L'Alsace et une partie de la Lorraine, enlevées à la France, ont été annexées à cet empire.

Examinons les différents pays de l'Allemagne.

§ 3. Prusse.

La **Prusse**, le principal des états de l'empire d'Allemagne, se composait récemment encore de deux parties séparées par divers états allemands ; elle forme maintenant un territoire compacte et ininterrompu, qui s'étend de l'E. à l'O. depuis la Russie jusqu'à la B lgique, et du N. au S. depuis la mer Baltique et la mer du Nord jusqu'aux monts Sudètes et des Géants, du côté de l'empire Austro-Hongrois, et au Main, du côté des états de l'Allemagne méridionale. Elle renferme 355 000 kilomètres carrés.

On peut la partager en deux divisions générales : les *anciennes provinces* et les *provinces nouvellement annexées*.

Les ANCIE NES PROVINCES sont au nombre de huit, dont deux à l'E., vers la Russie, ne sont pas allemandes dans le fond de leur population, mais s'aves et lettonnes : l'une est la province de *Prusse* (divisée en *Prusse orientale* et *Prusse occidentale*) ; l'autre, la province de *Posen*. Elles sont basses, marécageuses et parsemées de lacs, dont les plus grands sont le *Curische-Haff* et le *Frische-Haff*, près de la mer Baltique ; le *Niémen*, le *Pregel* et la *Vistule* en sont les fleuves les plus remarquables.

Au milieu, on trouve les provinces de *Poméranie*, de *Brandebourg*, de *Saxe* et de *Silésie*, qui sont allemandes généralement et slaves sur quelques points. Les deux premières sont plates, humides et entrecoupées d'un grand nombre de lacs ; les autres présentent quelques montagnes, abondent en gras pâturages, et sont riches en minéraux. L'*Oder* (qui reçoit la *Warthe*), et l'*Elbe* (qui se grossit du *Havel*, augmenté lui-même de la *Spree*), arrosent cette partie des États Prussiens.

A l'O., sont les provinces de *Westphalie* et du *Rhin*, qui sont allemandes en général, et wallonnes sur une petite étendue ; elles sont voisines des Pays-Bas, de la Belgique et de la France ; leur sol est agréablement varié de collines et de vallées fertiles ; elles sont arrosées par le *Weser*, le *Rhin* et la *Moselle*.

Les plus grandes villes des anciennes provinces sont :

A l'E., *Kœnigsberg* (112 000 h.), sur le Pregel ; — *Dantzick* ou *Danzig* (90 000 hab.), sur un golfe du même nom,

vers l'embouchure de la Vistule, avec un port très-fréquenté.

Au milieu, BERLIN, capitale de la Prusse et de tout
l'empire d'Allemagne, située sur la Sprée, et peuplée
de 900 000 habitants ; — *Potsdam*, dans une position
agréable, sur le Havel, avec de célèbres châteaux royaux ;
— *Brandebourg*, ville industrielle, qui a donné son nom à
la province située au cœur du royaume ; — *Francfort-sur-
l'Oder*, qui a des foires renommées ; — *Magdebourg*
(85 000 hab.), place très-forte, sur l'Elbe ; — *Halle*, fameuse par son université ; — *Breslau*, ville de 200 000
âmes, sur l'Oder ; — *Stralsund*, sur la mer Baltique, en
face de l'île de Rügen ; — *Stettin*, port très-commerçant,
sur l'Oder (76 000 h.).

A l'O., *Münster*, connue par le traité de 1648 ; — *Cologne* (130 000 hab.), sur le Rhin, remarquable par son
antiquité, son agréable situation, son commerce ; — *Düssel-
dorf*, belle ville, sur le Rhin ; — *Elberfeld, Barmen, Essen*,
fameuses par leur industrie ; — *Aix-la-Chapelle* (75 000
hab.), célèbre par ses eaux thermales, et surtout parce
qu'elle fut la résidence de Charlemagne ; — *Coblentz*, au
confluent de la Moselle et du Rhin ; — *Trèves*, la plus ancienne ville de l'Allemagne, sur la Moselle.

Parmi les anciennes possessions, il faut encore nommer
le pays de *Hohenzollern*, dans le S. de l'Allemagne, vers la
Forêt-Noire, et le petit territoire maritime de l'*Jadhe*,
enclavé dans l'Oldenbourg, avec le port de *Wilhelms-
hafen*.

LES PROVINCES NOUVELLEMENT ANNEXÉES sont les suivantes :

La province de *Slesvig-Holstein*, formée de duchés appartenant autrefois au Danemark, dont ils ont été détachés
en 1864, et qui ont été réunis à la Prusse en 1866 ;

La province de *Hanovre*, formée du ci-devant royaume
du même nom ;

La province de *Hesse-Nassau*, formée de l'ancienne Hesse-
Électorale, du duché de Nassau et de quelques autres anciens petits états.

On remarque comme villes principales de ces divers
pays :

Slesvig; — *Flensbourg;* — *Kiel,* port très-important
sur la Baltique; — *Altona* (75 000 h.), port commerçant sur
l'Elbe; — *Hanovre* (90 000 h.); — *Gœttingue,* fameuse par
son université; — *Osnabruck,* par le traité de 1648; —
Emden, par son port sur le Dollart: — *Cassel;* — *Hom-
bourg,* renommée par ses eaux minérales; — *Wiesbaden,*
qui a aussi des bains très-fréquentés; — *Francfort-sur-le-
Main* (90 000 hab.), qui était une ville libre, et qui est importante par son grand commerce et par ses foires.

La population de ce royaume est de 25 millions d'habit.
La religion protestante dite évangélique (calvinisme et
luthéranisme confondus) est la plus répandue; il y a aussi
beaucoup de catholiques, surtout à l'ouest. La langue allemande est parlée presque partout dans les États Prussiens;
cependant les langues polonaise et lettonne le sont dans la
plus grande partie des provinces de l'est, c'est-à-dire des
provinces qu'on ne peut pas considérer comme allemandes.
Les provinces où le sol est le plus fertile sont la Silésie
et la Prusse rhénane; le sol du Brandebourg est le plus
maigre; les grains, les légumes, le lin, le chanvre, le safran,
le tabac, le houblon, les vins du Rhin, le gros bétail, les
moutons, les porcs, sont parmi les principales productions
de ce royaume. On trouve de l'ambre jaune sur les côtes de
la Baltique, et ailleurs des mines de fer, de houille, de
cuivre, de plomb, particulièrement dans la Saxe, la Silésie,
la Prusse rhénane, le Hanovre.
L'industrie de la Prusse est extrêmement active, et l'on
admire surtout celle de la Prusse rhénane. On peut citer les
tissus de lin et de coton, les draps, les soieries, les ouvrages
en fer et en acier, la sellerie, la carrosserie, les tanneries,
les brasseries, les produits chimiques, les papiers, la typographie.

§ 4. États secondaires du nord de l'Allemagne.

On remarque, dans le nord de l'empire d'Allemagne, en
s'avançant de l'E. à l'O.: le royaume de **Saxe;** — les
quatre duchés de **Saxe** (*Saxe-Weimar, Saxe-Cobourg-Go-
tha, Saxe-Meiningen, Saxe-Altenbourg*); — les deux principautés de **Reuss;** — les deux principautés de **Schwarz-**

bourg; — le duché d'*Anhalt* ; — les deux grands-duchés de *Mecklenbourg;* — les villes libres de *Hambourg*, de *Lubeck* et de *Brème;* — le duché de *Brunswick;* — la principauté de *Waldeck;* — les deux principautés de *Lippe*. En voici les villes principales :

Dresde (180 000 hab.), capitale du royaume de Saxe, grande et belle ville, sur l'Elbe; *Leipzig* (107 000 hab.), (dans le même royaume), célèbre par son université, ses foires, son commerce de livres et une bataille en 1813.

Weimar, *Gotha* et *Altenbourg*, les trois plus grandes villes des duchés de Saxe; *Iéna* dans le grand-duché de Saxe-Weimar), fameuse par son université et par une victoire des Français en 1806. (Presque toutes les villes des duchés de Saxe se distinguent par une culture très-avancée des lettres et des sciences).

Dessau, capitale du duché d'Anhalt.

Schwerin, capitale du grand-duché de Mecklenbourg-Schwerin.

Hambourg (240 000 hab.), ville libre, avec un port très-fréquenté, et, après Berlin, la plus grande ville de l'Allemagne du Nord; — *Lübeck* (40 000 hab.), port vers la Baltique, et *Brème* (85 000 hab.), port sur le Weser, autres villes libres, toutes deux très-commerçantes. Ces trois villes ont le titre d'*Hanséatiques* (alliées pour le commerce).

Brunswick, *Oldenbourg*, capitales de duchés de même nom.

LEÇON XXIV.

SUITE DE LA RÉGION CENTRALE ET DE L'ALLEMAGNE.

ÉTATS DU SUD DE L'ALLEMAGNE.

§ 1. Bavière.

La **Bavière**, en allemand *Baiern*, est l'état le plus considérable du sud de l'Allemagne : elle renferme 75 000 kilomètres carrés, avec 4 900 000 hab., et se compose de deux parties séparées, la *Bavière orientale* et la *Bavière rhénane*.

La première, qui est beaucoup plus étendue que l'autre, comprend la *Bavière propre*, la *Franconie* le *Haut-Palatinat* et la *Souabe*. Elle est traversée au milieu par le Danube, qui coule de l'O. à l'E. Dans le N., on voit le Main, qui se dirige de l'E. à l'O. Dans le S., le pays est couvert par des ramifications des *Alpes*; il s'avance au S. O. jusqu'au lac de Constance.

MUNICH, en allemand *München*, capitale du royaume, sur l'Isar, est peuplée de 170 000 hab.

Les autres villes remarquables du bassin du Danube sont : *Augsbourg* (50 000 hab.); — *Ratisbonne*, en allemand *Regensburg*, sur le Danube; — *Passau*, place forte, au confluent de l'Inn et du Danube.

Dans le bassin du Main, on distingue : *Nuremberg* ou *Nürnberg*, ville de 83 000 âmes, intéressante par son grand commerce et ses nombreuses fabriques d'instruments de musique et de mathématiques, de lunettes, de jouets d'enfants, etc.; par ses curieuses constructions du moyen âge, enfin par plusieurs inventions (celles des montres, des pendules, des filières à tirer le fil de fer, des fusils à vent, des d'armes à feu, de la clarinette, du laiton et de la

fameuse sphère terrestre de Martin Behaim, faite en 1492);
Wurzbourg, ville de 40 000 habitants.

La division nommée Bavière rhénane, ou cercle du Palatinat, ou Bas-Palatinat, s'étend sur la gauche du Rhin, au
N. de l'Alsace et au S.-O de la Hesse-Darmstadt. La chaîne
des Vosges en couvre une partie.

Les villes principales sont *Spire*, en allemand *Speyer*,
près du Rhin ; — *Deux-Ponts* ou *Zweybrücken*, qui fut la
capitale d'un important duché du même nom.

§ 2. Grand-duché de Hesse.

Le grand-duché de **Hesse** ou de **Hesse-Darmstadt**
est un pays agréable et fertile, surtout sur les bords du
Rhin et du Main; on y voit une agréable succession de
riches vignobles, de beaux vergers et de champs de céréales.

La capitale est DARMSTADT (40 000 hab.). — Mais la plus
grande ville est *Mayence*, en allemand *Mainz* (54 000 hab.),
place très-forte, vers le confluent du Rhin et du Main. Cette
ville fut, avec Strasbourg, le berceau de l'art typogra-
phique.

On trouve encore, dans le grand-duché de Hesse, *Worms*,
sur le Rhin.

La partie du grand-duché qui est située au N. du Main
s'appelle *Hesse supérieure*, et a pour ville principale
Giessen (université).

§ 3. Royaume de Würtemberg.

Le royaume de **Würtemberg** compte 1 800 000 habitants.
On y trouve à chaque pas le contraste d'une nature sauvage
et pittoresque avec une région fertile bien cultivée. C'est
un des pays les plus peuplés et les plus industrieux de
l'Europe. Les Alpes de Souabe, qu'on appelle aussi Jura
de Souabe et Alpes Rudes, traversent ce royaume de l'E. à
l'O. Les montagnes de la Forêt-Noire s'élèvent sur la
limite occidentale. Des forêts d'arbres fruitiers s'étendent
sur les parties basses de leurs pentes, et l'on y remarque

surtout le merisier, dont le fruit distillé donne le kirsch-wasser. Au N. des Alpes de Souabe, coule le Neckar, affluent du Rhin ; au S. de cette chaîne, on voit le Danube. Le Würtemberg s'étend vers le midi jusqu'au lac de Constance.

La capitale, STUTTGART, près du Neckar, a 92 000 âmes. — *Louisbourg* ou *Ludwigsburg*, au N. de Stuttgart, sur le Neckar, est une résidence royale.—*Hall* a des sources salées. — Sur le Danube, est *Ulm*, célèbre par la capitulation de 1805.

§ 4. Grand-duché de Bade.

Le grand-duché de **Bade**, en allemand *Baden*, est un pays long et étroit, resserré entre le Würtemberg et le Rhin, qui le sépare de la France ; il se prolonge du N. au S., depuis le Main jusqu'au lac de Constance. La Forêt-Noire forme en grande partie la limite orientale de cet état, et elle en couvre tout le sud. Il y a des vignobles renommés vers les bords du Rhin, et vers ceux du Main et du Neckar, qui arrosent le nord du pays. Le Danube a sa source dans la partie orientale.— La population du grand-duché est de 1 500 000 habitants.

La capitale est CARLSRUHE, belle ville de 30 000 habitants.
Manheim, dans le nord, est au confluent du Neckar et du Rhin. — *Heidelberg* a une fameuse université, et l'on y voit les magnifiques restes du château des électeurs palatins [1].
Vers le milieu du grand-duché, on remarque : *Rastatt*, célèbre par les conférences de 1714 et de 1798 ; — *Bade* ou *Baden*, surnommée *Baden-Baden*, et ainsi appelée de ses *bains* d'eaux minérales.
Dans le sud : *Fribourg-en-Brisgau*, avec une importante université ; — *Vieux-Brisach*, sur le Rhin, — et *Constance,*

---

1. Les comtes palatins n'étaient d'abord que des magistrats temporaires, chargés de rendre la justice dans divers palais (en latin *palatia*) de l'Allemagne. Au onzième siècle, cet emploi devint héréditaire dans une famille qui gouvernait le territoire de Heidelberg. On nomma *Palatinat* le pays qui était soumis à ces princes.

en allemand *Constanz*, sur la frontière de la Suisse, à l'endroit où le Rhin sort du lac de Constance.

§ 5. Alsace-Lorraine.

Après la funeste guerre de 1870-1871, l'Alsace (les dép. du *Bas-Rhin* et du *Haut-Rhin*, mais non compris le territoire de *Belfort* laissé à la France), et une partie de la Lorraine, comprenant l'E. et le milieu du dép de la *Mos l'e*, le N.-E. du dép. de la *Meurthe* et une petite portion du dép. des *Vosges*, ont été annexées à l'empire d'Allemagne, sous le titre de gouvernement d'**Alsace-Lorraine**. Il s'y trouve environ 1 500 000 h Les villes les plus imp. comprises dans cette annexion sont *Strasbourg*, *Metz*, *Mulhouse*, *Colmar*, *Thionville*, *Sarreguemines*, *Wissembourg*, *Saverne*, *Haguenau*, *Schlestadt*, *Sainte-Marie-aux-Mines*, *Thann*, *Guebwiller*, *Dieuze*, *Château-Salins*, *Sarrebourg*. La cap. est Strasbourg (85 000 h.). Mulhouse a 60 000 h. ; Metz, 55 000.

§ 6. Principauté de Liechtenstein.

La principauté de **Liechtenstein**, placée sur la rive droite du Rhin, à 20 kilomètres au S du lac de Constance, entre le Tyrol et la Suisse, est un petit état, qui est allemand d'origine, sans faire partie de l'empire d'Allemagne.

CHEMINS DE FER D'ALLEMAGNE.

Les principaux centres d'où rayonnent les chemins de fer allemands sont *Berlin*, d'où partent sept lignes; *Dresde*, *Leipzig*, *Hanovre*, *Hambourg*, *Cologne*, *Francfort-sur-le-Main*, *Mayence*, *Strasbourg*, *Munich*, *Augsbourg*, *Nuremberg*.

REMARQUES GÉNÉRALES SUR L'INDUSTRIE ET LE COMMERCE DE L'ALLEMAGNE. — ZOLLVEREIN.

L'industrie de l'Allemagne consiste en tissus de lin et de coton, draps, blondes, dentelles, soieries, ouvrages en fer et en acier, ouvrages en or et argent, pendules en bois et autres ouvrages en bois, orfévrerie, quincaillerie, verrerie, glaces, cuirs, porcelaine, etc.

Depuis 1833, il s'est formé, sous l'influence de la Prusse, une association commerciale appelée *Zollverein* (union des douanes). Cette union a affranchi le commerce intérieur de la plus grande partie de ses charges; elle a rendu la circulation et les échanges plus faciles.

LEÇON XXV.

SUITE DE LA RÉGION CENTRALE.
EMPIRE AUSTRO-HONGROIS.

§ 1. Description physique de l'Autriche-Hongrie.

L'empire **Austro-Hongrois**, appelé auparavant empire d'**Autriche**, en allemand *OEsterreich*, s'allonge de l'E. à l'O., et a pour bornes au N. la Prusse et la Pologne, à l'E. la Russie, au N. O. le royaume de Saxe, à l'O. la Bavière et la Suisse, au S. O. le royaume d'Italie, au S. la Turquie d'Europe et la mer Adriatique, qui s'y enfonce en deux golfes considérables, les golfes de *Trieste* et de *Quarnero*, entre lesquels s'avance la presqu'île d'*Istrie*. Cette mer offre aussi, sur les côtes de l'empire, de nombreuses îles, qui forment l'archipel *Dalmate-Illyrien*.

Les monts des Géants, la Vistule, les monts Carpathes méridionaux, le Danube, la Save, les Alpes, le Rhin, le lac de Constance, l'Inn, les montagnes de la Forêt de Bohème et l'Erz-gebirge forment des parties de la limite de cette monarchie, qui a plus de 1300 kilomètres de l'E. à l'O., mais seulement 500 kilomètres dans sa moyenne largeur, du N. au S. Sa superficie est de 623 000 kilomètres carrés, et sa population de 36 millions d'habitants.

L'empire est couvert par deux grands systèmes de montagnes · l'un s'étend à l'E. et au N., et comprend les *Carpathes*, les monts *Sudètes* et les montagnes qui enveloppent le plateau de la Bohème, c'est-à-dire les monts *Moraves*, les montagnes de la *Forêt de Bohème* (*Bœhmerwald*), l'*Erz gebirge* et les montagnes des *Géants* (*Riesengebirge*). — L'autre, au S. O.. est formé par les *Alpes*, qui y prennent les noms d'*Alpes Rhétiques, Carniques, Noriques, Juliennes, Dinariques*, etc.

Le point culminant des Alpes autrichiennes est le mont *Ortles* (4000 m.).

Le pays est partagé entre quatre versants de mer : tout ce qui est au nord de la grande arête passant par les Carpathes centrales, les Sudètes, les monts Moraves et la Forêt de Bohème, est réparti entre les bassins de la mer du Nord et de la Baltique. Tout ce qui est au S. appartient aux bassins de la mer Noire et de l'Adriatique.

Sur le versant de la mer du Nord, coulent deux fleuves : l'*Elbe*, qui reçoit la *Moldau*; et le *Rhin*, qui borne un peu l'empire vers l'O.

Sur le versant de la Baltique, on remarque l'*Oder* et la *Vistule*.

Le versant de la mer Noire est le plus étendu : on y voit le *Danube*, qui, coulant d'abord à l'E., puis au S., parcourt le cœur de l'empire, et occupe le fond de cette immense vallée renfermée entre la grande arête et les Alpes. Il reçoit, à droite, l'*Inn*, l'*Ens*, la *Raab*, la *Drave*, la *Save*; à gauche, la *Morava* ou *March*, le *Vag*, le *Gran*, la *Theiss*.

Le *Dniester* ou *Dniestr*, dans la partie orientale de l'empire, est encore un des cours d'eau principaux du bassin de la mer Noire.

Enfin, dans le bassin de la mer Adriatique, on trouve l'*Adige*.

Il y a plusieurs grands lacs en Autriche : le plus considérable est le *Balaton* ou *Platten-see*, au centre de l'empire, à la droite du Danube, dans lequel il s'écoule par un filet d'eau.

L'extrémité N. du lac de *Garde* touche l'empire au S. O. — Sur la frontière occidentale est le lac de *Constance*, formé par le Rhin.

Au centre de l'empire, entre les deux grands systèmes de montagnes, il y a de vastes plaines. Au N. E., on rencontre encore de grandes plaines, celles de la Galicie. Les cantons voisins de l'Adriatique jouissent d'un climat fort chaud, et les oliviers, le riz, le cotonnier, y donnent de bons produits. On récolte des vins renommés dans plusieurs parties de l'empire. Les Carpathes ont de grandes forêts. Enfin ce pays est fort riche en métaux : il y a de l'or, de l'argent, du cuivre, du fer, du mercure, de l'étain, etc.

§ 2. Grandes divisions administratives ; principales villes.

L'empire est partagé en 17 divisions principales.

Les plus occidentales sont des pays allemands, et composent l'archiduché d'*Autriche* (divisé en *pays au-dessous de l'Ens*, ou *Basse-Autriche*, et *pays au-dessus de l'Ens*, ou *Haute-Autriche*), le duché de *Salzbourg*, la *Styrie*, la *Carinthie*, la *Carniole* et le nord du *Tyrol*.

Le S. du *Tyrol* et une région qui s'étend sur la côte N. de l'Adriatique sous le nom de *Littoral Illyrien*, sont des pays italiens plutôt qu'allemands, et se trouvent dans le S. O. de l'empire.

Dans le N. O., sont la *Bohème*, la *Moravie* et le duché de *Silésie*, qu'on place généralement en Allemagne et qui faisaient partie de la confédération Germanique, mais qui sont plutôt des pays slaves ; ils sont habités par les Tchèkhes ou Bohèmes et les Slovaques.

Vers le centre, est le royaume de *Hongrie*, habité par les Hongrois ou Magyars et par les Slaves (Slovaques et Ruthènes). C'est la plus grande division administrative de l'empire, et l'on y compte 11 millions d'habitants. Le S. E. comprend la *Voïvodina*, composée de la *Voïvodie de Serbie* et du *Banat de Temès*.

Au S., sont : 1° le royaume de *Croatie et d'Esclavonie*, avec les ci-devant *Confins militaires* (composés de la *Croatie militaire*, de l'*Esclavonie militaire*, etc.. et qu'on vient (1873) de rendre à une administration civile semblable à celle du reste de l'empire) ; 2° la *Dalmatie*. — Ces contrées sont toutes peuplées par des Slaves (Croates, Esclavons, Serbes).

Au S. E., on trouve la *Transylvanie*, habitée par des populations diverses, surtout par des Roumains.

Au N. E., la *Galicie*, peuplée de Slaves, et la *Bukovine*, peuplée de Roumains.

Vienne (en allem. *Wien*), cap. de l'empire et en particulier de l'archiduché d'Autriche, est au milieu d'une plaine fertile, sur le Danube, dans la Basse-Autriche (partie orientale de l'archiduché); elle est peuplée de 1 000 000 d'hab. (avec ses annexes).

Dans le voisinage, on remarque le village de *Wagram*, célèbre par une victoire des Français en 1809.

Lintz, aussi sur le Danube, est la capitale de la Haute-Autriche.

Salzbourg est la capitale du duché du même nom, au milieu d'un pays montagneux, riche en mines de fer et de sel.

Gratz, capitale de la Styrie, a aussi des mines de fer dans son voisinage et compte 80 000 habitants.

On remarque ensuite *Klagenfurt*, capitale de la Carinthie; — *Laybach*, capitale de la Carniole; — *Insbruck*, sur l'Inn, capitale du Tyrol, un des pays les plus montagneux et les plus pittoresques de l'Europe; — *Trente*, célèbre par un concile au seizième siècle, dans la portion du Tyrol qui s'incline vers l'Italie.

Trieste, peuplée de plus de 100 000 habitants, est la ville principale du Littoral Illyrien et le premier port de l'empire.

Prague, ville de 190 000 âmes, sur la Moldau, est la capitale du beau royaume de Bohême, enfermé entre quatre chaînes de montagnes. — Dans le même pays, sont *Reichenberg*, connue par ses draps; — *Carlsbad*, *Sedlitz*, par leurs eaux minérales; — *Sadowa*, par une victoire mémorable des Prussiens sur les Autrichiens, en 1866.

Brünn est la capitale de la Moravie. Près de là, on trouve *Austerlitz*, célèbre par une victoire des Français en 1805. — On peut citer, dans le même pays, *Olmütz*, qui en a été la capitale. — *Troppau* est la capitale de la Silésie.

Parmi les villes de la Hongrie, on remarque : au milieu *Buda-Pest* (270 000 habitants), capitale de ce royaume et composée de deux villes : *Pest*, sur la rive gauche du Danube et *Buda* ou *Ofen*, sur la rive droite; — à l'O., *Presbourg*, ancienne capitale, aussi sur le Danube; — *Komorn*, place très-forte, sur le même fleuve; — au N., *Schemnitz*, fameuse par ses mines d'or, d'argent et de plomb; — *Tokay*, célèbre par ses vins; — à l'E., *Debretzin* et *Gross-Wardein*; — au S., *Szegedin*, *Maria-Theresiopel* et *Temesvar*.

Agram est la capitale du royaume de Croatie et d'Esclavonie.

Dans la Dalmatie, qui s'allonge le long de la côte orientale de l'Adriatique, avec des îles nombreuses, les villes principales sont *Zara*, capitale, *Raguse*, port célèbre, et *Cattaro*, sur un golfe qu'on nomme *Bouches de Cattaro*.

Dans la Transylvanie, pays montagneux, on remarque *Klausenbourg*, capitale, *Cronstadt* et *Hermanstadt*.

La Galicie, pays tout à fait d'origine polonaise, a pour capitale *Lemberg* (87 000 habitants), et renferme au N. *Brody*, presque entièrement peuplée de Juifs; à l'O., *Wieliczka*, fameuse par ses mines de sel. — *Cracovie*, autrefois capitale de la Pologne, plus tard république, enfin réunie à l'Autriche depuis 1846.

Les provinces de l'empire sont réparties en deux grandes divisions : 1° la *Cisleithane* (c'est-à-dire en deçà de la Leitha, affluent du Danube), où prédomine l'influence de Vienne et de la race allemande ; 2° la *Transleithane*, sur laquelle la Hongrie exerce une influence générale.

§ 3. Chemins de fer.

Il y a de nombreux chemins de fer dans cet empire : *Vienne* en est le centre principal ; on remarque le *Ferdinand-Nord-Bahn*, qui se dirige sur Varsovie, et, par des embranchements, sur Prague, Dresde et Berlin; la ligne de Trieste; celles de Munich et de Pest (de là sur toute la Hongrie).

§ 4. Population, langues, religion, gouvernement, etc.

La population de cette vaste monarchie est, comme on l'a déjà vu, une agglomération de peuples divers, profondément séparés entre eux par les mœurs, les institutions, le langage.

On compte 8 millions d'*Allemands*, 5 millions de *Hongrois* ou *Magyars*, 15 millions de *Slaves*. Ces derniers se divisent en un grand nombre de peuples, tels que les *Tchèkhes* ou *Bohèmes*, qui habitent la Bohème ; les *Slovaques*, dans la Moravie et la Hongrie ; les *Polonais*, dans la Galicie ; les *Russniaques* ou *Ruthènes*, dans la même contrée et dans la Hongrie ; les *Slavons* ou *Esclavons*, dans l'Esclavonie ; les *Slovènes* (comprenant les *Wendes* et les *Carniolais*), dans la Styrie et l'Illyrie ; les *Dalmates*, les

Morlaques, les *Istriens*, les *Croates*, les *Serbes*, dans les parties méridionales de l'empire.

Il y a au S O. 1 million d'*Italiens* (y compris les *Frioulicns* et les *Ladins*, petit peuple du Tyrol).

- 4 à **5** millions de *Roumains*, divisés en *Valaques* et *Moldaves*, et dont la langue dérive directement du latin, se trouvent dans les parties S. E. et orientales de l'Autriche.

Les *Juifs* y sont plus nombreux que dans la plupart des autres pays de l'Europe. Enfin, c'est aussi l'un des états où l'on rencontre le plus de ces *Bohémiens* ou *Zigueunes*, populations errantes qu'il ne faut pas confondre avec les Bohèmes ou Tchèques.

Le catholicisme est la religion dominante ; mais les religions protestante et grecque comptent aussi, dans cet empire, de nombreux sectateurs.

Le gouvernement impérial est limité par le *Conseil de l'empire* ou *Reichsrath* et la *Diète* de Hongrie. Avant la dissolution de la confédération Germanique, en 1866, l'Empereur faisait partie de cette confédération pour la Bohême, la Moravie, le duché de Silésie, l'archiduché d'Autriche, le duché de Salzbourg, la Styrie, le Tyrol, la Carinthie, la Carniole, la plus grande partie du Littoral Illyrien et une petite portion de la Galicie.

Les principaux produits de l'industrie de l'empire Austro-Hongrois sont les draps, les tissus de coton, les soieries, le fer, les ouvrages en métaux, les instruments aratoires, l'ébénisterie, les glaces, les verreries, les instruments de musique, les liqueurs.

LEÇON XXVI.

SUITE DE LA RÉGION CENTRALE.

SUISSE OU CONFÉDÉRATION HELVÉTIQUE.

§ 1er. Description physique de la Suisse.

La **Suisse** (en allemand *Schweiz* et en italien *Svizzera*), appelée aussi *confédération Helvétique*, d'après l'ancien peuple des Helvètes, qui en habitait la plus grande partie, est placée entre la France, à l'O. et au S. O., l'Allemagne, au N. et à l'E., et l'Italie, au S. Le Doubs, le Jura et le lac de Genève la séparent de la première de ces contrées ; le Rhin et le lac de Constance marquent la limite vers l'Allemagne ; les Alpes, le lac Majeur et celui de Lugano forment la frontière du côté de l'Italie.

Ce pays a 360 kilomètres de longueur, de l'E. à l'O., 200 de largeur, du N. au S., et une superficie de 40 900 kilomètres carrés ; on y compte 2 700 000 hab.

La Suisse est célèbre par la variété de ses sites et de ses délicieux paysages, par ses beaux lacs, ses montagnes majestueuses, ses vallons pittoresques et ses nombreuses cascades.

Il y a, au N. et à l'O., quelques fertiles plaines ; mais tout le S. et le milieu sont hérissés de montagnes, que couvrent, en beaucoup d'endroits, des neiges éternelles et d'énormes glaciers ; souvent il en descend des avalanches formées par des monceaux de neige qui se précipitent au fond des vallées avec une impétuosité et un bruit formidable.

La plus grande partie de la Suisse n'est pas propre à la culture ; mais il y a, sur les flancs des montagnes, d'excellents pâturages, où paissent d'innombrables troupeaux de vaches laitières, de bœufs, de moutons et de chèvres : on y fait, en plusieurs lieux, des fromages renommés.

Le climat offre, dans ce pays, des variations infinies : un hiver perpétuel règne au sommet des Alpes ; mais, dans beaucoup de vallées, on jouit de la température la plus douce, et l'on y cultive le tabac, les figues, les amandes, les châtaignes, les olives et la vigne.

Une grande arête sépare la Suisse en deux versants généraux, celui du N. et celui du S. Tout ce qui se trouve au N. de cette arête appartient au bassin de la mer du Nord ; tout ce qui se trouve au S. fait partie du bassin de la Méditerranée et de deux de ses divisions, la mer Adriatique et la mer Noire.

A l'E., cette arête porte le nom d'*Alpes des Grisons ;* — dans la partie moyenne, elle s'appelle *Alpes Rhétiques* et *Alpes Lépontiennes ;* — à l'O., *Alpes Bernoises ;* — enfin la partie la plus occidentale est formée par le *Jura.*

Parmi les montagnes qui n'appartiennent pas à l'arête

principale du partage des eaux, les plus hautes s'étendent sur la frontière méridionale du pays et prennent, sur une grande étendue, le nom d'*Alpes Pennines*.

Les sommets que présentent toutes ces masses de montagnes, affectent des formes très-différentes dans les Alpes et dans le Jura : les cimes des Alpes sont granitiques, et projettent des pics irréguliers et déchirés, qui prennent le nom d'aiguilles, de cornes ou de dents ; les monts calcaires du Jura forment, au contraire, des massifs allongés, droits et réguliers, généralement revêtus de grandes forêts de sapins.

Les plus remarquables sommets des Alpes suisses sont le *Splügen*, le *Bernardino*, le *Saint-Gothard*, le *Simplon*, qui ont tous des routes célèbres pour se rendre de Suisse en Italie ; — le *Finster-Aarhorn*, le pic de la *Vierge* ou de la *Jungfrau*, qui ont plus de 4300 mètres ; — le mont *Rosa* (4636 mèt.), qui n'est surpassé, dans toutes les Alpes, que par le mont Blanc ; — le mont *Cervin* ou *Matterhorn* (4600 mètres) ; — le *Grand Saint-Bernard* (3600 mètres), très-connu par son hospice et par le passage des troupes françaises en 1800.

Au milieu de la Suisse, est le mont *Rigi*, d'où l'on jouit d'une vue admirable.

La Suisse est partagée entre les bassins de quatre mers : la mer du Nord, la Méditerranée proprement dite, l'Adriatique et la mer Noire.

Elle envoie à la première la plus grande partie de ses eaux, par le *Rhin*, qui a ses trois sources dans les Alpes Lépontiennes, coule d'abord vers le N. E., forme le grand lac de *Constance*, et tourne ensuite à l'O. jusqu'à la frontière de France. Ce fleuve est fort rapide et offre plusieurs chutes, entre autres celle de Schaffhouse, qui a 22 mètres.

Le principal affluent du Rhin, en Suisse, est l'*Aar*, qui forme les lacs de *Brientz* et de *Thun*, et qui reçoit à droite : 1° la *Reuss*, qui produit le grand lac de *Lucerne* ou des *Quatre-Cantons* et a pour tributaire le lac de *Zug* ; 2° la *Limmat*, qui sert d'écoulement au lac de *Zürich* et au lac de *Wallen*. Par la rive gauche, l'Aar reçoit la *Thièle* ou *Zihl*, qui lui apporte les eaux des lacs de *Bienne*, de *Neuchâtel* et de *Moral*.

Sur le versant de la Méditerranée, on trouve le *Rhône*,

qui descend avec impétuosité des glaciers du Grimsel et de la Fourche, à l'extrémité des Alpes Bernoises, et qui forme le lac *Léman* ou de *Genève*, étendu de l'E. à l'O. sous la figure d'un vaste croissant. — Le *Doubs* appartient aussi à ce versant.

Du côté de l'Adriatique, on voit couler le *Tésin, Tessin* ou *Ticino*, qui tombe dans le lac *Majeur*, d'où il sort en Italie pour aller se jeter dans le Pô.

Le lac de *Lugano* s'écoule dans le lac Majeur.

Sur le versant de la mer Noire, on ne remarque que l'*Inn*, affluent du Danube.

§ 2. Divisions principales; villes importantes; communications.

La Suisse est composée de vingt-deux cantons confédérés, distribués en deux grandes régions physiques : le *versant de la mer du Nord* et le *versant de la Méditerranée*.

Sur le premier, on distingue sept cantons arrosés par le Rhin : les *Grisons, Saint-Gall, Thurgovie, Schaffhouse, Zürich, Argovie, Bâle ;* — et onze qui, sans être baignés par ce fleuve, appartiennent à son bassin : *Appenzell* et *Glaris*, à l'E. ; *Schwitz, Uri, Unterwalden, Zug, Lucerne*, au milieu ; *Soleure, Berne, Fribourg, Neuchâtel*, à l'O.

Sur l'autre versant, il y a quatre cantons : trois dans le bassin du Rhône : le *Vallais, Vaud, Genève ;* et un seul dans le bassin du Tésin, et par conséquent du Pô, tributaire de l'Adriatique : c'est le canton du *Tésin*.

Les principales villes sont : au N., *Bâle* (45 000 h.), très-commerçante, sur le Rhin; *Zürich* (57 000 h. av. ses faub.), à l'endroit où la Limmat sort du lac de Zürich; *Schaffhouse*, près d'une magnifique cataracte du Rhin. — Au centre, *Lucerne*, à l'endroit où la Reuss sort du lac des Quatre-Cantons; *Zug*, près du mont *Morgarten*, où les Suisses remportèrent une célèbre victoire sur les Autrichiens en 1315; et *Altorf*, qui rappelle Guillaume Tell. — A l'E., *Saint Gall*, et *Coire*, chef-lieu du canton des Grisons. — A l'O., BERNE, belle ville de 36 000 habitants, capitale de la confédération, sur l'Aar; *Neuchâtel; Fribourg; Gruyères*, connue par ses fromages; *Lausanne*, chef-lieu du canton de Vaud, dans une charmante contrée, près du lac Léman; *Genève* (68 000 hab., av. ses faub.), la plus grande ville de Suisse, située à l'endroit où le Rhône sort de ce lac, et fameuse par son commerce, ses fabriques d'horlogerie, la culture des lettres et des sciences, et les grands hommes qu'elle a produits. — Au S., *Sion*, chef-lieu du Vallais.

Olten (dans le canton de Berne) est le centre principal des chemins de fer suisses; de là des lignes vont à *Zürich*, à *Berne*, à *Bâle*, à *Lucerne*, etc. Des chemins se rendent de *Genève* et de *Neuchâtel* en France.

. § 3. Population, langues, religion, gouvernement, etc.

Des 2 700 000 habitants que renferme la Suisse, environ les trois cinquièmes sont protestants, les autres appartiennent au catholicisme. Les cantons du centre et du sud sont catholiques.

Les Suisses sont, au N., à l'E. et au centre, une population allemande; à l'O., ils ont une origine française, et, dans quelques parties du S. et du S. E., une origine italienne. Dans les Grisons, règne, indépendamment de l'allemand, un idiome particulier, le roman, dérivé du latin.

Les vingt-deux cantons de la Suisse forment en tout vingt-sept états ou républiques; car Bâle, Appenzell et Unterwalden sont divisés, chacun, en deux républiques distinctes, et les Grisons en comprennent trois. Ces états sont unis et confédérés. Le gouvernement de la confédération est exercé par trois pouvoirs : 1° l'Assemblée fédérale, composée des deputés élus par la nation; 2° le Conseil fédéral ou pouvoir exécutif; 8° le Tribunal fédéral. — Le Conseil fédéral est présidé par le président de la confédération, nommé pour un an par l'Assemblée fédérale et pris dans le sein du Conseil.

L'instruction publique est florissante.

L'industrie est très-active dans les cantons de l'O. et du N. : elle fournit des soieries, de l'horlogerie, des toiles, des mousselines, des indiennes, des blondes, du papier, des chapeaux de paille, des fromages.

LEÇON XXVII.

RÉGION MÉRIDIONALE. — VERSANTS REUNIS DE LA MÉDITERRANÉE ET DE L'ATLANTIQUE.

ESPAGNE ET PORTUGAL.

Description physique de la péninsule Hispanique
en général.

L'Espagne (en espagnol *España*) forme, avec le Portugal, la grande péninsule **Hispanique**, située à l'extrémité S. O. de l'Europe. Cette péninsule est bornée au N. E. par la France, et entourée des autres côtés par la *Méditerranée* et l'*océan Atlantique*. Le détroit de *Gibraltar* (anciennement détroit d'*Hercule*), qui unit ces deux mers, sépare la pointe méridionale de l'Espagne de l'extrémité N. O. de l'Afrique.

La partie de l'Atlantique située au N. de ce pays est nommée mer de *Biscaye*, mer *Cantabrique*, *golfe de Gascogne* ou mer de *France.*

Le cap *Finisterre* forme l'extrémité N. O. de la péninsule Hispanique ; le cap *da Roca* en est le point le plus occidental ; le cap *Saint-Vincent* la termine au S. O. ; le cap *Creus*, au N. E. ; la pointe de *Tarifa*, au S. ; cette dernière est le point le plus méridional du continent européen. Vers le S. aussi, s'offre le promontoire de *Gibraltar*, qui forme la pointe d'*Europe*, en s'avançant en face du promontoire de *Ceuta*, en Afrique. On croit généralement que ce sont ces deux promontoires que les anciens appelaient les *Colonnes d'Hercule.*

La péninsule a 820 kilomètres du N. au S., 700 de l'E. à l'O., et 1200 du N. E. au S. O. L'étendue en est presque la même que celle de la France ; mais la population est beaucoup moins considérable, puisqu'on n'y compte que 21 millions d'habitants, dont environ 16 600 000 pour l'Espagne seule, sur une superficie de 500 000 kilomètres carrés.

Cette contrée est fort montagneuse, et les chaînes qui la couvrent sont généralement très-hautes et très-escarpées. On voit, au N. E., les *Pyrénées*, qui s'élèvent sur la frontière de France, et qui présentent en Espagne leurs points les plus élevés, c'est-à-dire le mont *Maladetta* ou *Maudit*, le pic *Posets* ou de *Lardana*, et le mont *Perdu*, hauts de près de 3500 mètres.

Les Pyrénées sont continuées par les monts *Cantabres*, qui portent, dans une grande étendue, le nom de montagnes des *Asturies*, et qui se terminent au cap Finisterre.

Aux monts Cantabres se rattachent les monts *Ibériques*, qui s'allongent du N. au S. et se continuent par un plateau auquel succède la *Sierra Nevada*; il se forme ainsi, jusqu'au détroit de Gibraltar, une arête qui sépare l'Espagne en deux versants : celui de l'E., incliné vers la Méditerranée, et celui de l'O., vers l'Atlantique. La *Sierra Nevada* comprend la plus haute montagne d'Espagne, le pic de *Mulahacen* (3600 mètres).

Trois longues branches se rattachent vers l'O. à l'arête principale de partage : l'une va jusqu'en Portugal, où elle s'appelle la *Serra da Estrella*. — La seconde comprend les montagnes de *Tolède*. — La troisième est la *Sierra Morena*.

Le versant de l'E. de la péninsule est exposé vers la Méditerranée, et celui de l'O., vers l'Atlantique. Sur le premier, on voit deux principaux fleuves : l'*Èbre*, et le *Jucar*, au N. de l'embouchure duquel se trouve le lac d'*Albuféra*.

Sur le versant occidental, on remarque : la *Bidassoa*, petite rivière intéressante parce qu'elle trace une partie de la limite de la France et de l'Espagne ; — le *Miño* (en espagnol) ou *Minho* (en portugais) ; — le *Duero* (en espagnol) ou *Douro* (en portugais) ; — le *Tage* (en espagnol *Tajo*, en portugais *Tejo*), long de 750 kilomètres, et le plus grand fleuve de la péninsule : il forme, un peu avant son embouchure, une baie nommée *mer de la Paille* ; — la *Guadiana* ; — enfin le *Guadalquivir*.

Le versant de la Méditerranée est la partie la plus chaude et la plus belle de l'Espagne ; la végétation y est magnifique ; on y voit, surtout vers le S., des bois entiers d'orangers et de citronniers ; le cotonnier, le caroubier, le lentisque, le grenadier, le palmier, y réussissent ; les oliviers et la vigne y donnent d'excellents produits ; les mûriers propres au ver à soie y abondent, et l'on y recueille une précieuse espèce de roseau appelée sparte ou jonc d'Espagne, avec laquelle on fait des nattes. Mais cette région de la péninsule est exposée aux funestes effets du vent brûlant nommé *solano*, et des tremblements de terre s'y font quelquefois sentir.

Le versant de l'Atlantique jouit d'une température agréable. Il est riche en vignes, en oliviers, en céréales, en garance, en chênes aux glands doux, en chênes-liéges, et en chênes verts, sur lesquels vit le kermès, petit insecte dont on tire une belle couleur écarlate.

Le milieu de l'Espagne est un plateau fort élevé, généralement nu, triste et monotone, et beaucoup plus froid que la latitude moyenne de la péninsule (40°) ne pourrait d'abord le faire croire.

La richesse principale de cette région consiste en mérinos, qui donnent une laine très-fine, et dont on voit d'immenses troupeaux transhumants, c'est-à-dire voyageant, suivant les saisons, des vallées sur les montagnes et des montagnes dans les vallées.

Les chevaux qu'on élève dans le S. de l'Espagne sont renommés par leur vigueur et leur beauté. Cependant les mulets sont généralement employés pour le transport des voyageurs et des marchandises. On estime les bœufs du N. O. et de l'O.

On trouve de l'or, mais pas en assez grande quantité pour qu'on l'exploite ; on extrait un peu d'argent, et beaucoup de cuivre, de plomb, de fer, de mercure, de houille, de sel, de marbre.

ESPAGNE.

§ 1er. Divisions et villes principales.

La division administrative est (sans les îles Baléares et les Canaries) en 47 provinces, qui portent presque toutes le nom de leur chef-lieu, et qui sont réparties en 13 capitaineries générales. Huit de ces capitaineries sont maritimes, et cinq intérieures.

Parmi les divisions maritimes, il y en a quatre le long de *la mer de Biscaye*, dans le N. et le N. O : ce sont la **Galice**, les **Asturies**, la **Vieille - Castille** et les **Provinces Basques** ; — trois sont baignées par la *Méditerranée*, et se trouvent à l'E. et au S. E. : ce sont la **Catalogne**, le royaume de **Valence**, le royaume de **Murcie** ; — la dernière, au S., est baignée à la fois par *la Méditerranée*, le *détroit de Gibraltar* et l'*Atlantique :* c'est l'**Andalousie**.

Deux des divisions *intérieures, placées au N., touchent à la France :* ce sont l'**Aragon** et la **Navarre** ; — deux autres, à l'O., s'étendent *vers la frontière du Portugal :* ce sont le royaume de **Léon** et l'**Estrémadure** ; — enfin, une seule, *située au centre*, ne s'avance vers aucune des limites de la monarchie : c'est la **Nouvelle-Castille**.

Les villes principales de la **région de la mer de Biscaye** sont : *La Corogne* (en espagnol *Coruña*), *Le Ferrol*, deux ports importants de la Galice ; — *Santiago* ou *Saint-Jacques de Compostelle*, ancienne capitale de ce pays, célèbre par sa vaste cathédrale gothique, composée de deux églises consacrées à saint Jacques le Majeur et à saint Jacques le Mineur ; — *Vigo*, port célèbre ;

Oviedo, capitale des Asturies ;

Santander, ville maritime de la Vieille-Castille ; — *Burgos*, capitale de ce pays ; — *Ségovie*, remarquable par ses manufactures de draps et par le beau château royal de *Saint-Ildefonse* ou de *La Granja* ; — *Valladolid*, dans la même capitainerie générale (40 000 hab.);

Saint-Sébastien, port important, capitale des Provinces Basques ; — *Bilbao*, chef-lieu de la Biscaye, une de ces provinces.

Les villes de la **région de la Méditerranée**, sont : *Barcelone*, belle place maritime, de 200 000 âmes, capitale de la Catalogne ; — *Girone* (en espagnol, *Gerona*) ; — *Tarragone*, port de mer, anciennement beaucoup plus considérable ; — *Tortose*, sur l'Èbre ; — *Reus*, avec de nombreuses manufactures ; — *Lerida*, qui est, ainsi que les quatre précédentes, dans la Catalogne ; — *Valence* (en espagnol, *Valencia*), ville de 107 000 âmes, capitale du royaume de

Valence, enrichie par de nombreuses fabriques de soieries; — *Alicante*, place maritime; — *Elche*, ville industrielle, où l'on fabrique beaucoup de sparterie; — *Orihuela*, dans une plaine fertile, qu'on a surnommée le *Jardin de l'Espagne*, toutes trois aussi dans le royaume de Valence; — *Murcie*, capitale du royaume du même nom; — *Carthagène*, port célèbre, dans la même division.

Dans la **région méridionale,** c'est-à-dire dans l'Andalousie, une des contrées les plus belles de la péninsule, on distingue d'abord : *Séville*, 118 000 hab., capitale de cette province, dans une position admirable, au milieu d'une plaine couverte de plantations d'oliviers, sur le Guadalquivir; — *Grenade* (en espagnol *Granada*), située aussi au milieu d'une plaine très-fertile et très-belle. Sous les Maures, cette illustre cité renfermait 400 000 habitants; elle n'en a plus que 70 000. — Près et au S. O. de Grenade, est *Santa-Fé*, qui fut bâtie par Isabelle et Ferdinand pendant le siége de Grenade, en 1492, et où ces deux souverains approuvèrent la première expédition de Christophe Colomb.

On remarque ensuite : *Cordoue* (en espagnol *Cordova*), sur le Guadalquivir, ancienne capitale de khalifes puissants; — *Jaen*; — *Almeria*, port très-fréquenté; — *Malaga*, renommée par ses vins, son beau port, et peuplée de 100 000 âmes; — *Cadix* ou *Cadiz* (80 000 âmes), place très-forte et très-commerçante, à l'extrémité N. O. de l'île de Léon; — *Port-Sainte-Marie*; — *Xerez de la Frontera* (50 000 habit.) et *Rota*, célèbres par leurs vins; — *Palos*, port aujourd'hui fort déchu, mais à jamais célèbre par le départ de Colomb, le 2 août 1492.

On voit, vers l'extrémité S. de l'Andalousie, *Gibraltar*, ville très-forte, et située sur le détroit du même nom, au pied d'un rocher escarpé, sur le côté occidental du promontoire qui s'appelle aussi Gibraltar. C'est une place imprenable, qui appartient aux Anglais depuis 1704.

Dans la **région intérieure du nord,** on trouve *Saragosse* (en espagnol *Zaragoza*), ville de 60 000 habitants, capitale de l'Aragon, sur l'Èbre, fameuse par le siége qu'elle soutint contre les Français en 1809.

Pampelune (Pamplona), place forte, capitale de la Navarre ; au N. E. de cette ville, se trouve la vallée de *Ronce-vaux*, connue par la mort de Roland, neveu de Charlemagne.

Parmi les villes de la **région intérieure de l'Ouest**, on remarque : *Léon*, capitale du royaume du même nom ;— *Salamanque*, célèbre par son université et ses édifices anciens ;— *Badajoz*, capitale de l'Estrémadure.

Dans la **région du Centre**, c'est-à-dire dans la Nouvelle-Castille, on voit la capitale du royaume, MADRID, ville de 300 000 âmes, sur le Manzanarès, à 680 mètres au-dessus du niveau de la mer. — *Le Pardo*, joli château royal, au N. de Madrid ; — l'*Escurial* ou *Escorial*, au N. O., autre château, très-vaste et très-beau ; — *Tolède* (*Toledo*), située sur le Tage, fameuse par son ancienne importance ;— *Aranjuez*, belle résidence royale ; — *Ciudad-Real*, sur la Guadiana, dans l'ancienne Manche ;—*Almaden*. où l'on exploite de riches mines de mercure.

On appelle **Iles Adjacentes** les *Baléares* et les *Canaries*. — Les BALÉARES, situées dans la Méditerranée, à l'E. du royaume de Valence, sont au nombre de trois principales : — *Majorque*, placée au milieu du groupe ; *Minorque*, à l'E. ; *Ivice* à l'O.

Majorque (en espagnol *Mallorca*) est riche en oranges, citrons, vins, etc., et a pour chef-lieu *Palma* (52 000 hab.), sur la côte du S. O. C'est la capitale de toutes les Baléares.

Minorque (en espagnol *Menorca*) a pour chef-lieu *Mahon*, avec un beau port.

Ivice ou *Iviza* possède de riches salines.

Les îles CANARIES, près de la côte d'Afrique, forment une province, qui a pour chef-lieu *Santa-Cruz*, dans l'île de *Ténérife*.

§ X. Chemins de fer.

Madrid est le centre principal des chemins de fer espagnols ; on remarque surtout les lignes qui se rendent de cette ville à Saragosse, à Bayonne par Burgos, à Valence , à Alicante à Cadix.

§ 4. Population, langues, religion, gouvernement, etc.

La population de l'Espagne est de 16 600 000 habitants.

La langue espagnole est un des idiomes nés du latin; mais elle renferme aussi un grand nombre de mots dérivés de l'arabe. C'est en Castille qu'on la parle avec le plus de pureté : voilà pourquoi les Espagnols l'appellent la *langue castillane*. Le basque est une langue tout à fait à part. Le catalan diffère beaucoup aussi de l'espagnol.

Le catholicisme est la religion de l'Espagne.

Le gouvernement est une monarchie; l'assemblée législative, nommée par la nation, porte le nom de *Cortès* (c'est-à-dire Cours).

L'Espagne est un des pays les plus pauvres de l'Europe, malgré la richesse de son sol. C'est un de ceux où l'instruction du peuple a fait le moins de progrès.

L'industrie, si brillante au seizième siècle, était devenue presque nulle, lorsqu'elle a repris, au milieu du siècle actuel, un assez grand développement (draps, soieries, tissus de coton, savons, ouvrages en fer, bouchons de liége). Les troubles politiques la paralysent en ce moment (1873)

§ 5. Possessions hors d'Europe.

L'Espagne avait autrefois d'immenses colonies en Amérique. Elle n'a plus aujourd'hui, dans cette partie du monde, que l'île de *Cuba* et celle de *Puerto-Rico*. — Elle possède, en Afrique, les îles *Canaries*, considérées comme une quarante-neuvième province du royaume; la ville de *Ceuta*, avec quelques autres *présides* (forteresses) sur la côte du Maroc; les îles *Fernan-do-Po* et d'*Annobon*, dans le golfe de Guinée; — dans l'Océanie, les *Philippines* et les *Mariannes*.

PORTUGAL.

§ 1er. Description physique.

Le Portugal est un petit, mais célèbre royaume, qui occupe, dans la partie occidentale de la péninsule Hispanique, l'espace allongé du N. au S. entre l'embouchure du Minho et celle de la Guadiana. Il a 550 kilomètres du N. au S., et 175 de l'E. à l'O. Sa superficie est de 93 000 kilomètres carrés.

Il est borné par l'Espagne au N. et à l'E. ; ailleurs, par l'océan Atlantique. Celui-ci présente, sur les côtes occidentales du Portugal, au S. E. du cap *da Roca*, un enfoncement assez grand, qu'on peut appeler golfe d'*Estrémadure*, à cause de la province qu'il baigne.

A la pointe S. O., s'offre le cap *Saint-Vincent*, extrémité S. O. de toute l'Europe. Le point le plus méridional du royaume est le cap *Sainte-Marie*.

Le Portugal est un pays montueux, entrecoupé de riantes vallées. Le climat est fort chaud sur la côte, mais doux et délicieux dans l'intérieur, et généralement très-sain. On y rencontre l'oranger, le citronnier, l'olivier, le dattier, le myrte, le laurier, le chêne-liége et le chêne vert à kermès. La vigne y donne d'excellents produits, et l'on récolte en abondance des melons, des pastèques, des amandes, des figues. Mais l'agriculture est dans un état peu avancé, et, malgré la fertilité du sol, les trois quarts du royaume restent incultes.

La substance minérale la plus productive pour ce pays est le sel, dont on recueille une immense quantité dans les salines répandues le long de la mer.

Les montagnes principales sont celles de la *Serra da Estrella* (2000 mètres).

Le Portugal est tout entier situé sur le versant de l'Atlantique. Il est arrosé par un grand nombre de cours d'eau : le *Minho*, le *Douro*, le *Mondego*, le *Tage*, qui forme, avant d'entrer dans l'océan, une espèce de baie ou de lac appelée *mer de la Paille*, ensuite on remarque, vers la frontière d'Espagne, la *Guadiana*.

§ 2. Divisions et villes principales

Le Portugal se divise (sans y comprendre les Iles Adjacentes) en 17 districts administratifs ; mais on fait toujours usage, dans le langage ordinaire, des six anciennes provinces suivantes :

Deux sont au N. du Douro.

1° La province de *Minho* ou *Entre Douro et Minho* ; villes principales : *Braga*, *O Porto* ou simplement *Porto*, anc. *Portus Calle* (d'où est dérivé le nom de *Portugal*), ville commerçante de 100 000 hab., renommée surtout par ses vins, et située à l'embouchure du Douro.

2° La province de *Traz-os-Montes* (c'est-à-dire au delà des montagnes) ; ville principale, *Bragance*.

Entre le Douro et le Tage, s'étend la province de *Beira*. On y voit *Coïmbre*, fameuse par son université ; — *Lamego*, où s'assemblèrent, en 1145, les Cortès qui établirent la constitution portugaise.

Une province s'étend sur les deux rives du Tage, vers l'embouchure de ce fleuve : c'est l'*Estrémadure*, qui a pour chef-lieu LISBONNE (en portugais *Lisboa*), ville de 275 000 hab., capitale du royaume, magnifiquement placée sur la rive droite du Tage, vers l'endroit où ce fleuve sort de la mer de la Paille. — *Mafra, Santarem* et *Abrantès*, sur le Tage, et *Sétuval*, port de mer, sont dans la même province

Dans le S., on voit deux provinces :

1° L'*Alem-Tejo* (c'est-à-dire au delà du Tage), dont *Evora* est le chef-lieu.

2° L'*Algarve*, qui fut appelé le *Coin* par les anciens, à cause de sa position à l'angle S. O. de la péninsule. — Le chef-lieu est *Faro*.

§ 3. Chemins de fer.

Parmi les chemins de fer, on distingue ceux de *Lisbonne* à *Porto* et à la frontière de l'est, vers *Badajoz*.

§ 4. Population, langue, religion, gouvernement, etc.

La population du royaume est de 4 400 000 hab.

La langue portugaise a une grande analogie avec l'espagnol.

Le catholicisme est la religion de ce pays ; mais les autres cultes y sont tolérés. Un patriarche, qui réside à Lisbonne, est le chef de l'Église portugaise.

Le gouvernement du Portugal est une monarchie constitutionnelle. Les assemblées qui tempèrent le pouvoir du souverain portent le nom de *Cortès*.

L'industrie manufacturière est peu considérable ; on peut citer cependant des soieries, des toiles, des draps, de la bonneterie, du chanvre, de la porcelaine, de la faïence.

§ 5. Possessions hors de l'Europe.

Le Portugal a eu d'immenses possessions, telles que le Brésil et une grande partie de l'Inde. Aujourd'hui ses domaines hors de l'Europe sont bien réduits. Les *Açores* et les îles *Madère*, qui se rattachent à l'Afrique par leur situation, ne sont pas considérées comme colonies, mais font partie intégrante de la métropole, sous le nom d'*Iles Adjacentes*. —Les colonies proprement dites se composent de la capitainerie générale de *Mozambique*, du gouvernement d'*Angola*, de la *Sénégambie portugaise* (comprenant *Géba*, *Cachéo*, etc.), des îles du *Cap-Vert*, de l'île du *Prince* et de celle de *Saint-Thomas*, en Afrique ; — de *Goa* et de quelques autres établissements, dans l'Hindoustan ; — de *Macao*, en Chine ; — des établissements de *Timor*, dans la Malaisie.

ANDORRE.

Entre la Catalogne et le département français de l'Ariége, au milieu des Pyrénées, est la petite république d'*Andorre*, placée sous la protection de la France et de l'Espagne ; elle se trouve sur le versant méridional des

Pyrénées, et a pour rivière principale la *Balire,* qui appartient au bassin de l'Èbre.

La république renferme 10 000 hab., et a pour capitale *Andorre.*

LEÇON XXVIII.

VERSANT DE LA MÉDITERRANÉE.

ITALIE.

§ 1er Géographie physique.

L'Italie est située au S. de la Suisse et de l'Allemagne, et au S. E. de la France, dont elle est séparée par les Alpes; elle se compose, en grande partie, d'une presqu'île allongée du N. O. au S. E. et resserrée entre la mer Adriatique, à l'E., la mer Tyrrhénienne, à l'O., et la mer Ionienne, au S., trois mers qui ne sont que des divisions de la Méditerranée. Elle a 1300 kilom. de longueur, 200 de largeur et une superficie de 296 000 kilomètres carrés.

La presqu'île Italique a grossièrement la forme d'une botte. Au S. E., entre le bout du pied, qui est formé de la *Calabre,* et le talon, qui est la presqu'île d'*Otrante* et dont l'extrémité est marquée par le cap de *Leuca,* se trouve le grand golfe de *Tarente.* Le promontoire du mont *Gargano,* qui s'avance dans la mer Adriatique, est comme un éperon de cette botte.

Au N. O., on voit le golfe de *Gènes.* Au N. E., les golfes de *Venise* et de *Trieste* sont formés par la mer Adriatique.

L'Italie est célèbre par la beauté de son climat, la fertilité de son sol, la variété de ses sites enchanteurs, et le grand nombre de ruines intéressantes qu'elle présente partout. Elle a malheureusement quelques cantons très-malsains, tels que les marais *Pontins,* sur la côte occidentale, et les lagunes de *Comacchio,* sur la côte orientale, et il souffle quelquefois, dans une grande partie du pays, un vent méridional suffocant et insupportable, qu'on nomme *scirocco*.

Parmi les productions végétales de cette contrée féconde, il faut nommer le riz, récolté dans les plaines humides du Pô ; le maïs, le vin, des fruits exquis, surtout des oranges, des cédrats, des poncires, des limons, des citrons, des dattes, des figues, des pistaches, des caroubes, des olives ; le coton, dans les cantons les plus méridionaux ; la réglisse, le safran, la garance, la manne, qui découle d'une espèce de frêne.

Les pâturages sont fort beaux et très-étendus ; ils nourrissent des bœufs, des buffles, des moutons estimés. Parmi les insectes utiles, sont le ver à soie et l'abeille, qui donnent d'abondants produits. La pinne-marine, assez commune sur les côtes méridionales, est un mollusque muni de fils qui servent à le fixer aux rochers, et qui, fins comme de la soie, sont employés à la fabrication d'étoffes d'une beauté remarquable. Enfin les sèches ou sépias des mers italiennes fournissent une excellente couleur.

L'Italie a de grandes richesses minérales : tels sont ses marbres superbes, son albâtre calcaire, ses porphyres, son alun, son soufre.

Les *Alpes* qui bordent l'Italie au N. O. et au N. ont des sommets couverts de neiges continuelles ; on y distingue surtout le mont *Blanc*, élevé de 4810 mètres au-dessus du niveau de la mer, le mont *Rosa*, le *Grand* et le *Petit Saint-Bernard*, le mont *Cenis*, traversé par une route célèbre, le mont *Pie IX*, dans le groupe du *Grand Paradis*, etc

Les *Apennins*, qui se rattachent aux Alpes, parcourent l'Italie dans sa longueur. Leur plus haut sommet est le mont *Corno* ou le *Gran-Sasso d'Italia* (2890 mètres), situé vers le milieu de la chaîne.

Beaucoup moins élevés que les Alpes, ils sont, sur quelques points, couverts de belles forêts ; dans d'autres endroits, leurs cimes se montrent dépouillées de verdure, et offrent un aspect triste et monotone.

Sur la côte occidentale, est le *Vésuve*, volcan célèbre, qui a englouti plusieurs villes sous ses laves et ses cendres.

Les Apennins et une partie des Alpes divisent l'Italie en

deux grands versants : l'un exposé à l'E. et au S. E., vers la mer Adriatique et la mer Ionienne ; l'autre incliné à l'O., vers la mer Tyrrhénienne, la Méditerranée proprement dite et le golfe de Gênes. Sur le premier, on ne trouve que deux fleuves principaux, l'*Adige* et le *Pô*, grossi d'un grand nombre de rivières, telles que le *Tessin,* qui forme aux pied des Alpes le charmant lac *Majeur;* l'*Adda*, qui produit le lac de Côme, très-beau aussi; l'*Oglio*, qui donne naissance à celui d'*Iseo*, et le *Mincio*, qui sort du grand lac de *Garde*.

Sur le versant occidental, on remarque l'*Arno*, qui arrose une contrée agréable et fertile; le *Tibre* (en italien *Tevere*), célèbre parce qu'il baigne les murs de Rome; le *Vulturne* ou *Volturno*, qui parcourt les belles plaines de l'ancienne Campanie.

Entre l'Arno et le Tibre, on rencontre le lac de *Pérouse*, fameux autrefois sous le nom de *Trasimène*. Près de ces deux fleuves, on remarque encore le lac de *Bolsena*. Au centre même de l'Italie, au milieu des Apennins, on voit le lac *Fucino* ou de *Celano*, dont on opère le desséchement.

Au S., est la grande île de *Sicile*, séparée du continent par le détroit nommé *Phare de Messine*, où l'on trouve le gouffre de *Charybde* et le rocher de *Scylla*. Elle est terminée par trois caps : le cap *Faro*, au N. E.; le cap *Passaro*, au S. E., et le cap *Buco*, à l'O.

Le sol de cette île est généralement fertile, et le climat favorable aux fruits les plus délicieux; mais c'est un pays mal cultivé.

Elle renferme à l'E. le mont *Etna* (3237 mètres), volcan terrible.

Près et au N. de la Sicile, sont les îles d'*Éole* ou de *Lipari*, qui ont des volcans.

La petite île de *Malte*, remarquable par sa nombreuse population et soumise à l'Angleterre, se trouve au S. de la Sicile.

A l'O. de la mer Tyrrhénienne et au S. de la Corse, on voit l'île de *Sardaigne*, qui fait aussi partie de l'Italie. Elle est fertile, mais mal cultivée et peu peuplée. On pêche abondamment, sur ses côtes, des thons et des sardines.

§ 2. Description politique.

ROYAUME D'ITALIE

Après avoir formé longtemps une dizaine d'états différents, l'Italie est devenue, presque tout entière, une monarchie unique, dont les États Sardes ont été le noyau, et qui a pris le nom de *royaume d'Italie*. Il est resté seulement, en dehors de ce royaume, les *États de l'Église* et la république de *St-Marin*.

Le **royaume d'Italie** comprend les 12 divisions suivantes :

1° La plus au N. O. est le **Piémont,** où s'étendent des plaines fertiles en grains et en pâturages ; on y trouve : *Turin* (en italien *Torino*), belle ville de 200 000 habitants, qui a été d'abord la capitale de la monarchie, et qui est agréablement placée au confluent du Pô et de la Doire Ripaire ; — *Alexandrie*, place très-forte, près de laquelle est *Marengo*, illustré par une victoire des Français en 1800 ; — *Novare* (victoire des Autrichiens en 1849), *Verceil*, *Asti*, *Coni*, *Mondovi* (victoire des Français en 1796), *Montebello* et *Palestro* (autres victoires des Français).

2° Le territoire de **Gênes** ou la **Ligurie** fournit d'excellents fruits et de très-beaux marbres. La ville de *Gênes* (en italien *Genova*), peuplée de 130 000 âmes, célèbre port, a été une puissante république, et on l'a surnommée la *Superbe*, à cause de la magnificence de ses nombreux palais. Elle se glorifie d'être la patrie de Christophe Colomb. — *Savone* est sur la côte occidentale du golfe de Gênes.

3° La **Lombardie,** qui a été enlevée à l'Autriche en 1859, est composée généralement de vastes et fertiles plaines. *Milan*, belle ville de 280 000 âmes (en y comprenant les faubourgs appelés *Corpi santi*), est la capitale de ce pays ; on y remarque aussi *Pavie*, *Crémone*, *Côme*, *Bergame*, *Brescia*, assez grandes villes ; *Lodi*, *Magenta*, *Turbigo*, *Marignan* ou *Melegnano*, *Castiglione* et *Solferino*, célèbres par des victoires des Français ; *Mantoue*, place forte sur le Mincio.

4° La **Vénétie** formait, avec la Lombardie, sous le gouvernement autrichien, le *royaume Lombard-Vénitien*, et a été cédée par l'Autriche en 1866. Elle s'étend du Pô aux Alpes, entre le Mincio et le lac de Garde, à l'O. et la mer Adriatique, à l'E. Elle renferme : *Venise* (130000 hab.), autrefois république fameuse, au milieu des lagunes auxquelles elle donne son nom ; — *Padoue* (65 000 hab.); — *Vicence*; — *Vérone* (67 000 hab.), *Legnago* et *Peschiera*, trois places fortes renommées; — *Trévise; Udine; Rivoli*, célèbre par une victoire des Français, en 1797; *Campo-Formio*, par un traité dans la même année; *Villafranca*, par un autre traité en 1859; *Custoza*, par une victoire des Autrichiens en 1866.

5° L'***Émilie*** comprend les anciens duchés de *Parme* et de *Modène*, et la *Romagne*, qui s'est séparée des États de l'Église en 1860. Le sol est riche en vins, en céréales, en pâturages. Les villes principales sont : *Parme, Plaisance*, place très-forte, au confluent de la Trebbia et du Pô; *Modène* (60 000 hab.), très-belle ville; *Reggio*, patrie de l'Arioste; *Massa; Carrare*, renommée par ses marbres; *Bologne* (116 000 hab.), qui a une célèbre université; *Ferrare* (72 000 hab.), *Ravenne, Rimini, Forli, Cesena*.

6° La **Toscane**, ancien grand-duché, a été réunie aux États Sardes en 1860. C'est un pays bien cultivé et industrieux : il est fertile et agréable au centre et à l'E.; mais, à l'O., la *Maremme*, qui borde la mer, est marécageuse et malsaine. Les monts Apennins couvrent la Toscane au N. et à l'E. Elle a pour villes principales : au N., *Florence* (en i'alien *Firenze*) (170 000 hab.), capitale de ce pays, située dans une belle vallée, sur l'Arno, et célèbre par la culture des arts, des sciences, des lettres, par le séjour de l'illustre famille de Médicis, et par la naissance de Dante, de Michel-Ange, d'Améric Vespuce et d'autres grands hommes; — au S., *Sienne;* — à l'O., *Pise* (50 000 hab.), autrefois puissante république, et *Livourne* (100 000 hab.), port de mer fameux; — au N. O., *Lucques* (68 000 hab.), qui a été capitale d'un duché du même nom. — L'île d'*Elbe*, connue par ses mines de fer et par le séjour de Napoléon Ier, est su la côte de la Toscane.

7° L'*Ombrie* a pour ville principale *Pérouse.*

8° Les *Marches* renferment *Urbin*, patrie du peintre Raphaël; *Ancône*, port fameux, sur la mer Adriatique; *Lorette*, célèbre par son sanctuaire de Notre-Dame.

9° Le *territoire Romain* (ci-devant les ***États de l'Église***, possession temporelle du Pape), situé entre les Apennins et la mer Tyrrhénienne, comprend ce qu'on appelait sous le gouvernement pontifical la *Campagne de Rome* et le *Patrimoine de saint Pierre*. Le *Tibre* parcourt ce territoire, en recevant le *Teverone;* le lac de *Bolsena* s'y trouve au N.

Ce pays, surtout vers le S., offre, sur plusieurs points, des campagnes tristes et dépeuplées, où règne un air malsain. En général, l'industrie y est peu active; mais il y a de belles récoltes de blé et de bons pâturages. On y trouve beaucoup de mines d'alun et de soufre.

ROME, capitale du royaume d'Italie et métropole du culte catholique, est sur les deux rives du Tibre. Elle a un circuit de plus de 22 kilomètres; mais les deux tiers de cet espace, à l'E. et au S., sont occupés par des vignobles, des champs, des maisons de campagne et des jardins. On n'y compte que 245 000 habitants.

De curieux monuments s'y offrent de toutes parts : parmi les anciens, on distingue surtout le Colisée, immense amphithéâtre; le Panthéon ou l'église de la Rotonde, les Thermes de Dioclétien, la colonne Antonine et la colonne Trajane. Parmi les monuments modernes, l'église de Saint-Pierre, ensuite l'église de Sainte-Marie Majeure et celle de Saint-Jean de Latran; le palais du Vatican, séjour du Pape, le palais de Latran et le palais Quirinal. L'Académie de France, pour les jeunes artistes lauréats, occupe la villa Medici.

On remarque ensuite : *Ostie*, vers l'embouchure du Tibre et près de l'emplacement de l'ancienne ville de ce nom; — *Civita-Vecchia*, principal port des États de l'Église; — *Viterbe*, au S. E. du lac de Bolsena; — *Tivoli* (l'ancienne *Tibur*), dans une charmante situation, sur le Teverone; —

Frascati (l'ancienne *Tusculum*), au milieu d'une délicieuse oasis de petites montagnes, qui contraste avec les tristes plaines des environs de Rome; — *Albano*, sur le charmant lac du même nom.

10° Le ***territoire Napolitain (ancien royaume de Naples)*** occupe toute la partie méridionale de l'Italie. C'est un pays fort beau, mais sujet aux tremblements de terre et à l'influence funeste du vent nommé *scirocco*. La soie, le coton, le vin, la manne, la réglisse, des fruits délicieux, en sont les principales productions. Il renferme, au N., les *Abruzzes;* le *Sannio*, qui remplace une partie de l'ancien *Samnium*, et la *Capitanate*, où se trouve le mont Gargano; — à l'O., la *Terre de Labour*, qui répond à l'ancienne et riche *Campanie*, et où l'on remarque *Caserte*, *Capoue*, le port et la place très-forte de *Gaëte;* — la province de *Naples* (en italien *Napoli*), dont le chef-lieu est la belle ville du même nom, peuplée de 450 000 âmes, et située dans une magnifique position, sur le golfe de Naples, à peu de distance du Vésuve, qui a englouti sous ses cendres et ses laves, en l'an 79, les villes d'*Herculanum* et de *Pompeii;* — enfin les *Principautés*, où l'on voit *Salerne*, sur le golfe du même nom, et *Avellino*, dans l'intérieur; — à l'E., la *Terre de Bari* et la *Terre d'Otrante*, comprises autrefois ensemble sous le nom de *Pouille*, et dont *Tarente* est une des villes les plus célèbres; — au S., la *Basilicate*, et la *Calabre*, dans laquelle est *Reggio*, sur le Phare de Messine.

11° La ***Sicile***, avant 1860, formait, avec le royaume de Naples, le royaume des *Deux-Siciles;* elle est divisée en plusieurs provinces, qui portent les noms de leurs chefs-lieux. — *Palerme*, ville de 220 000 habitants, sur la côte N., est la capitale de cette île.— *Messine* (112 000 hab.), au N. E., se trouve sur le détroit auquel elle donne son nom — *Catane* est sur la côte orientale. — *Siracusa*, au S. E., n'occupe qu'un très-petit espace de l'ancienne ville de *Syracuse.* — *Girgenti*, au S. O., est une ville bien déchue, bâtie sur les ruines de l'ancienne *Agrigente*. — A l'O., on remarque *Trapani*, et *Marsala*, qui **a** des vins renommés.

12° **L'île de Sardaigne** a pour chef-lieu *Cagliari*, sur la côte méridionale; autre ville, *Sassari*.

Ces 12 régions composent en tout 69 provinces.

SAINT-MARIN.

La petite république de Saint-Marin, peuplée de 8000 habitants, et enclavée dans les Marches, entre Urbin et Cesena, est un des plus anciens états de l'Europe. Elle doit son origine à saint Marin, qui vint se fixer dans ce lieu au cinquième siècle. La capitale, SAINT-MARIN ou SAN-MARINO. se trouve sur une montagne escarpée.

ILES ANGLAISES DE L'ITALIE.

L'Angleterre possède, au S. de la Sicile, les îles *Maltaises*, qui sont séparées de cette grande île par le canal de Malte.

La principale de ces îles est *Malte*, l'ancienne *Melita*, qui renferme plus de 130000 habitants, malgré son peu d'étendue; ce n'était qu'un rocher aride, qu'on a rendu fertile à force de soins; elle est devenue célèbre par le séjour des chevaliers de Saint-Jean de Jérusalem, qui ont pris le nom de chevaliers de Malte. La capitale est *La Valette*, ville de 60000 habitants, une des places les plus fortes de l'Europe.

Les autres îles de ce groupe sont *Comino* et *Gozzo*, au N. O. de Malte.

§ 3. Chemins de fer de l'Italie.

Turin, Alexandrie, Milan, Venise, dans le N.; *Florence, Bologne, Rome*, dans le milieu; *Naples*, dans le S., sont les principaux centres des chemins de fer italiens. Une ligne parcourt toute la péninsule du N.O. au S. E., des Alpes à Brindisi.

§.4. Population, langue, religion, gouvernement, etc., de l'Italie.

Les Italiens sont au nombre de 27 millions.

La langue italienne est harmonieuse, douce et poétique.

La religion catholique est générale.

Le gouvernement du royaume d'Italie est une monarchie constitutionnelle. Le Pape, souverain des États de l'Église, est élu par les cardinaux.

C'est au quinzième et au seizième siècle que l'Italie a surtout brillé par la culture des sciences, des lettres et des beaux-arts. Aujourd'hui l'instruction y reprend un essor remarquable; il y a d'importantes universités. Les bibliothèques et les musées de Rome, de Florence, de Naples, de Milan, de Venise, sont célèbres.

L'Italie fabrique des étoffes de soie, des lainages, des pâtes, des fleurs artificielles, des chapeaux de paille, de la parfumerie, des instruments de musique, de la faïence, des ouvrages en corail.

LEÇON XXIX.

SUITE DU VERSANT DE LA MÉDITERRANÉE.

TURQUIE D'EUROPE ET PRINCIPAUTÉS DANUBIENNES.

§ 1er. Description physique.

La **Turquie d'Europe** forme, unie à la Grèce et aux Principautés danubiennes, la péninsule Turco-Hellénique ou Balkano-Hellénique, qui est une des régions les plus méridionales de l'Europe. Elle est au S. de l'Autriche et au S. O. de la Russie.

La partie septentrionale, ou la plus large, est baignée à l'O. par la mer Adriatique, et à l'E. par la mer *Noire* (anciennement *Pont Euxin*), le canal de *Constantinople* (*Bosphore de Thrace*), la mer de *Marmara* (*Propontide*), et le détroit des *Dardanelles* (*Hellespont*). La partie méridionale, très-rétrécie, est située entre la mer *Ionienne*, à l'O., la Grèce, au S., et l'*Archipel* ou la mer *Egée*, à l'E. Cette dernière mer forme au N.O. le golfe de *Salonique;* elle baigne les presqu'îles de *Khalcidique* et de *Gallipoli* (anciennement *Khersonèse de Thrace*); et l'on y remarque les îles de *Tasso*, de *Samotraki*, d'*Imbro* et de *Lemno*.

Cette péninsule offre des aspects variés : au N , sur les bords du *Danube*, qui se rend dans la mer Noire et qui se grossit de la *Save*, de la *Morava*, du *Séreth* et du *Pruth*, on voit de grandes plaines marécageuses. — Au centre, on trouve de hautes montagnes, dont les principales composent la chaîne des *Alpes orientales* et du *Balkan* (l'ancien *Hæmus*), qui se dirige de l'O. à l'E. et donne naissance à de nombreux cours d'eau, entre autres, à la *Maritza* (l'ancien *Hèbre*), tributaire de l'Archipel. — Au S., le sol est aussi couvert de montagnes, telles que le *Pinde*, qu'on remarque dans l'intérieur du pays. Sur la côte de l'Archipel, s'élèvent le mont *Athos* l'*Olympe*, l'*Ossa*, le *Pélion*. Au pied de ces montagnes, on rencontre quelques plaines agréables et des vallées pittoresques, comme celle de *Tempé*, arrosée par la *Salembria* (l'ancien *Pénée*).—A l'O. vers la mer Adriatique, coule le *Drin*, qui sort du lac d'*Okhrida*. On remarque aussi à l'O. le lac de *Scutari*, au S. le lac de *Presba*.

Le territoire généralement très-montagneux de la Turquie d'Europe rend la température moins chaude que la latitude ne semble d'abord l'annoncer.

Dans le S., se trouvent des cantons délicieux, où règne un doux climat, et où croissent en abondance les orangers, les grenadiers, les figuiers, les oliviers, la vigne, le maïs, le riz, le blé, le seigle, le sorgho, le lin, le ricin, le cotonnier, les melons, les pastèques, le tabac, les mûriers propres aux vers à soie. On élève beaucoup de rosiers pour la fabrication de l'eau et de l'huile de rose. La vallonée et la noix de galle sont deux productions importantes que donnent les chênes du pays. Les bois de construction sont admirables. Il y a beaucoup d'arbres fruitiers, dont le plus répandu est le prunier. Malheureusement l'agriculture est fort arriérée.

§ 2. Divisions politiques.

La Turquie d'Europe n'est qu'une partie du vaste *empire Turc* ou *Ottoman*, qui s'étend aussi en Asie et en Afrique. Mais cet empire si étendu a vu plusieurs de ses anciennes possessions se séparer de sa domination. Ainsi, parmi les régions européennes, il y a des principautés (la Bulgarie, la Roumanie, la Serbie, le Monténégro) qui sont devenues indépendantes.

La *Turquie* et les *Principautés slaves* et *roumaines* ont dans leur ensemble 528 000 kilomètres carrés.

La **Turquie d'Europe**, bien diminuée depuis la guerre de 1877-1878, renferme la *Romélie méridionale* et *occidentale*, l'*Albanie*, la *Bosnie* et la *Thessalie*.

La ROMÉLIE[1], qui correspond à l'ancienne *Thrace* et à l'ancienne *Macédoine*, est le cœur de la Turquie, et s'étend entre le Balkan et l'Archipel. La Turquie n'a conservé sous sa domination immédiate que la *Romélie méridionale et occidentale*. On y voit CONSTANTINOPLE, nommée en turc *Stamboul* (dans l'antiquité *Byzance*), capitale de l'empire Ottoman, et admirablement située à l'entrée méridionale du Bosphore de Thrace. Un bras du Bosphore, connu sous le nom de *Corne d'or*, y forme un des ports les plus beaux et les plus sûrs du monde; il sépare Constantinople des grands quartiers de *Péra* et de *Galata*. Parmi les principaux édifices, on remarque le sérail ou palais du Sultan, entouré de hautes murailles percées de huit portes, dont une est célèbre sous le nom de *Sublime Porte*[2]; on distingue aussi la mosquée de Sainte-Sophie. Cette capitale a environ 600 000 hab. (en y comprenant *Scutari*, en Asie, *Thérapia*, en Europe, et d'autres faubourgs).

Les autres villes les plus intéressantes de la Romélie sont: *Rodosto*, sur la mer de Marmara; — *Gallipoli*, sur la presqu'île du même nom; — *Salonique* (ancienne *Thessalonique*), ville de 70 000 h., très-commerçante, au fond du golfe du

---

1. On dit aussi *Roumélie* ou mieux *Roum-ili*.
2. Voilà pourquoi, pour désigner le gouvernement turc, on dit souvent la *Sublime Porte*, ou simplement la *Porte*.

même nom ; — *Andrinople*, qui a près de 100000 hab. et qui occupe une des situations les plus riantes de la Turquie, sur la Maritza ; *Sérès*, dans un pays très-riche en tabac et en coton.

L'ALBANIE est une longue province, qui s'étend du N. au S., entre la chaîne Hellénique, à l'E., et les mers Adriatique et Ionienne, à l'O. Elle correspond à l'ancienne *Épire* et à une partie de l'ancienne *Illyrie*. Des montagnes la couvrent presque partout.

Les villes principales sont : *Ianina*, dans un canton très-agréable ; *Scutari*, sur un lac du même nom ; *Duratzo*, port célèbre autrefois sous le nom de *Dyrrachium* ; *Prisrend*, dans le N.

La plus petite et la plus méridionale des provinces continentales turques est la THESSALIE, qui faisait anciennement partie de la Grèce, et qui est baignée par l'Archipel. C'est un pays fertile et délicieux ; la ville principale est *Larisse*, sur la Salembria.

La BOSNIE est une province montagneuse, à l'angle N. O. de la Turquie d'Europe ; elle est composée de la *Bosnie propre*, de la *Croatie turque*, de la *Rascie* et de l'*Herzégovine*. Elle a pour capitale *Bosna-séraï* ou *Séraïévo* (70000 hab.). Elle est occupée (excepté la *Rascie*) par les Autrichiens, tout en restant nominalement sous la dépendance de la Porte.

Au S. de l'Archipel et au S. E. de la Morée, la Turquie possède l'île de CANDIE ou CRITI (ancienne *Crète*), qui s'allonge de l'E. à l'O. et qui est le territoire le plus méridional de toute l'Europe (35ᵉ degré de latitude). C'est un pays fertile et beau, mais généralement pauvre aujourd'hui. Au centre, s'élève le mont Ida.

La capitale est *Candie*, sur la côte septentrionale. On y remarque aussi le port commerçant de *la Canée*.

Il s'est formé, en 1878, une principauté de ROMÉLIE ORIENTALE, bornée au N. par les Balkans, à l'E. par la mer Noire, et qui a pour capitale *Philippopoli* (40000 hab.), sur la Maritza ; autres villes : *Slivno*, industrielle et commerçante ; — *Bourgas*, port de mer. Ce petit État reconnaît l'autorité de la Turquie.

Les *Principautés slaves* et *roumaines* sont : 1° la BULGARIE, tout récemment érigée en principauté tributaire de la Turquie, comprise entre le Danube et les Balkans, et baignée à l'E. par la mer Noire. La capitale sera probablement *Tirnova*, au milieu du pays. Autres villes : *Sophia*, à l'O.; *Vidin*, *Roustchouk* (30 000 hab.), *Silistri*, au N., sur le Danube; *Choumla*, célèbre place forte, et le port de *Varna*, à l'E.

2° la ROUMANIE, composée de trois régions : la MOLDAVIE, la VALACHIE et la DOBROUDJA.

La première est séparée de la Russie, à l'E., par le Pruth. La capitale est *Iassy* (90 000 hab.). On remarque, sur le Danube; le commerçant port de *Galatz* (90 000 hab.), dans l'intérieur, *Botosiani* (40 000 hab.).

La VALACHIE, couverte au N. par les Carpathes, et bordée par le Danube à l'O., au S. et à l'E., a pour capitale *Bucarest*, capitale de toute la Roumanie et peuplée de 220 000 hab. — Au S., sur le Danube, on distingue la place forte de *Giurgévo*. — A l'E., sur le même fleuve, est *Braïla* ou *Braïlov*, port commerçant. La principauté de Roumanie a 5 millions d'habitants.

La DOBROUDJA est une presqu'île formée par la mer Noire et un coude du Danube. C'est un pays presque désert, mélange de steppes et de marais. Elle a été annexée à la Roumanie par le traité de Berlin (1878), en échange d'une portion de la Bessarabie que la Russie avait cédée en 1856 et qu'elle vient de recouvrer; on lui a joint le *delta du Danube*, où se trouve le port de *Soulina*, à l'embouchure de la branche navigable de ce fleuve.

3° La SERBIE ou SERVIE, qui s'étend sur la rive droite du Danube et de la Save, et qui a pour capitale *Belgrade*, à la jonction de ces deux cours d'eau. Autres villes: *Kragouiévatz*, *Sémendria*, *Nich* ou *Nissa*, récemment annexée. Cette principauté renferme 1 500 000 habitants.

4° La petite principauté très-montagneuse de MONTÉNÉGRO, entre la Bosnie et l'Albanie. Elle a pour capitale *Cettigne*, et touche à l'Adriatique, sur laquelle elle possède le port d'*Antivari*. Il y a 230 000 hab.

§ 3. Gouvernement, religion, habitants, langues, etc.

Les Turcs, qu'on appelle aussi *Osmanlis* ou *Ottomans*, sont mahométans, de la secte d'Omar; la règle de leur foi est le *Koran*. Le gouvernement est monarchique. L'empereur a le titre de *Sultan;* les Européens l'ont souvent désigné sous le nom de *Grand Seigneur* ou de *Grand Turc*. Il est en même temps souverain pontife. Le *grand vizir* est le lieutenant du Sultan en tout ce qui concerne le pouvoir temporel, et le *grand mufti* ou grand prêtre, en tout ce qui a rapport au spirituel. Les *oulémas* sont les docteurs chargés de l'interprétation du Koran. On donne le nom de *Divan* au Conseil d'Etat, composé du grand mufti, du grand vizir et d'autres ministres ou personnages importants.

Les peuples, les cultes et les langues sont très-variés dans la Turquie d'Europe et les Principautés. Sur 16 500 000 hab., il n'y a qu'un peu plus de 2 millions de *Turcs*. Les autres nations principales sont: 1° les *Slaves*, au nombre de 7 millions, divisés en *Serbes*, *Bulgares*, *Bosniaques*, *Croates*, *Monténégrins*, *Dalmates;* 2° les *Gréco-Latins*, comprenant les *Grecs* ou *Hellènes* (au nombre de 2 millions); les *Valaques* et les *Moldaves*, qu'on désigne ensemble sous le nom de *Roumains*, et qui forment 5 000 000 d'âmes; les *Albanais*, *Arnautes*, ou *Skipétars;* 3° les *Arméniens*, les *Juifs* et les *Bohémiens*, *Tchinganès* ou *Tsiganes*.

Les Serbes, les Moldaves et les Valaques sont, de tous ces peuples, les plus avancés dans la civilisation.

On compte 4 millions de musulmans; il y a 11 millions de chrétiens grecs, qui ont un patriarche à Constantinople; environ 300 000 catholiques, 400 000 arméniens, 200 000 juifs et 175 000 idolâtres (Bohémiens).

La population de l'empire Ottoman tout entier s'élève à environ 40 millions d'âmes, dont 20 millions dans les provinces immédiatement soumises.

Il y a naturellement autant de langues que de nations diverses: le turc, le grec, le roumain, le serbe, sont parmi les plus répandues dans la Turquie d'Europe.

L'industrie est encore bien faible: la Turquie fait seulement quelques étoffes communes de laine et de coton, quelques étoffes de soie, des maroquins, des tapis, des essences, des armes, de la poterie, surtout des pipes.

Située au milieu de l'Ancien-Monde, sur la limite commune de l'Europe, de l'Asie et de l'Afrique, et assise à la fois sur la Méditerranée et la mer Noire, la Turquie est admirablement placée pour les relations commerciales ; mais elle n'a pas un commerce aussi animé que sa position géographique le permettrait.

Le commerce est presque entièrement entre les mains des Grecs, des Arméniens, et des Juifs. Les transports se font généralement par mer ; dans l'intérieur, ils sont difficiles et lents et ne s'opèrent la plupart que par les mulets et les chevaux. Les routes sont mauvaises ; les rivières, si ce n'est le Danube, ne présentent presque aucune navigation.

Dans les Principautés, des chemins de fer se rendent de *Bucarest*, dans toutes les villes importantes de la Roumanie ; en Bulgarie, de *Tchernavoda* et de *Roustchouk*, sur le Da-nube, à *Kustendjé* et à *Varna*, sur la mer Noire. Dans la Turquie, on distingue ceux de *Constantinople* à *Andrinople* et *Philippopoli*, et de *Salonique* à *Uskup*.

§ 4. Possessions turques hors d'Europe.

Les possessions que la Turquie a hors d'Europe se divisent en possessions immédiates de l'empire et en territoires qui reconnaissent la suzeraineté de la Porte.

Les premières composent la TURQUIE D'ASIE, où se trouvent : 1° l'*Asie Mineure*, c'est-à-dire l'Anatolie, la Caramanie, les territoires de Roum, de Trébizonde, etc. ; 2° l'*Arménie turque*; 3° le *Kurdistan* (l'ancienne Assyrie); 4° l'*Al Djézireh* (l'ancienne Mésopotamie); 5° l'*Irac-Arabi* (l'ancienne Babylonie); 6° la *Syrie* (y compris la Palestine).

Les parties qui ne reconnaissent que la suzeraineté de l'empire Ottoman sont : en Asie, plusieurs petits états de l'O. et du N. de l'*Arabie*; — en Afrique, la vice-royauté d'*Égypte*, avec les territoires qui en dépendent en *Nubie*, dans le *Kordofan*, le *Darfour*, l'*Abyssinie* et le *Somál*; enfin les régences de *Tripoli* et de *Tunis*.

GRÈCE.

§ 1ᵉʳ. Description physique.

La **Grèce** ou **Hellas**, appelée aussi **royaume Hellénique**, est située à l'extrémité méridionale du continent européen, et renfermée entre l'Archipel, à l'E., la mer Ionienne, à l'O. et au S., et la Turquie, au N.; elle a environ 270 kilomètres du N. au S., à peu près autant de l'E. à l'O, et, avec les îles Ioniennes, qui viennent de lui être annexées, elle contient 53600 kilomètres carrés et 1500000 habitants.

La Grèce continentale se compose de deux parties : la *Grèce septentrionale* et la *Morée;* elles sont unies à l'autre par l'isthme de *Corinthe*, resserré entre le golfe de *Lépante* (anciennement golfe de *Corinthe*), et celui d'*Athènes* ou d'*Égine* (ancien golfe *Saronique*).

Peu de contrées ont des côtes aussi découpées : de toutes parts se présentent des presqu'iles, des caps et des golfes : à l'E., on voit la presqu'île d'*Attique*, les golfes d'*Athènes* et de *Nauplie* ou d'*Argolide*, la presqu'île d'*Argolide;* — au S., les golfes de *Laconie* et de *Messénie*, la presqu'île de *Monembasie*, celle du *Magne* ou *Maïna*, avec le cap *Matapan* (l'ancien promontoire *Ténare*), qui est une des pointes les plus australes du continent européen; la presqu'île de *Messénie;* — à l'O., le golfe d'*Arcadia* ou de *Cyparisse* et ceux de *Lépante* et d'*Arta*.

De nombreuses îles sont répandues autour de la Grèce : la plus rapprochée à l'E. est la longue île de *Négrepont* ou *Eubée*, séparée du continent par un détroit qui s'appelle *Euripe* dans sa partie la plus resserrée.

La chaîne *Hellénique* parcourt toute la Grèce du N. au S. Ses principales parties sont le *Pinde*, le *Guiona* (2435 mètres), la plus haute montagne du royaume, le *Parnasse*, l'*Hélicon*, le *Cithéron*, souvent nommés chez les anciens poëtes; — parmi ses branches, on remarque l'*Œta*, qui forme, avec l'Archipel, le fameux défilé des *Thermopyles;* le mont *Hymette*, célèbre par son excellent miel; le *Cyllène;* le mont *Lycée*.

On voit couler, à l'E. de la chaîne Hellénique, le *Céphisse*, qui se rend dans le lac *Topolias* ou de *Livadie* (nommé anciennement *Copaïs*). Le *Permesse*, ruisseau fameux dans l'antiquité, parce qu'il était consacré aux Muses, se jette dans le même lac, qui n'a pas d'écoulement apparent. Le *Céphise* est un autre ruisseau célèbre, qui passe à Athènes.

A l'O., on remarque l'*Aspropotamo* (l'ancien *Achéloüs*); la *Rouphia* (anciennement *Alphée*), le plus grand cours d'eau de la Morée. — L'*Iri* (anciennement *Eurotas*), qui coule au S., était illustre autrefois parce qu'il baignait les murs de Sparte.

La Grèce offre des aspects variés, des points de vue admirables. Le climat est doux et généralement salubre; cependant quelques parties des bords de la mer et les rives du lac Topolias sont marécageuses et malsaines. L'agriculture est fort négligée, et cette contrée, quoique fertile, offre presque partout une population très-pauvre. L'olivier abonde; il y a des vins et des raisins renommés, des cédrats, des limons, des oranges, du coton, des mûriers; les vers à soie donnent d'excellents produits.

§ 2. Divisions et villes principales.

La Grèce, sans les îles Ioniennes, est divisée en dix *nomes* ou départements, qui sont : dans la **Grèce septentrionale**, ceux d'*Attique-et-Béotie*, de *Phthiotide-et-Phocide*, d'*Acarnanie-et-Étolie*; — dans la **Morée**, ceux d'*Argolide-et-Corinthie*, d'*Akhaïe-et-Élide*, d'*Arcadie*, de *Messénie*, de *Laconie*; — dans l'**Archipel**, ceux d'*Eubée* et des *Cyclades*.

Villes de la **Grèce septentrionale**. — ATHÈNES (50 000 habitants), capitale de la Grèce, est située près du golfe auquel elle donne son nom. Parmi les vestiges de l'ancienne splendeur de cette illustre cité, on distingue l'Acropolis ou citadelle, et le Parthénon ou temple de Minerve. — La petite ville du *Pirée* lui sert de port.

On remarque encore : *Livadie*, près du lac de ce nom; — *Lépante* (l'ancienne *Naupacte*), vers l'entrée du golfe du même nom; — *Missolonghi* ou *Mésolonghi*, fameuse par le siége qu'elle soutint contre les Turcs en 1826.

Près de la côte de l'Attique, on trouve, dans le golfe

d'Athènes, l'île de *Colouri* (l'ancienne *Salamine*), et, un peu plus au S., l'île d'*Égine* ou *Enghia*.

Dans la **Morée**, on distingue : *Patras*, port commerçant, sur le golfe du même nom ; — *Nauplie de Romanie*, autre port très-fréquenté, sur le golfe de Nauplie ; —*Corinthe*, située près et au S. O. de l'isthme auquel elle donne son nom, vers le fond du golfe de Lépante ; — *Tripolitza* ou *Tripolis*, au centre de la presqu'île, vers l'emplacement de l'ancienne *Mantinée* ; — *Arcadia* ou *Cyparisse*, sur le golfe du même nom ; — *Navarin*, avec un vaste port, dans lequel les flottes française, anglaise et russe remportèrent une grande victoire sur la flotte turco-égyptienne en 1827 ; — *Sparta*, petite ville nouvelle, bâtie sur les ruines de l'ancienne *Sparte* ; — *Mistra*, très-près des mêmes ruines ; — *Monembasie* ou *Nauplie de Malvoisie*, vers l'extrémité S. E. de la Morée.

La plus grande île grecque de l'**Archipel** est *Eubée*, *Égripos* ou *Négrepont*, avec la ville de *Négrepont* ou *Khalcis*, chef-lieu du département d'Eubée, sur le détroit d'*Euripe*, qui sépare cette île de l'Attique.

Les *Cyclades*, c'est-à-dire les îles *rangées en cercle*, sont fort nombreuses ; on y remarque : *Tino* (anciennement *Ténos*), la plus verdoyante de ces îles, et riche en bons vins : — *Sdili*, îlot montagneux et stérile, qui est l'antique *Délos*, célèbre chez les anciens par un temple d'Apollon et de Diane, et considérée par eux comme un des lieux les plus sacrés ; — *Syra* (*Syros*), où se trouve l'importante ville d'*Hermopolis* ou *Syra* (35 000 hab.), chef-lieu du département des Cyclades ; — *Naxie* ou *Naxos*, la plus grande de ces îles ; — *Paro* (*Paros*), riche en beaux marbres ; — *Milo'* (*Mélos*), célèbre par les belles antiquités qu'on y a découvertes ; —*Santorin* (*Théra*), riche en bons vins, souvent bouleversée par des tremblements de terre, et à côté de laquelle se sont élevés récemment plusieurs îlots volcaniques.

Les îles **Ioniennes**, ou les **Sept Iles**, répandues le long des côtes occidentales et méridionales de la Grèce et vers l'Albanie, sont annexées à la Grèce depuis 1863. Elles formaient auparavant une petite république, protégée et à peu près possédée par l'Angleterre.

On y compte environ 250 000 habitants, presque tous d'origine grecque. Elles sont divisées en 3 nomes.

Ces îles produisent des olives et des vins.

La plus septentrionale et la plus importante est *Corfou* (l'ancienne *Corcyre*), avec une ville du même nom, chef-lieu de ces îles. — On trouve, au S. E. de Corfou, l'île de *Paxo*, une des moins considérables de cet archipel.

Les autres sont: l'île *Sainte-Maure* (l'ancienne *Leucadie*); — *Théaki*, petite île stérile, mais célèbre autrefois sous le nom d'*Ithaque*; — *Céphalonie* (anciennement *Céphallénie*), la plus grande des îles Ioniennes, et généralement belle et fertile; — *Zante* (l'ancienne *Zacynthe*); — et, vers l'extrémité de la Morée, *Cérigo* (l'ancienne *Cythère*), avec un sol pierreux et aride.

§ 3. Langue, religion, gouvernement, etc.

La langue grecque moderne se rapproche beaucoup du grec ancien ; elle est belle, et s'embellit encore de jour en jour, en prenant des règles plus fixes.

L'École française d'Athènes est un établissement fort intéressant, où sont envoyés de jeunes Français qui ont terminé leurs études, et qui font en Grèce des recherches scientifiques.

La religion grecque, appelée par les Grecs religion orthodoxe, est celle de l'État et de presque toute la nation. Il y a des catholiques romains dans plusieurs îles.

Le gouvernement est monarchique et constitutionnel ; le roi actuel est un prince de la maison de Danemark.

L'industrie s'exerce principalement sur la préparation de la soie, celle des peaux, la fabrication de l'huile, la pêche des éponges. Les femmes grecques excellent dans la broderie.

LEÇON XXX.

RÉGION ORIENTALE.— VERSANTS DE LA MER NOIRE ET DE LA MER CASPIENNE; DE LA BALTIQUE ET DE L'OCÉAN GLACIAL.

RUSSIE ET POLOGNE.

§ 1ᵉʳ. Description physique.

La Russie européenne, avec le royaume de Pologne, occupe la partie orientale de l'Europe, et s'étend depuis le 41ᵉ jusqu'au 76ᵉ degré de latitude N. (en y comprenant la Nouvelle-Zemble). Elle a une longueur de 3800 kilomètres, du N. O. au S. E., sur une largeur de 2700 kilomètres, et 5 870 000 kilomètres carrés. Elle surpasse en étendue tout le reste de l'Europe; sa population est environ le quart de celle de cette partie du monde; elle s'élève à 74 millions d'habitants.

La Russie d'Europe est baignée au N. par l'océan Glacial arctique, qui forme la mer *Blanche* et la mer de *Kara*. Elle est bornée au S. par les hautes montagnes du Caucase, et par la mer *Noire*, dont un enfoncement remarquable prend le nom de mer d'*Azov* et communique avec elle par le détroit d'*Iénikalé* ou de *Kertch*. — Au S. O., elle touche à la Roumanie ; — à l'O., à l'Autriche et à la Prusse ; — la mer *Baltique*, qui la borne aussi de ce côté, y produit deux grands avancements : le golfe de *Finlande* et le golfe de *Livonie* ou de *Riga*. — Au N. O., elle tient à la Suède et à la Norvége par l'isthme de *Laponie*. — Au S. E., la mer *Caspienne*, et, à l'E , le fleuve *Oural* et les monts *Ourals* la séparent de l'Asie.

Il y a plusieurs presqu'îles et îles remarquables autour des côtes de la Russie : au N., dans l'océan Glacial, se présentent la presqu'île de *Kanin*, l'île de *Kolgouev*, l'île de *Vaïgatch* et la *Nouvelle-Zemble* ou mieux *Novaïa-Zemlia* (c'est-à-dire nouvelle terre). Cette dernière, très-considérable et encore peu connue, à cause de la rigueur du climat, est divisée en deux grandes îles ; elle est inhabitée ; on y prend une grande quantité de cachalots, de phoques, de lamantins, et des renards, des hermines, des ours blancs.

Loin au N. de la Nouvelle-Zemble, on a découvert récemment l'archipel appelé *Terre de François-Joseph.*

Dans la mer Baltique, se trouvent les îles de *Dago* et d'*Œsel*, les archipels d'*Aland* et d'*Abo*.

Au S., s'avance dans la mer Noire la presqu'île de *Crimée*, unie au continent par l'isthme de *Pérékop.*

La Russie d'Europe n'est, pour ainsi dire, qu'une plaine immense, coupée çà et là dans son intérieur par quelques chaînes de collines, arrosée par de nombreux et grands cours d'eau, et bordée à l'E. et au S. E. par de hautes montagnes. — Le nord est un pays triste et stérile, où règne un froid très-vif. — Le nord-ouest est rempli de lacs, que séparent généralement des collines rocailleuses, et qu'embellissent souvent des aspects pittoresques. — Le centre et l'ouest sont les parties les plus peuplées, les plus fertiles et les mieux cultivées : on y trouve cependant de vastes marais, entre autres ceux de *Pinsk*, qui sont les plus étendus de l'Europe. — Le sud jouit d'un climat assez doux et offre plusieurs cantons agréables ; on y récolte beaucoup de blé, de tabac, de chanvre et de lin, et la vigne y réussit ; mais il y a aussi de vastes steppes herbacées, infestées de sauterelles. — Le sud-est, entre la mer d'Azov et la mer Caspienne, contient des steppes sablonneuses, des plaines imprégnées de sel et beaucoup de petits lacs salés. — Enfin l'est est remarquable par ses richesses minérales : on y trouve d'abondantes mines de cuivre, d'or, de platine.

Parmi les arbres des forêts de la Russie, on remarque les pins et les sapins, dont on exporte une grande quantité. Les chênes ne s'avancent pas au N. du golfe de Finlande.

Le froid est généralement plus grand, à latitude égale, que dans le reste de l'Europe.

Une grande arête qui sépare la Russie en deux versants la parcourt depuis les monts Ourals jusqu'à la frontière de l'empire d'Autriche-Hongrie ; elle se dirige généralement du N. E. au S. O., et n'est en grande partie formée que de collines et de plateaux peu élevés :

les monts *Valdaï*, dans l'O., en sont une des parties les plus remarquables.

Deux branches principales s'y rattachent : l'une, au N., s'élève entre le bassin de la Baltique et celui de l'océan Glacial, porte le nom de collines d'*Olonetz* et va rejoindre les monts *Dofrines*. L'autre, au S., entre le bassin de la mer Noire et celui de la mer Caspienne, s'appelle collines du *Volga*, et va rejoindre le *Caucase*.

C'est dans le Caucase que se trouvent les plus hauts sommets de la Russie ; des glaces et des neiges éternelles les couvrent ; on y distingue le pic de l'*Elbrouz* (5600 mètres).

La Russie est divisée en quatre versants maritimes : le versant de l'océan Glacial, le versant de la Baltique, le versant de la mer Noire et celui de la Caspienne.

Sur le versant de l'océan Glacial, coulent la *Kara*, la *Petchora*, la *Dvina du nord*, l'*Onéga*. Le plus grand des lacs qui appartiennent à ce versant est l'*Imandra*.

Sur le versant de la Baltique, sont le *Torneå*, qui tombe au fond du golfe de Botnie ; la *Néva*, dont le cours n'est pas long, mais fort large, et qui porte les eaux du lac Ladoga au golfe de Finlande ; la *Dvina du sud* ou *Duna*, qui va se jeter dans le golfe de Livonie ; le *Niémen* et la *Vistule*, qui ont la fin de leur cours sur le territoire prussien. C'est sur ce versant que se trouvent les principaux lacs de la Russie : le plus grand de tous est le *Ladoga*, qui a 200 kilomètres de longueur et 90 kilomètres de largeur ; il a pour tributaires trois autres lacs considérables : à l'E., le lac *Onéga* ; au N. O., le lac *Saïma* ; au S., le lac *Ilmen*.

Le lac *Peïpous* est au S. du golfe de Finlande, dans lequel il s'écoule.

Le versant de la mer Noire est arrosé par le *Pruth*, affluent du *Danube* ; — par le *Dniestr* ; — par le *Dniepr* (l'ancien *Borysthènes*), un des plus grands fleuves de l'Europe, qui reçoit la *Bérézina*, si malheureusement célèbre par le désastre des Français en 1812, et le *Boug*, dont le confluent est très-près de la mer ; — par le *Don* (anciennement *Tanaïs*), qui débouche à l'extrémité N. E. de la mer d'Azov ; — et par le *Kouban*, qui a ses embouchures à la fois dans la mer Noire et dans la mer d'Azov.

Le versant de la Caspienne est celui qui contient le plus grand cours d'eau de la Russie et de toute l'Europe, c'est-à-dire le *Volga*. Ce fleuve immense sort d'un petit lac du voisinage des monts Valdaï, parcourt le centre et le S. E. de la Russie, en coulant d'abord à l'E., puis au S., et va se jeter dans la Caspienne par une infinité d'embouchures, après un cours de 3500 kilomètres ; il déborde fréquemment dans les vastes plaines qu'il arrose ; c'est un des fleuves les plus poissonneux du monde. Il reçoit à droite l'*Oka*, qui se grossit elle-même de la *Moskva* ; et, à gauche, la *Kama*.

Les autres fleuves qui tombent dans la Caspienne sont le *Térek*, la *Kouma* et l'*Oural* ou *Iaïk*.

Plusieurs canaux font très-utilement communiquer entre eux les quatre versants de la Russie.

§ 2. Divisions et villes principales, communications.

La Russie d'Europe comprend : 1° dans la Russie proprement dite, cinquante et un gouvernements ; 2° une république militaire, celle des Cosaques du Don ; 3° le ci-devant roy. de Pologne ; 4° le gr.-duc. de Finlande ; 5° trois territoires caucasiens.

Toutes ces divisions peuvent être classées en cinq régions naturelles : 1° le versant de l'océan Glacial ; 2° le versant de la mer Baltique ; 3° le versant de la mer Noire et de la mer d'Azov ; 4° le versant de la mer Caspienne ; 5° la région entre la mer Noire et la mer Caspienne.

Sur le ***versant de l'océan Glacial***, se trouvent les gouvernements d'*Arkhangel*, d'*Olonetz* et de *Vologda*.

La principale ville qu'on y remarque est *Arkhangel* (20 000 hab.), sur la Dvina, près de son embouchure dans la mer Blanche.

Sur le ***versant de la mer Baltique***, sont : 1° les gouvernements maritimes de *Saint-Pétersbourg*, d'*Esthonie* ou *Rével*, de *Livonie* ou *Riga*, de *Courlande* ou *Mitau*, de *Kovno*, et les gouvernements intérieurs de *Novgorod*, de *Pskov*, de *Vitebsk*, de *Vilna*, de *Grodno* ; 2° le royaume de *Pologne* ; 3° le grand-duché de *Finlande*.

La ville la plus importante de ce versant est Saint-
Pétersbourg, ou simplement Pétersbourg, capitale de
l'empire, belle ville, sur les deux rives et sur plusieurs îles
de la Néva au fond du golfe de Finlande, au milieu d'une
plaine basse et humide. Elle fut bâtie par Pierre le Grand
au commencement du dix-huitième siècle. On y compte
670 000 âmes.

A quelque distance à l'O. de cette capitale, s'élève, sur
une petite île du golfe de Finlande, l'importante place forte
et maritime de *Kronstadt*.

Les autres villes considérables des gouvernements maritimes de ce versant sont : *Rével*, sur la côte du golfe de
Finlande ; — *Riga* (100 000 habitants), port très-commerçant, sur la Duna, à peu de distance du golfe de Livonie ;
— *Dorpat*, avec une célèbre université ; — *Mitau* ; — *Kovno*.

Parmi celles des gouvernements intérieurs, on distingue :
Novgorod, qui a été, au moyen âge, une république riche
et puissante ; — *Pskov* ; — *Vitebsk* ; — *Vilna* (80 000 habitants), qui était la capitale de la Lithuanie, ancien grand-
duché, longtemps réuni à la Pologne pour former une vaste
monarchie.

Le ci-devant royaume de Pologne, qui est, en réalité,
une région administrativement russe, ne correspond qu'à
une faible partie de l'ancien et puissant royaume de Pologne, démembré par des partages en 1772, 1793 et 1795 :
la Russie, la Prusse et l'Autriche ont eu, chacune, une
part dans le naufrage de cette monarchie ; la première a
obtenu la plus grande portion.

Ce pays n'est pas plus grand qu'un gouvernement russe
d'une moyenne étendue ; mais il est plus peuplé : il renferme environ 5 700 000 habitants. Il offre une surface
très-unie, et le nom même de *Pologne* (*Polska*) signifie
pays plat ; la montagne de *Sainte-Croix*, au S., est presque
la seule hauteur remarquable. Il y a des cantons marécageux, de vastes forêts, mais aussi beaucoup de terrains
très-riches en blé et en lin.

La Vistule, en polonais *Wisla*, parcourt du S. au N. le
royaume de Pologne. Le Niémen le limite vers le N. E.

Ce pays se divise en dix gouvernements.

Varsovie, la capitale, compte 300 000 âmes.

Les autres villes remarquables sont : *Kalisch ;* — *Lublin ;* — *Lodz* et *Lowicz*, villes industrielles.

La Finlande s'étend dans le N. O. de la Russie, au N. du golfe auquel elle donne son nom, et à l'E. de celui de Botnie ; elle présente des côtes partout hérissées de rochers, découpées par de nombreux enfoncements, et bordées d'une multitude de petites îles. L'intérieur est rempli de lacs. On y récolte assez de blé, malgré la position boréale du pays. La population est de 1 900 000 habitants. La Russie l'a conquise sur la Suède en 1809.

La Finlande est divisée en huit gouvernements. — *Helsingfors*, capitale du grand-duché, est sur le golfe de Finlande. — Non loin de là, est la célèbre place forte de *Sveaborg*. — *Abo* a été longtemps la capitale.

Les *Finnois*, qui se nomment eux-mêmes *Suomi*, paraissent être originaires de l'Asie ; ils parlent une langue tout à fait différente du russe.

Sur le **versant de la mer Noire et de la mer d'Azov**, on trouve seize divisions.

Cinq sont maritimes : les gouvernements de *Bessarabie*, de *Kherson*, de *Tauride*, d'*Ekatérinoslav*, et le pays des *Cosaques du Don*.

Onze sont intérieures : dans le bassin du Dniestr, le gouvernement de *Podolie* ; — dans le bassin du Dniepr, les gouvernements de *Volhynie*, de *Kiev*, de *Minsk*, de *Mohilev*, qui ont fait autrefois partie de la Pologne ; ceux de *Smolensk*, de *Tchernigov*, de *Pollava* et de *Koursk* ; — dans le bassin du Don, les gouvernements d'*Ukraine* ou *Kharkov* et de *Voronej*.

Les villes principales des gouvernements maritimes sont : *Kichénev* (100 000 hab.), chef-lieu de la Bessarabie ; — *Bender*, sur le Dniestr ; — *Akkerman*, à l'embouchure de ce fleuve ; — *Kherson*, sur le Dniepr ; — *Nikolaev*, avec un port, sur le Boug ; — *Odessa*, une des principales places maritimes de l'Europe, avec 160 000 habitants ; — *Simféropol*, capitale de la Tauride, dans le S. de la Crimée ; — sur la côte S. O. de la même presqu'île, la célèbre place de *Sévastopol* ou *Sébastopol*, prise par les Français et les Anglais en 1855, après un long siége, qui l'a presque entièrement détruite.

Près de là, sont les ruines d'*Inkerman*, où les Anglo-Français vainquirent les Russes en 1854. — Dans la même partie S. O. de la presqu'île, on voit *Kamiech* et *Balaklava*, deux ports occupés par les Français et les Anglais pendant 1854 et 1855. — En s'avançant au N. de Sévastopol, on trouve l'*Alma*, petite rivière qui va déboucher sur la côte occidentale, et qui est célèbre par une victoire des Français et des Anglais, en 1854. — Sur la côte S. E , on distingue *Kéfa* (anciennement *Théodosie*), ville aujourd'hui presque dépeuplée, mais qui fut riche et florissante au moyen âge, lorsque les Génois la possédaient.

On remarque encore, dans les gouvernements maritimes, *Taganrog* et *Marioupol*, principaux ports de la mer d'Azov.

Dans les gouvernements intérieurs, on distingue *Kaménetz*, chef-lieu de la Podolie; — *Jitomir*, chef-lieu de la *Volhynie*; — *Kiev* (70 000 hab.), sur le Dniepr, une des villes les plus anciennes de la Russie, qui a été la résidence des premiers souverains russes. — *Berditchev*, florissante ville de 53 000 habitants, presque tous israélites; — *Minsk*; — *Mohilev*, célèbre par une victoire des Suédois sur les Russes en 1707; — *Smolensk*, sur le Dniepr, prise par les Français en 1812, malgré ses importantes fortifications; — *Poltava*, célèbre par la victoire de Pierre le Grand sur Charles XII, roi de Suède, en 1709 ; — *Koursk*; — *Kharkov* (87 000 h.), ch-l. de l'Ukraine; — *Voronej* (40 000 h.).

Il y a, sur le *versant de la mer Caspienne*, un gouvernement maritime : *Astrakhan*; — et vingt gouvernements intérieurs : *Tver, Iaroslav, Kostroma, Nijnii-Novgorod, Kazan, Simbirsk, Samara, Saratov*, traversés par le Volga; — *Moscou, Kalouga, Orel, Toula, Riazan, Vladimir, Tambov, Penza*, arrosés par des tributaires de la rive droite de ce fleuve; — *Viatka, Perm, Oufa, Orenbourg*, **arrosés par des tributaires de la rive gauche.**

Les villes les plus importantes sont : *Astrakhan*, port florissant, sur une île du Volga, à 50 kilomètres de la mer Caspienne; — *Tver* ; — *Iaroslav*, sur le Volga ; — *Nijnii-Novgorod*, et, par abréviation, *Nijégorod*, ou simplement *Nijnii*, située au confluent du Volga et de l'Oka, et fameuse par ses foires; — *Kazan* (78 000 hab.); — *Simbirsk*; — *Samara*; — *Saratov* (95 000 hab.); — *Toula* (60 000 hab.), célèbre par ses manufactures d'armes ; — *Orel*; — *Kalouga*, renommée par son caviar, préparation faite avec des œufs d'esturgeon ; — *Tambov*; — *Penza*; — *Moscou* (en russe *Moskva*), qui fut longtemps la métropole de la Russie, et qui conserve encore le titre de seconde capitale de l'empire. Elle est sur la Moskva, et a 50 kilomètres de tour; sa population s'élève à 600 000 âmes. Moscou fut presque entièrement détruite en 1812 par l'incendie qu'allumèrent ses propres habitants, quand les Français y entrèrent. — On voit, dans le voisinage, *Mojaïsk*, prise par les Français en 1812 ; — et *Borodino*, où se livra, en 1812, la bataille de la Moskva.

On remarque encore, sur ce versant : *Perm*, chef-lieu d'un gouvernement très grand et riche en mines de fer, de cuivre et d'or ; — *Orenbourg*, sur l'Oural, ville commerçante, qui donne son nom à un gouvernement très-grand aussi et où se trouvent abondamment les mêmes métaux.

La ***région entre la mer Caspienne et la mer Noire*** renferme le gouvernement de *Stavropol*, et les territoires du *Kouban*, du *Térek* et du *Daghestan*.

Une partie de ces territoires est formée de la *Circassie*, contrée très-montagneuse, et habitée par un grand nombre de peuplades, qui ont longtemps soutenu leur indépendance contre les Russes. Elles sont aujourd'hui à peu près entièrement soumises, ou ont été forcées d'abandonner leur pays et de se réfugier en Turquie. Ces peuplades sont célèbres par leur beauté. Les principales sont les *Tcherkesses* ou *Circassiens proprement dits*, les *Abases*, les *Ossetes* et les *Lesghiz*.

§ 3. Chemins de fer.

Les principaux chemins de fer que possède la Russie sont ceux de *Saint-Pétersbourg à Moscou*, de *Moscou à Nijnii-Novgorod* et *Kazan*, à *Varonej* et *Taganrog*, à *Kiev* et *Odessa*, de *Saint-Pétersbourg à Varsovie* et à *Kœnigsberg*.

§ 4. Peuples. — Langues, religions, gouvernement, etc.

Des populations très-diverses habitent la Russie. La plupart sont d'*origine slave*; on comprend dans cette lamille une grande partie des *Russes*, les *Polonais* et les *Ruthènes*. — On remarque ensuite les populations d'*origine finnoise*, au N. O. et dans les parties du centre qui avoisinent le N. (les *Permiens*, les *Siriancs*, les *Votiaks*, en font partie); — les *Lithuaniens*, à l'O.; — les *Lapons* et les *Samoïdes*, au N.; — les *Bachkirs*, à l'E.. — les *Cosaques*, au S.; — les *Kalmouks* (d'origine mongole), au S. E.; — les *Tatares de Crimée* (d'origue turque), au S.

Les peuples *caucasiens* comprennent les *Circassiens* ou *Tcherkesses*, les *Abases*, etc.

Les *Allemands* sont nombreux dans le territoire qui s'étend entre le golfe de Finlande et la frontière de la Prusse; ils ont formé beaucoup de *colonies* dans les parties méridionales. — Il y a des *Suédois*, dans le N. O.; — des *Grecs* et des *Arméniens*, particulièrement dans le S.; — des *Roumains*, c'est-à-dire des *Valaques* et des *Moldaves*, dans le S. O.: — des *Juifs*, dans un grand nombre de gouvernements, surtout ceux de l'O.; — des *Tsiganes* ou *Bohémiens*, dans presque tous.

On parle, en Russie, un grand nombre de langues : outre le russe et le polonais, les principales sont le finnois; — le letton et le lithuanien (qui ont entre eux beaucoup de rapports); — le turc, dans le S.; — l'allemand, assez répandu à l'O.; — le suédois, dans plusieurs villes de la Finlande.

Toute la haute société connaît le français.

Le gouvernement de la Russie est une monarchie absolue; l'Empereur ou *Tzar* prend aussi le titre d'autocrate de toutes les Russies. La religion dominante est la religion grecque, une des branches du christianisme. L'Empereur est le chef suprême de l'Église grecque en Russie; mais il délègue son autorité à l'assemblée du Saint-Synode, qui siége à Saint-Pétersbourg.

Les catholiques romains sont très-nombreux dans les provinces polonaises.

Les protestants se rencontrent en grand nombre dans les provinces baignées par la Baltique. Il y a beaucoup de mahométans dans le S. et dans le S. E. de la Russie. Dans les parties orientales, plusieurs peuplades professent le bouddhisme, et reconnaissent la suprématie religieuse du grand lama du Tibet.

La Russie a une industrie fort récente encore, et cependant déjà avancée ; elle fabrique des toiles de lin et de chanvre, des tissus de coton, de laine et de soie, des verres, des cristaux, des cuirs, des eaux-de-vie, de la potasse, de la colle de poisson.

§ 5. Possessions russes hors de l'Europe.

L'empire Russe s'étend non-seulement en Europe, mais dans le N. et l'O. de l'Asie. Il occupe ainsi dans le N. du globe un vaste espace, dont la plus grande longueur est d'environ 12 000 kilomètres (vers le 55ᵉ parallèle), et la plus grande largeur de 3000 kilomètres. La superficie comprend environ 20 000 0.0 de kilomètres carrés. C est à peu près le septième de la surface des parties terrestres du globe. La population s'élève à 84 000 000 d'âmes.

La Russie d'Asie, peuplée de 10 000 000 d'habitants, se divise en deux parties : 1° la *Sibérie* avec le *Turkestan*, la *Mongolie* et la *Mandchourie russes ;* 2° la *Transcaucasie*, renfermée entre la mer Caspienne et la mer Noire, et composée de la *Géorgie*, etc.

Les Russes avaient, dans le N. O. de l'Amérique, des possessions qu'ils ont cédées aux États-Unis.

LEÇON XXXI.

VERSANTS DE L'ATLANTIQUE ET DE L'OCÉAN GLACIAL.

ÉTATS SCANDINAVES : DANEMARK, SUÈDE ET NORVÉGE.

On désigne généralement sous le titre d'États Scandinaves l'ensemble de la Suède, de la Norvége et du Danemark ; cependant le nom de *Scandinavie* appartient proprement à la presqu'île qui renferme la Suède et la Norvége.

DANEMARK.

Le **Danemark**, en danois *Danmark*, est situé dans le N. de l'Europe, entre la Baltique, à l'E., et la mer du Nord, à l'O., au S. de la péninsule Scandinave, dont il est séparé par le *Skager-Rack*, le *Cattégat* et le *Sund*.

Il est composé de deux parties : à l'E., l'*archipel Danois*, et, à l'O., la partie N. de la *presqu'île Cimbrique*.

L'***archipel Danois*** comprend les îles de *Seeland, Fionie, Laaland, Falster, Bornholm*, etc. Parmi les bras de mer qui baignent ces îles, on remarque surtout les trois passages qui font communiquer le Cattégat à la Baltique : c'est-à-dire le *Sund*, entre Seeland et la Suède; le *Grand-Belt*, entre Seeland et Fionie, et le *Petit-Belt*, entre Fionie et la presqu'île Cimbrique.

La partie danoise de la presqu'île Cimbrique comprend le ***Jutland***. Elle s'allonge du S. au N., et se termine par le cap *Skagen;* elle est coupée au milieu par le long bras de mer du *Liimfiord*.

L'archipel et la presqu'île réunis comprennent 38 000 kilomètres carrés et 1 800 000 habitants. ·

Il y a peu de temps, la monarchie Danoise s'étendait au S. jusqu'à l'Elbe , et renfermait environ 2 800 000 âmes. Mais une guerre qu'il a eu à soutenir contre les Austro-Prussiens lui a fait perdre le Slesvig, le Holstein et la Lauenbourg, qui sont maintenant à la Prusse.

Le Danemark a un climat généralement assez doux pour la latitude (55 degrés, terme moyen); le sol y est assez fertile, surtout dans les îles. Il y a des pâturages et de bonnes récoltes de blé, de chanvre, de lin, de tabac, de houblon, de colza.

Il n'y a ni montagnes ni fleuves considérables.

L'île de Seeland a, sur sa côte orientale, la capitale du royaume, COPENHAGUE (en danois *Kiœbenhavn*), belle ville, à l'endroit le plus large du Sund; sa population s'élève à 220 000 âmes. — *Elseneur* (en danois *Helsingœr*), dans le

N. E. de la même île, est un port très-commerçant, à l'endroit le plus resserré du Sund.

L'île de Fionie a pour chef-lieu *Odense*.

Le Jutland est un pays froid, peu fertile, rempli de petits lacs, de sables et de bruyères. Les villes principales y sont : *Viborg*, au centre; — *Aalborg*, au N. E , près de l'entrée et sur la côte méridionale du Liimfiord; — *Aarhuus*, à l'E.; — *Fredericia*, place forte, au S. E

Des chemins de fer unissent les principales villes.

Le Danemark possède, dans le N. de l'océan Atlantique, les îles *Færœer*, situées au N. O. des îles Britanniques; elles sont assez riches en troupeaux et ont une population laborieuse. On trouve sur leurs côtes beaucoup d'eiders, dont la plume est un objet important de commerce.

Le danois fait partie des langues d'origine tudesque.

L'instruction populaire est très-répandue.

Le luthéranisme est la religion dominante.

Le gouvernement est une monarchie limitée par une assemblée nommée par la nation.

L'industrie du Danemark est essentiellement agricole et maritime; la bière, les esprits, les bœufs, les chevaux, les peaux, les poissons, les plumes d'eider, en sont les principaux produits.

Possessions hors de l'Europe.

L'*Islande* (en danois *Island*, c'est-à-dire terre de glace) se rattache à l'Amérique.

Le *Groenland*, autre dépendance du Danemark, fait aussi partie de l'Amérique.

Enfin le Danemark possède les îles de *Sainte-Croix*, de *Saint-Thomas* et de *Saint-Jean*, dans les Petites Antilles.

Les colonies danoises ont une population d'un peu plus de 100 000 âmes (l'Islande comprise).

SUÈDE ET NORVÉGE.

§1er. Description physique.

La **Suède** et la *Norvége*, quoique deux royaumes différents, ne composent qu'une monarchie, formée de la grande péninsule de Scandinavie, qui est située dans la partie la plus septentrionale de l'Europe.

Cette péninsule tient au continent, au N. E., par l'isthme de Laponie, et touche de ce côté à la Russie, vers laquelle elle est en partie limitée par le Torneå et la Tana. Dans toutes les autres directions, elle est entourée par la mer : au N., se trouve l'océan Glacial ; à l'O., l'Atlantique et la mer du Nord ; au S. O., le Skager-Rack, le Cattégat et le Sund séparent cette contrée du Danemark ; au S. et à l'E., s'étend la mer Baltique, qui forme au N. le grand golfe de Botnie.

La monarchie a 1900 kilomètres de longueur, 800 de largeur et 738 000 kilomètres carrés : elle est bien plus grande que la France, mais elle compte beaucoup moins d'habitants : sa population ne s'élève qu'à environ 6 200 000 âmes, dont 4 400 000 pour la Suède et 1 800 00 pour la Norvége.

Les côtes de la Scandinavie sont découpées par d'innombrables golfes ou *fiords*, surtout au N., à l'O. et au S. O., où ils s'enfoncent profondément dans les terres et ressemblent à de larges fleuves. Le golfe de *Christiania* est un des plus remarquables ; le cap *Nord* forme l'extrémité septentrionale de la monarchie, dans une des îles Lofoden.

Un grand nombre d'îles sont répandues autour de la péninsule : au N., sont les îles *Lofoden* ; au S. E., les deux îles importantes d'*OEland* et de *Gottland*.

La Suède offre une surface généralement plate ; la Norvége est presque partout hérissée de montagnes ; l'une et l'autre sont remarquables par l'abondance de leurs rivières et de leurs lacs, par leurs points de vue pittoresques, leurs grandes et sombres forêts, leurs hivers longs et rigoureux. Cependant la Suède est moins froide que la Norvége. Généralement on respire, dans ces contrées, un air pur et sain.

Les étés y sont fort courts, mais très-chauds, à cause de la grande longueur des jours ; et la végétation y croît avec une rapidité surprenante.

Le sol est assez fertile dans les parties méridionales : on y récolte surtout du blé, du seigle, de l'orge, de l'avoine, des pommes de terre et du lin. Les forêts sont formées de pins, de frênes, de bouleaux et de sapins d'une hauteur remarquable.

Les parties septentrionales sont presque dépourvues de plantes, et les chétives récoltes qu'espère le cultivateur sont même souvent détruites par les gelées. On trouve, sur les rochers les plus arides et les plus sauvages de ces cantons reculés, des mousses et des lichens propres à la nourriture de l'homme, à la teinture et à divers autres usages. On y remarque aussi un animal bien précieux, le renne, espèce de cerf, dont le lait et la chair servent d'aliments, et qu'on attelle aux traineaux. On y trouve aussi des castors et beaucoup d'autres animaux à fourrures.

Les *Alpes Scandinaves* ou *monts Dofrines* sont la chaîne principale de la monarchie : elles forment sur une grande étendue la limite entre la Suède et la Norvége ; leur partie la plus élevée est en Norvége ; leurs sommets, couverts de neige et de glaciers, atteignent 2500 à 2600 mètres.

La Scandinavie est divisée en trois versants maritimes : celui du N. et de l'O., incliné vers l'océan Glacial, l'Atlantique et la mer du Nord ; celui du S., incliné vers le Skager-Rack, le golfe de Christiania et le Cattégat ; enfin le versant du S. E. et de l'E., penché vers la Baltique et le golfe de Botnie.

Sur le premier de ces versants, on voit couler, dans le N. de la Norvége, la *Tana*.

Sur le second, coulent le *Glommen*, et la *Gotha* ou *Gœtha*, qui sert d'écoulement au lac *Vener*, le plus considérable de la péninsule.

Sur le versant de la Baltique et du golfe de Botnie, on trouve, au S. E., la *Motala*, par laquelle s'écoule le long lac *Vetter*. — En s'avançant vers le N., on rencontre le lac *Mælar*, qui communique avec la mer par un détroit ; ensuite le *Dal-elf*, le plus grand fleuve de ce pays : le *Luleå* et le *Torneå*. Le principal canal est celui de *Gœtha*, qui unit le Cattégat à la Baltique, en réunissant les lacs *Vener* et *Vetter*.

Les mines de fer. de cuivre et d'argent sont des grandes richesses de la Scandinavie.

§ 2. Principales divisions, villes importantes.

La **Suède**, en suédois *Sverige*, se divise en trois parties : le *Nordland*, ou *pays du Nord* ; le *Svealand*, ou la *Suède moyenne* ; la *Gothie*, ou la *Suède méridionale*. Ces grandes divisions se partagent en vingt-quatre préfectur s ou *læn*, qui, généralement, portent le nom de leur chef-lieu.

Le NORDLAND comprend des parties de la *Botnie* et de la *Laponie* (¹); *Hernœsand*, port de mer, est une des principales villes de ce pays.

La SUÈDE MOYENNE contient l'ancienne *Dalécarlie*, célèbre par ses mines de cuivre et de fer ; — *Gefle*, port commerçant ; — *Upsal*, connue par sa magnifique cathédrale, sa savante université, son observatoire ; — STOCKHOLM, capitale de la Suède, peuplée de 150 000 âmes. et admirablement située sur des presqu'îles et sur plusieurs petites îles du détroit qui unit le lac Mælar à la Baltique.

La GOTHIE, qui renferme les deux tiers de la population de la Suède, a pour villes importantes : *Norrkœping* ; — *Calmar*, célèbre par l'acte d'union des trois couronnes de Suède, de Norvége et de Danemark, en 1397 ; — *Carlscrone*, forteresse fameuse ; — *Gœthi bory* ou *Gothembourg*, à l'embouchure de la *Gotha*, la seconde ville du royaume par sa population (65 000 habitants) ; — *Malmœ*, vers l'extrémité S. O. de la Gothie ; — *Lund*, célèbre par son université ; — *Visby*, chef-lieu de l'île de Gottland.

La **Norvége**, nommée en norvégien *Norge* et en suédois

(1) Le reste de la Botnie est dans la Finlande, et le reste de la Laponie est dans la Norvége et dans la Russie.

Norrige, se divise en deux parties : 1° la NORVÉGE MÉRI-DIONALE, qui comprend les diocèses ou *stifts* d'*Akershuus* ou *Christiania*, de *Christiansand*, de *Bergen* et de *Trondhiem*; 2° la NORVÉGE SEPTENTRIONALE, qui forme le diocèse de *Tromsœ*. Ces divers diocèses comprennent 17 bailliages.

CHRISTIANIA, située au fond du golfe du même nom, est la capitale de la Norvége et le chef-lieu du diocèse d'Akershuus; elle renferme 75 000 habitants. — *Kongsberg* a de célèbres mines d'argent. — La ville très-commerçante de *Christiansand* est vers l'extrémité méridionale de la Norvége, sur le Skager-Rack. — *Stavanger* est le port norvégien le plus important pour la pêche. — *Bergen*, place maritime, a été longtemps la ville la plus considérable de la Norvége. — *Trondhiem* (qu'on appelle ordinairement en français *Drontheim*) est sur un long golfe du même nom. — *Rœraas*, au S.E. de Trondhiem, est fameuse par ses mines de cuivre.

Le diocèse de Tromsœ, composé de la *Laponie norvégienne*, comprend le *Finmark*, c'est-à-dire le pays des *Finnois*, et le *Nordland* norvégien. On y voit la ville la plus septentrionale de l'Europe, *Hammerfest*, bâtie dans l'île Qvalœ, une des Lofoden. Ce lieu si reculé a un port fréquenté en été par de nombreux navires pêcheurs et marchands.

Vers les côtes du Nordland, dans la partie S. O. de l'archipel Lofoden, se trouve le gouffre fameux du *Malstrœm*.

§ 3. Chemins de fer.

Les chemins de fer de la Scandinavie commencent à se multiplier. les principaux vont de *Stockholm* à *Gothembourg*, à *Malmœ* et à *Christiania*.

§ 4. Population, langues, religion, gouvernement.

Les 6 200 000 habitants de la péninsule Scandinave appartiennent à quatre peuples différents : les *Suédois*, les *Norvégiens*, les *Lapons* et les *Finnois*.

Les *Lapons* ou *Sam* forment, dans le N. de la Suède et de la Norvége, un peuple à part, remarquable par sa très-petite taille, son visage large, sa peau brune et huileuse. La civilisation a peu pénétré chez eux. La plupart sont nomades. Ils se nourrissent du produit de leur chasse, de celui de leur pêche, et du lait et de la chair de leurs rennes. Leur langue se rapproche du finnois.

Les sciences sont cultivées avec succès dans la Scandinavie, et le peuple y est généralement éclairé.

Il se trouve un petit nombre de Finnois dans la Norvége septentrionale.

Le luthéranisme est la religion dominante. Il y a pour toute la péninsule un archevêché, celui d'Upsal.

Le gouvernement de la Suède et de la Norvége est une monarchie constitutionnelle. Quoique réunies sous un même sceptre, ces deux contrées ont leurs lois spéciales, leurs assemblées législatives indépendantes, leurs douanes distinctes.

La construction des navires pour le compte des autres peuples est une industrie particulière aux Suédois et aux Norvégiens.

La Norvége est remarquable par une marine marchande extrêmement active et par l'importance de ses pêcheries.

§ 5. Possessions hors de l'Europe.

La Suède ne possède hors de l'Europe qu'une colonie : c'est l'île de *Saint-Barthélemy*, une des Petites Antilles.

LEÇON XXXII.

RÉCAPITULATION DE L'EUROPE.

§ 1er. Limites , océans, mers et golfes, détroits, etc.

Embrassons maintenant l'ensemble de l'Europe.

L'Europe, placée à l'O. de l'Asie et au N. de l'Afrique,

est une grande presqu'île, d'une forme très-irrégulière, qui s'allonge du N. E. au S. O. et tient à l'Asie par deux côtés. à l'E., par le territoire des monts Ourals et du fleuve Oural, situé au N. de la mer Caspienne; au S. E., par l'isthme du mont Caucase, entre la mer Caspienne et la mer Noire. Elle s'étend du 35° au 7 ° degré de latitude nord, si l'on y comprend la Nouvelle-Zemble, et au 71°, si l'on s'arrête au cap Nord; e le est renfermée entre le 13° degré de longitude O et le 67° degré de longitude E.

Au N., elle est baignée par l'océan *Glacial arctique*; à l'O., par l'océan *Atlantique*; au S., par la mer *Méditerranée*.

La mer *Caspienne* est, au S. E., une assez grande partie de sa limite.

L'océan Glacial arctique forme la mer de *Kara* et la mer *Blanche*.

L'océan Atlantique forme la mer *Baltique*, le *Cattégat*, la mer du *Nord*, la *Manche*, la mer d'*Irlande* et la mer de *France*, appelée aussi golfe de *Gascogne* ou mer de *Biscaye*.

On remarque dans la mer Baltique les golfes le *Botnie*, de *Finlande* et de *Livonie* ou de *Riga*. — Dans la mer du Nord, est le golfe de *Zuider-zee*. — Au S. O. de le G ande-Bretagne, se trouve celui qu'on appelle *canal de Bristol*.

La mer Méditerranée comprend la mer *Tyrrhénienne*, la mer *Adriatique*, la mer *Ionienne*, l'*Archipel*, la mer de *Marmara*, la mer *Noire* et la mer d'*Azov*.

On distingue, dans la Méditerranée, les golfes du *Lion* et de *Gênes*; — dans la mer Ionienne, les golfes de *Tarente* et de *Lépante*; — dans l'Archipel, le golfe de *Salonique*.

On passe de la mer Baltique dans la mer du Nord par les détroits du *Sund*, du *Grand-Bell* et du *Petit-Bell*, par le *Cattégat* et par le détroit du *Skager-Rack*.

On se rend de la mer du Nord dans la Manche par le *Pas de Calais*

La mer d'Irlande communique avec l'océan Atlantique par le canal du *Nord* et le canal *Saint-George*.

On entre de l'A lantique dans la Méditerranée par le détroit de *Gibraltar*.

La mer Tyrrhénienne est unie à la mer Ionienne par

détroit nommé *Phare de Messine*, entre l'Italie et la Sicile.

On passe de la mer Adriatique dans la mer Ionienne par le canal d'*Otrante*; — de l'Archipel dans la mer de Marmara, par le détroit des *Dardanelles* (anciennement Hellespont); — de la mer de Marmara dans la mer Noire, par le canal de *Constantinople* (anciennement Bosphore de Thrace); — et de la mer Noire dans la mer d'Azov, par le détroit d'*Iénikalé* ou de *Kertch* (anciennement Bosphore Cimmérien).

Les côtes de l'Europe sont très-irrégulières, et forment beaucoup de presqu'îles :

Au N., on remarque la péninsule *Scandinave* et la péninsule *Cimbrique*, qui s'avancent l'une en face de l'autre, à l'O. de la mer Baltique. La première est jointe au continent vers le N. O. par l'isthme de *Laponie*, et la seconde s'y rattache au S. par l'isthme de *Holstein*. Le N. de la péninsule Cimbrique forme la presqu'île de *Jutland*.

A l'extrémité S. O. de l'Europe, est la péninsule *Hispanique*, unie au continent par l'isthme des *Pyrénées*.

Au S., on voit la presqu'île de l'*Italie*, qui a grossièrement la forme d'une botte et se termine au S. par la presqu'île de *Calabre*.

On remarque encore au S. la grande péninsule *Turco-Hellénique*, dont la partie méridionale forme la presqu'île de *Morée* (anciennement *Péloponnèse*), unie au continent par l'isthme de *Corinthe*.

Entre la mer d'Azov et la mer Noire, est renfermée la presqu'île de *Crimée*, jointe au continent par l'isthme de *Pérékop*.

L'Europe a un grand nombre d'îles:

Dans l'océan Glacial, au N. E , est la *Nouvelle-Zemble*, la terre la plus septentrionale de l'Europe; c'est une contrée encore peu connue. très-froide et inhabitée. — Loin au N. de la Nouvelle-Zemble, se trouve la *Terre de François-Joseph*.

Sur la côte N. O. de la Scandinavie, on voit les îles *Lofoden*, et, loin au N. de la même péninsule, l'archipel du *Smitzberg*.

Dans le N. O. de l'Europe, se trouve la *Grand-Bretagne*, qui est l'île la plus considérable de cette partie du monde;

près et à l'O. de la Grande-Bretagne, est l'*Irlande*, seconde île de l'Europe pour l'importance.

Dans le voisinage, sont les groupes des *Hébrides*, des *Orcades* et de *Shetland*. Ces trois groupes composent, avec la Grande-Bretagne et l'Irlande, l'archipel des îles *Britanniques*, dont les îles *Anglo-Normandes*, dans la Manche, sont aussi une dépendance.

Plus loin, vers le N. O , on voit les îles *Færœer*, et enfin l'*Islande*, grande île très-froide, plus voisine de l'Amérique que de l'Europe et qu'il convient de rattacher aux terres américaines.

Entre le Cattégat et la mer Baltique, se trouvent les îles *Danoises*, dont les principaes sont *Seeland* et *Fionie*.

Dans l'intérieur de la Baltique, sont les îles d'*OEland* et de *Gottland*, l'archipel d'*Aland*, l'archipel d'*Abo*, l'île de *Dago*, celle d'*OEsel* et celle de *Rügen*.

Dans la Méditerranée, on remarque, à l'E. de la péninsule hispanique, les îles *Baléares* (*Majorque*, *Minorque* et *Ivice*).

Près de l'Italie, sont les grandes îles de *Sicile*, de *Sardaigne* et de *Corse*, les Les *Lipari*, l'île d'*Elbe* et celle de *Malte*

Sur la côte N. E. de la mer Adriatique, est l'archipel *Dalmate Illyrien*.

Près de la péninsule Turco-Hellénique, on remarque beaucoup d'îles, dont les principales sont les îles *Ioniennes;* — celle de *Négrepont* ou *Eubée;* — les *Cyclades;* — *Candie* (anciennement *Crète*).

Le cap le plus septentrional de l'Europe continentale est le cap *Nordkyn*, dans la péninsule Scandinave ; mais, plus au N. encore, dans une des îles Lofoden, on voit le cap *Nord*.

A l'extrémité S. O. de la Grande-Bretagne, on remarque le cap de *Land's End* ou *Finisterre* ; — la pointe de *Corsen* termine la France à l'O., et se trouve dans le *Finisterre* français.

A l'extrémité N. O. de la péninsule Hispanique, est un cap qu'on nomme aussi *Finisterre* — Vers l'extrémité S. O. de la même péninsule, on voit le cap *Saint Vincent;* et à son extrémité S., s'offre la pointe de *Tarifa*, qui est le point le plus méridional de l'Europe.

A l'extrémité S. de la Morée, se trouve le cap *Matapan*.

La longueur de l'Europe, du N. E. au S. O., depuis l'embouchure de la rivière *Kara* dans la mer de ce nom jusqu'au cap *Saint-Vincent*, est de 5400 kilomètres; du N. au S., depuis le cap *Nord* jusqu'au cap *Matapan*, on compte 4000 kilomètres. La superficie est de 10 216 000 kilomètres carrés.

§ 2. Montagnes et volcans.

L'Europe a ses plus hautes montagnes vers le S. Les pays qui bordent la mer du Nord et la mer Baltique, et les pays de l'E., sont composés de grandes plaines.

Les chaînes demontagnes européennes se dirigent généralement de l'E. à l'O., comme l'Europe elle-même : ainsi, dans l'intérieur de cette partie du monde, s'allongent dans ce sens ses plus grandes chaînes : les *Alpes*, les *Carpathes* ; — cependant on y voit courir, du N. au S , quelques chaines secondaires, comme le *Jura*, les *Cévennes*, les monts d'*Auvergne* et les *Vosges*. — Dans le S , les *Pyrénées*, le *Balkan*, le *Caucase*, s'allongent de l'E. à l'O.; — mais les. *Apennins*, dans l Italie, la chaîne *Hellénique*, dans la péninsule Turco-Hellénique, les monts *Ibériques*, dans la péninsule Hispanique, vont du N. au S. — Dans la partie boréale, les *Alpes Scandinaves* ou monts *Dofrines* couvrent, du N. au S., l'intérieur de la Scandinavie ; les monts *Grampiens*, dans la Grande-Bretagne, s'étendent de l'E. à l O.

La plus haute de ces chaînes de montagnes est le *Caucase*, dont les points culminants sont l'*Elbrouz* (d'une altitude de 5600 m.) et le *Kazbek* (5100 m).

Les *Alpes* viennent ensuite : leur sommet le plus élevé est le mont *Blanc* (4810 m.); le mont *Rosa* (4636 m.) y occupe le second rang.

La *Sierra Nevada* est la troisième chaîne pour l'altitude : le pic de *Mulahacen* y atteint environ 3600 mètres.

Les *Pyrénées* ont pour principaux sommets le mont *Maladetta*, le pic de *Posets* et le mont *Perdu*, qui s'élèvent à peu près à 3500 mètres.

Les autres chaînes principales de l'Europe présentent, dans leurs plus hauts sommets, l'altitude suivante : le *Balkan :* 30 0 m.; — les *Apennins :* 2900 m.; — les *Carpathes :* 2700 m.; — les montagnes de *Corse,* 2700 m.; — les monts *Dofrines :* 2600 m. ; — la chaîne *Hellénique :* 2500 m.; — les monts *Ourals :* 2000 m.; — les monts d'*Auvergne :* 1900 m.; — les *Cevennes :* 1800 m.; — le *Jura :* 1700 m.; — les monts *Grampiens :* 1500 m.; — les *Vosges :* 1400 m.

Plusieurs volcans se montrent dans le sud : les principaux sont : le *Vésuve,* sur la côte occidentale de la péninsule d'Italie ; — l'*Etna,* en Sicile, le plus haut volcan d'Europe (3237 m.); — le *Stromboli,* dans une des îles Lipari, qui sont toutes, d'ailleurs, de nature volcanique. — On remarque, en outre, plusieurs petits volcans qui lancent de la boue ou des gaz, soit en Sicile, soit dans le voisinage du golfe de Naples, soit sur le territoire de Modène.

L'archipel Grec est le foyer de mouvements volcaniques remarquables : souvent, et tout récemment encore, des îlots s'y sont soulevés près de *Santorin,* par l'effet des feux souterrains. En général, toute la région méditerranéenne est le centre d'une action puissante de la chaleur intérieure du sol, et les tremblements de terre y sont fréquents.

L'Islande, pleine de volcans, dont le plus célèbre est le mont *Hekla,* vers sa côte méridionale, appartient, comme on l'a vu, plutôt à l'Amérique qu'à l'Europe.

§ 3. Ligne de partage des eaux, versants et bassins

L'Europe est divisée en deux versants : celui du N. et du N. O., incliné vers l'océan Glacial et l'océan Atlantique; et celui du S. et du S. E., incliné vers la Méditerranée et la mer Caspienne. L'arête ou ligne de partage des eaux qui sépare ces deux versants s'étend du N. E. au S O., des frontières de l'Asie au détroit de Gibraltar, et e le passe par les monts *Ourals,* les monts *Va'dai,* les *Carpathes,* les *Sudètes,* les monts *Moraves,* les monts de la *Forêt de Bohème,* les montagnes des *Pins* (*Fichtel gebirge*), les *Alpes de Souabe,* la *Forêt-Noire,* les *Alpes des Grisons* les *Alpes Rhétiques,* les *Alpes Lépontiennes,* les *Alpes Bernoises,* le *Jura,* les *Vosges* méridionales, la *Côte d'Or*, les *Cévennes*, les *Pyrénées*, les monts *Cantabres*, enfin les monts *Ibériques* et la *Sierra Nevada*.

Chacun des deux versants se partage en plusieurs bassins de mer.

Le versant du N. et du N. O. comprend les principaux bassins suivants : 1° bassin de l'*océan Glacial* proprement dit ; 2° bassin de la *mer Blanche*, 3° bassin de la *mer Baltique* ; 4° bassin du *Cattégat* ; 5° bassin de la *mer du Nord* ; 6° bassin de la *Manche* ; 7° bassin de la *mer d'Irlande* ; 8° bassin de la *mer de France* ou du *golfe de Gascogne* ; 9° bassin de l'*Atlantique* proprement dit.

Chacun de ces bassins de mer se subdivise en bassins de fleuve.

La *Petchora* est le seul fleuve important qui se jette immédiatement dans l'océan Glacial. — La *Dvina septentrionale* et l'*Onéga* tombent dans la mer Blanche.

La mer Baltique reçoit, au N. et au N. O., par le golfe de Botnie, le *Torneå* et le *Dal-elf* ; — à l'E., dans le golfe de Finlande, vient se jeter la *Néva*, fleuve court, mais large, qui sert d'écoulement au lac Ladoga ; — dans le golfe de Riga ou de Livonie, tombe la *Dvina méridionale*. — Au S., trois fleuves, coulant du S. au N., se rendent dans cette mer par des amas d'eau qui sont moitié lacs, moitié golfes, et qu'on appelle *haffs :* le *Niémen* se jette dans le Curische-haff ; la *Vistule*, dans le Frische-haff ; l'*Oder*, dans le Pommersche-haff.

Les principaux tributaires de la mer du Nord sont : l'*Elbe*, le *Weser*, le *Rhin*, grand et rapide fleuve qui descend des Alpes, reçoit à droite le *Main*, à gauche la *Moselle*, et se divise en plusieurs branches pour se jeter dans l'océan ; — la *Meuse*, qui reçoit quelques branches du Rhin ; — l'*Escaut*, peu long, mais qui a deux larges embouchures. — Tous ces fleuves coulent sur le continent, et généralement du S. au N.

La *Tamise*, l'*Humber* et le *Forth*, dans la Grande-Bretagne, coulent de l'O. à l'E., et se jettent aussi dans la mer du Nord.

La *Seine*, qui vient de la Côte d'Or et se dirige du S. E. au N. O., est le seul fleuve considérable qui se jette dans la Manche. Elle se grossit de la *Marne* et de l'*Yonne*.

Dans la mer de France, se rendent, en coulant du S. E.

au N. O., la *Loire* et la *Gironde*; la première descend des Cévennes; la seconde est la partie inférieure de la *Garonne*, qui vient des Pyrénées, et qui reçoit la *Dordogne*, sortie des montagnes d'Auvergne.

La *Clyde* et la *ersey*, peu longues, mais larges, se jettent dans la mer d'Irlande. — La *Clyde* débouche dans le canal de Bristol.

L'Atlantique reçoit immédiatement le *Shannon*, fleuve d'Irlande, dirigé du N. au S., et le *Minho*, le *Douro*, le *Tage*, la *Guadiana*, le *Guadalquivir*, qui coulent de l'E. à l'O., dans la péninsule Hispanique.

Le versant du S. et du S. E. comprend à son tour les principaux bassins suivants : 1° bassin de la *Méditerranée* proprement dite; 2° bassin de la mer *Tyrrhénienne*; 3° bassin de la *mer Ionienne*; 4° bassin de l'*Adriatique*; 5° bassin de l'*Archipel*; 6° bassin de la *mer Noire* et de la *mer d'Azov* réunies; 7° bassin de la *Caspienne*.

Un fleuve de la péninsule Hispanique se rend immédiatement dans la Méditerranée : c'est l'*Èbre*, qui coule de l'O. à l'E. Dans le golfe du Lion, va se jeter le *Rhône*, qui descend des Alpes et coule d'abord à l'O., puis au S. Il reçoit une grande et importante rivière, la *Saône*.

Sur la côte occidentale de l'Italie, débouchent l'*Arno* et le *Tibre*, peu considérables, mais qui arrosent des lieux célèbres dans l'histoire. Ils viennent des monts Apennins, coulent généralement vers l'O., et se jettent, le premier, dans la Méditerranée proprement dite, le second, dans la mer Tyrrhénienne.

Les principaux tributaires de l'Adriatique sont le *Pô* et l'*Adige*, qui ont leurs sources dans les Alpes et coulent de l'O. à l'E.

La *Maritza* (anciennement *Hèbre*) va du N. au S., et s'écoule dans l'Archipel.

La mer Noire reçoit le *Danube*, qui sort de la Fôret-Noire, et qui a 2800 kilomètres de cours, de l'O. à l'E.; il a pour grands affluents l'*Inn*, la *Drave*, la *Save* et la *Theiss*. Cette mer reçoit encore le *Dniestr* et le *Dniepr*, qui vont du N. au S.

Le *Don*, dirigé aussi du N. au S., se jette dans la mer d'Azov.

La mer Caspienne reçoit le *Volga*, le plus grande fleuve

d'Europe (3500 kilomètres), qui vient des monts Valdaï et se dirige du N. O. au S. E.; ses plus grands affluents sont l'*Oka* et la *Kama*. Cette mer reçoit aussi l'*Oural* ou *Iaïk* (3000 kilomètres), qui descend des monts Ourals et coule du N. au S.

C'est autour de la mer Baltique que l'Europe a le plus de lacs. Les plus grands versent leurs eaux dans le golfe de Finlande : ce sont les lacs *Ladoga*, *Onéga*, *Saïma*, *Ilmen*, *Peïpous*.

Le lac *Mælar* et le lac *Vetter*, dans la péninsule Scandinave, communiquent avec la mer Baltique.

Le lac *Vener*, dans la même péninsule, s'écoule dans le Cattégat.

Le lac de *Constance* est formé par le Rhin, et dans ce fleuve se rendent les eaux des lacs de *Zürich*, de *Lucerne* et de *Neuchâtel*.

Le lac de *Genève* ou lac *Léman*, un des plus beaux de l'Europe, est produit par le Rhône, au pied des Alpes.

Le Pô reçoit les eaux des lacs *Majeur*, de *Côme* et de *Garde*.

Le lac *Balaton*, au centre de l'Europe, s'écoule dans le Danube.

§ 4. Configuration générale de l'Europe; facilité des relations commerciales.

L'Europe est admirablement conformée, par ses profondes découpures, pour le commerce de mer; aussi la navigation maritime unit-elle entre eux très-activement tous les peuples principaux de cette partie du monde.

La navigation des fleuves est très-favorable aussi au commerce, et permet de communiquer d'un bout de l'Europe à l'autre; car des canaux les unissent : ainsi la Garonne est jointe au Rhône, le Rhône au Rhin, le Rhin au Danube, etc.

Enfin, l'Europe est sillonnée par de nombreux chemins de fer; Paris est le centre de ceux de l'occident continental, Berlin et Vienne sont les centres de la partie centrale, St-Pétersbourg et Moscou de la partie orientale. En résumé, la

France, l'Espagne, la Belgique, les Pays-Bas, l'Allemagne,
l'Autriche-Hongrie, la péninsule Cimbrique, la Suisse l'Italie, la Russie, sont unies entre elles par des chemins de fer.

Quant à la Grande-Bretagne, que sa position isole du reste
de l'Europe, elle possède en particulier le système de rail-
ways le plus complet que l'on rencontre dans le monde. On
y compte près de 30000 kilomètres de chemins de fer terminés. — La France en a 22 00; l'Allemagne, 27000; la
Russie. 17 000; l'Autriche Hongrie, 15.000.

La télégraphie électrique étend son réseau plus loin que
les chemins de fer; elle franchit même la mer; elle passe
sous le Pas de Calais, pour unir la France à l'Angleterre;
elle traverse le canal Saint-George, pour joindre la Grande-
Bretagne à l'Irlande. De 'a France et de l'Irlande. elle sé-
lance dans l'océan Atlantique, et gagne l'île Saint-Pierre
et Terre-Neuve : l'Europe est ainsi jointe à l'Amérique.
Elle l'est aussi à l'Afrique et à l'Asie.

NOTE SUR LE CLIMAT ET LES PRODUCTIONS
DE L'EUROPE.

L'Europe est froide vers ses extrémités boréales, quoiqu'elle
le soit moins que l'Asie et l'Amérique à la même latitude;
dans le midi, le climat est chaud, mais non brûlant. comme
dans quelques parties de l'Asie ou de l'Afrique. En général, la
température y est douce et agréable, surtout dans les parties
occidentales, qui reçoivent l'heureuse influence des vents de
l'océan Atlantique et celle du courant du Golfe (*Gulf Stream*).
L'Europe. enfin. a l'avantage d'être limitée au S. par une vaste
mer, qui adoucit beaucoup le climat.

Il y a, dans un grand nombre de pays d'Europe, de riches
mines de fer particulièrement en Scandinavie, en Angleterre,
en Allemagne. en France; le cuivre abonde surtout dans la
péninsule Scandinave, en Espagne et en Russie ; l'étain, dans
la Grande-Bretagne ; l'or se trouve vers les monts Ourals et les
monts Carpathes; le platine, dans les monts Ourals ; l'argent,
le plomb, en Allemagne, en France, en Espagne; le mercure,
en Espagne, en Illyrie ; le zinc, en Belgique, en Allemagne.

Le soufre est fourni par l'Italie, par les îles qui l'environnent
et par l'Islande. L'ambre jaune se recueille aux bords méridionaux de la Baltique. Le charbon de terre abonde dans la
Grande-Bretagne et vers les bords de l'Escaut, de la Meuse, du

Rhin, de la Loire, etc. La tourbe est commune dans toutes les parties basses des régions moyennes de l'Europe.

Les principaux arbres fruitiers sont les pommiers, les poiriers, les pruniers, les abricotiers, les pêchers, les châtaigniers et les noyers, dans les régions moyennes.

Le cerisier s'avance fort loin vers le nord.

Les orangers, les citronniers, les cédratiers, les limoniers, les oliviers, les grenadiers, les figuiers, enrichissent de leurs produits les régions méridionales.

Les bois de construction sont surtout des chênes, des ormes, des frênes, des hêtres, des peupliers, des mélèzes, des sapins, des pins. — Les pins, les bouleaux, les trembles, les sorbiers, les saules, les aunes, sont les arbres qui s'avancent le plus au N. : on les trouve, quoique chétifs, jusqu'au 68e degré de latitude. Les sapins s'arrêtent au 67e degré ; les chênes, les frênes, les hêtres, les tilleuls, au 62e ; les peupliers, au 60e ; le fruit du châtaignier ne mûrit pas au delà du 51e L'olivier ne dépasse pas le 44e degré ; l'oranger ne va que jusqu'à 43° et demi.

Les céréales (particulièrement le blé) et les pommes de terre sont les principaux objets de la culture. Le froment, qui est la meilleure espèce de blé, ne dépasse pas, au N., le 62e degré de latitude ; le seigle va jusqu'au 64e ; l'orge et l'avoine s'avancent jusqu'au 68e. Le riz ne se trouve que vers le midi Le maïs abonde aussi dans le midi, mais s'avance au nord bien plus loin que le riz, sans aller, à beaucoup près, aussi loin que le blé.

La vigne tapisse les coteaux des régions méridionales et centrales. Elle ne dépasse pas, sur la côte de l'océan, le 47e degré et demi ; dans l'intérieur du continent, elle s'avance jusqu'au delà du 51e ; car, dans l'intérieur, les étés sont plus chauds, et, par conséquent, plus propres à mûrir les raisins, ainsi que divers autres fruits ; mais la température n'en est pas moins beaucoup plus douce, et, terme moyen, plus élevée vers la mer.

Le cotonnier et la canne à sucre se rencontrent un peu au sud.

Le lin et le chanvre sont les principaux végétaux propres à faire des tissus.

Le safran et la garance sont les principales plantes à teinture. — Le tabac se trouve en Russie, en Allemagne, en Turquie, etc.

Parmi les animaux domestiques, le cheval, le bœuf, l'âne, le mouton, la chèvre, le chien, le chat, sont à peu près communs à toutes les contrées de l'Europe ; le renne est particulier aux régions les plus septentrionales ; le chameau se montre au S. E.

Les principaux quadrupèdes sauvages sont le sanglier, l'ours, le loup, le cerf, le chevreuil, le daim, le renard, le lièvre, le lapin, le blaireau, l'écureuil, qui se trouvent dans presque toute l'Europe; — le lynx, la loutre, le castor, le chat sauvage, les martres, qui habitent plus particulièrement dans les contrées du nord; — le buffle, le bouquetin, le porc-épic, la marmotte, le chamois qui se rencontrent plutôt vers le sud; — et le chacal, qu'on ne voit qu'au S. E.

Parmi l s plus gros oiseaux que possède l'Europe, on peut nommer l'aigle, le faucon, le vautour, le cygne, la grue, la cigogne, le héron, le pélican.

Les plus jolis sont le martin-pêcheur, le jaseur de Bohème, le guêpier, le chardonneret. Parmi ceux qui chantent le plus agréablement, il faut citer le rossignol, le pinson, le serin, qui ne se trouve sauvage que dans le sud.

Parmi les reptiles, on n'a guère à redouter que la vipère. La couleuvre est fort commune.

Les poissons d'eau douce sont principalement les brochets, les carpes, les tanches, les perches, les truites. Les esturgeons remontent les grands fleuves de l'est. Dans la mer, on pêche surtout des maquereaux, des sardines, des anchois, des merlans, des soles, des turbots, des limandes, des raies, des thons, des harengs; ces derniers sortent de l'océan Glacial au printemps et se répandent par régions innombrables sur les côtes occidentales.

Parmi les mollusques, il faut citer les huîtres, presque dans toutes les mers, et, dans la Méditerranée seulement, les jolis argonautes papyracés, les sépias, si utiles par leur couleur, et les pinnes, qui donnent une très-belle soie.

Les principaux crustacés sont les écrevisses, dans les eaux douces, et les homards, dans les eaux marines.

La classe des arachnides offre, dans le sud, le redoutable scorpion.

Dans celle des annélides, on distingue la sangsue, si utile en médecine (en Hongrie et dans le S. O. de la France).

Les insectes les plus intéressants sont le ver à soie, particulier aux régions méridionales, et l'abeille, répandue presque partout.

Un des polypes les plus importants est l'éponge, qu'on rencontre surtout dans les parties orientales de la Méditerranée.

LEÇON XXXIII.

SUITE DE LA RÉCAPITULATION DE L'EUROPE.

IMPORTANCE POLITIQUE DE L'EUROPE DANS LE MONDE, POPULATION, COMPARAISON DES PRINCIPAUX ÉTATS.

§ 1er. Importance politique de l'Europe dans le monde.

L'Europe est la plus petite des parties du monde ; elle est cependant la première par son influence politique, par sa civilisation, son commerce et son industrie ; ses vaisseaux parcourent toutes les mers et fréquentent les ports de toutes les autres régions ; elle établit de toutes parts les communications qui lui sont utiles ; ses colons, ses expéditions de diverses sortes, se dirigent de tous côtés, de manière que de grandes parties de l'Asie, de l'Afrique, de l'Amérique et de l'Océanie sont sous la dépendance ou la tutelle des Européens ; l'Europe devient ainsi, en quelque sorte, la dominatrice du monde, malgré son peu d'étendue.

§ 2. Population, races, religions.

La population de l'Europe est de 300 millions d'habitants. Les peuples qui composent cette population sont de la race *caucasique* ou *blanche*, excepté les *Lapons*, les *Samoïèdes* et quelques autres nations peu considérables du N. et de l'E., qui appartiennent à la race *mongolique* ou *jaune*. Ils peuvent se classer, surtout d'après les *langues*, en douze familles principales :

1° La famille CELTIQUE, divisée en rameaux *Gaélique, Kymrique, Erse* et *Bas-Breton*, et fixée dans l'O. et le N. de la Grande-Bretagne, en Irlande et dans l'O. de la France ;

2° La famille BASQUE, qui ne comprend que les *Basques* ou *Escualdunacs*, dans les Pyrénées occidentales ;

3° La famille GRÉCO-LATINE, partagée en rameaux *Grec, Italien, Français, Espagnol, Portugais, Roman, Albanais, Roumain* (comprenant les *Valaques* et les *Moldaves*);

4° La famille TUDESQUE ou GERMANIQUE, avec les rameaux *Allemand, Hollandais, Flamand, Anglais, Suédois, Danois, Norvégien;*

5° La famille SLAVE, composée des *Polonais*, des *Russes* (du moins en partie), des *Bohèmes* ou *Tchèkhes*, des *Wendes*, des *Russniaques* ou *Ruthènes*, des *Slovaques*, des *Slovènes*, des *Esclavons*, des *Croates*, des *Serbes*, des *Dalmates*, des *Istriens*, des *Carniolais*, des *Bosniaques*, des *Monténégrins*, des *Bulgares;*

6° La famille LITHUANIENNE (dans l'O. de la Russie et l'E. de la Prusse), comprenant les *Lithuaniens proprement dits* ou *Litauais*, et les *Lettes* ou *Lettons;*

7° La famille FINNOISE ou OURALIENNE (appelée quelquefois TOURANIENNE), où l'on distingue les *Finnois* proprement dits ou *Tchoudes*, les *Esthes*, les *Lives*, les *Caréliens*, une partie des *Grands-Russes* ou *Moscovites;* les *Biarmiens*, répandus dans le N. E. de la Russie, et divisés en *Siriannes*, *Permiens* et *Votiaks*. Les *Magyars* ou *Hongrois*, qui sont venus se fixer au centre de l'Europe, sont encore de cette famille ; les *Lapons*, pour la langue, lui appartiennent aussi, mais ils paraissent être, pour la conformation, de la race mongolique.

8° La famille TATARO-MONGOLE, comprenant les *Samoïèdes*, les *Kalmouks*, les *Nogaïs* et quelques autres populations du N. E., de l'E. et du S. E. de la Russie ;

9° La famille TURQUE, composée des *Turcs* proprement dits, des *Turcomans*, des populations appelées improprement *Tatares de Crimée* et de quelques autres répandues dans le S. E. de l'Europe ;

10° La famille CAUCASIENNE, dans la chaîne de montagnes à laquelle elle doit son nom; elle renferme les *Circassiens* ou *Tcherkesses*, les *Lesghiz*, les *Ossètes*, etc.

11° La famille SÉMITIQUE, qui ne comprend que les *Juifs*, épars dans les différents pays et parlant la langue des peuples chez lesquels ils se trouvent;

12° La famille BOHÉMIENNE, formée de ces populations vagabondes appelées tour à tour *Bohémiens*, *Zigueunes*, *Zin-gares*, *Tziganes*, *Tchinganès*, *Gitanos* ou *Gypsies*, et qui paraissent être venues de l'Hindoustan au moyen âge. La Turquie et l'empire d'Autriche sont les parties où l'on en trouve le plus.

Les familles Celtique, Gréco-latine, Tudesque, Slave, Lithuanienne et Caucasienne, c'est-à-dire la grande majorité des populations européennes, ont les plus intimes rapports de langues et de conformation avec les *Aryas*, qui, sortis du plateau de la Perse, des monts Hindou-khouch et du bassin de l'Oxus, ont envahi l'Inde à une époque reculée, et ont aussi, dans un temps qu'on ne peut préciser, étendu leurs émigrations sur presque toute l'Europe. Voilà pourquoi on réunit ces familles sous la dénomination de souche *aryenne* ou *indo-européenne*.

La religion chrétienne règne dans toute l'Europe; cependant la Turquie est, en partie, musulmane, et il y a quelques bouddhistes à l'E.

Au S. et à l'O., les chrétiens sont généralement catholiques; au N., au N. O. et dans plusieurs parties du milieu, ils sont protestants, sous les noms divers de luthériens, de calvinistes, d'évangélistes, de presbytériens, d'anglicans, etc. à l'E. et au S. E., ils professent la religion grecque.

Les juifs ou israélites sont assez nombreux en Pologne en Allemagne, dans Autriche-Hongrie.

§ 3. Comparaison des principaux états européens pour l'étendue, la population, la puissance militaire et maritime, les finances, l'industrie et le commerce.

La *Russie d'Europe* est à la fois la contrée la plus étendue de l'Europe et celle qui a le plus d'habitants. On y compte 5 870 000 kilomètres carrés et 74 millions d'habitants. Tout l'empire Russe a 84 millions d'âmes.

L'empire d'Allemagne, à la tête duquel est le royaume de *Prusse*, a 4 millions d'âmes et 545 000 kilomètres carrés

La *France* est peuplée de 36 millions et demi d'habitants, sur une superficie de 528 000 kilomètres carrés. Avec ses possessions hors d'Europe, la France renferme 42 à 43 millions d'âmes.

L'empire Austro Hongrois a 36 millions d'habitants, sur 623 000 kilomètres carrés.

Les *îles Britanniques* ont 32 millions d'habitants et 300 000 kilomètres carrés. Il y a 250 mil ions d'âmes dans tout l'empire Britannique, qui possède les plus importantes colonies du globe.

Le *royaume d'Italie* compte 27 millions d'habitants, sur près de 300 000 kilomètres carrés.

Ce sont là les *six grandes puissances de l'Europe*, celles qui ont l'influence prépondérante dans les affaires de cette partie du monde.

Pour la puissance militaire et maritime, le revenu, la dette publique, l'industrie et le commerce, voici la comparaison entre les six grands états.

France. — Armée, pied de paix, 420 000 hommes. — Marine militaire, 170 bâtiments. — Revenu, 2 milliards 500 mil ions. — Industrie principalement agricole (céréales, vins); l'indus rie française est supérieure dans les produits où l'art et le goût ont la principale part : draps, soieries, bronzes, cristaux, porcelaine, etc. — Valeur du commerce extérieur, 8 milliards, dont 4 milliards pour l'exportation et 4 milliards pour l'importation.

Iles Britanniques. — Armée de terre et de mer, pied de

paix, 225 000 h. — Marine militaire, 383 bâtiments. —
Revenu, 2 milliards. — Industrie principalement manufacturière et minière; la moitié de la population vit du travail des fabriques et de l'exploitation des mines. — Valeur
du commerce extérieur, 17 milliards dont 8 milliards
d'exportation et 9 milliards d'importation.

Russie. — Armée, pied de paix, 750 000 hommes. —
Marine militaire, 22 ? bâtiments. — Revenu, 2 milliards
de francs. — Industrie principalement agricole et minière
(mines d'or, de platine, de fer, de cuivre); beaucoup de
blé, de lin et de chanvre; toiles, cuirs. — Valeur du
commerce extérieur, 2 milliards 900 millions de francs,
dont moitié pour les exportations et moitié pour les impor-
tations.

Empire Austro-Hongrois. — Armée, pied de paix,
285 000 hommes. — Marine militaire, 69 bâtiments. —
Revenu, 845 millions de francs. — Industrie principalement agricole et minière. — Valeur du commerce extérieur, 2 milliards 500 millions de francs, dont la moitié
pour l'exportation.

Empire d'Allemagne. — Armée, pied de paix, 420 000
hommes. — Marine, 80 bâtiments. — Revenu, 560 millions. — Industrie très-active, à la fois agricole, minière
et manufacturière : tissus de lin et de coton, draps, soieries, ouvrages en fer, etc. - Valeur du commerce extérieur
(exercé surtout par le Zollverein, association commerciale
douanière allemande, fondée en 1833 par la Prusse),
7 milliards, dont un peu plus de la moitié pour l'importation.

Royaume d'Italie. — Armée sous les drapeaux, pied de
paix, 40 000 hommes. — Marine militaire, 76 bâtiments.
— Revenu, 1 milliard 250 millions de francs. — Industrie
surtout agricole (huiles, vins, fruits ; soie, lainages pâtes,
fromages, marbres. — Valeur du commerce extérieur,
2 milliards 400 millions, dont 800 millions d'exportation
et 1 milliard 300 millions d'importation.

On verra dans le tableau suivant le résumé de toutes les divisions politiques de l'Europe.

	PAYS.	SUPERFICIE en kil. carrés.	POPULATION	CAPITALES.	POPULAT. des capitales.
Sur le versant de l'océan Atlantique et de l'océan Glacial.	ILES BRITANNIQUES	300 000	32 000 000		
	Angleterre.........	....	....	Londres....	3 500 000
	Écosse............	....	....	Édimbourg...	200 000
	Irlande...........	....	....	Dublin......	300 000
	BELGIQUE..........	29 500	5 000 000	Bruxelles...	300 000
	NEDERLANDE ou PAYS-BAS et LUX.	34 000	4 000 000	Amsterdam.	290 000
	DANEMARK.........	38 000	1 800 000	Copenhague.	220 000
	MONARC.{ SUÈDE ..	440 000	4 200 000	Stockholm...	130 000
	SCAND.{ NORVEGE.	300 000	1 800 000	Christiania..	75 000
À la fois sur les versants océanique et méditerranéen.	RUSSIE............ (Y compris la Pologne et le grand-duché de Finlande.)	5 870 000	74 000 000	Saint-Pétersbourg.....	670 000
	EMPIRE AUSTRO HONGROIS.......	623 000	36 000 000	Vienne.....	830 000
	EMPIRE D'ALLEMAGNE (Prusse, Bavière, Wurtemberg, etc.)......	545 000	41 000 000	Berlin......	900 000
	SUISSE............	40 000	2 700 000	Berne.......	36 000
	FRANCE..........	527 000	36 400 000	Paris.......	2 000 000
	PENINS.{ ESPAGNE..	500 000	16 000 000	Madrid......	300 000
	HISPAN.{ PORTUGAL.	93 000	4 400 000	Lisbonne...	275 000
Sur le versant méditerranéen.	ITALIE............	296 000	27 000 000	Rome.......	245 000
	TURQUIE D'EUROPE. (Avec les principauté de Roumanie, la Serbie et le Monténégro.)	528 000	16 500 000	Constantinople.......	1 000 000
	GRÈCE ET ILES IONIENNES........	53 600	1 500 000	Athènes.....	50 000
	TOTAUX....	10 216 000	304 900 000		

XXXIV.

RÉVISION GÉNÉRALE.

RÉVISION GÉNÉRALE DE LA GÉOGRAPHIE PHYSIQUE DU GLOBE.

§ 1er. Étude de la mappemonde et notions élémentaires sur la sphère qui se rapportent à cette etude.

La carte qui représente la Terre entière est la *mappemonde* ou le *planisphère :* tantôt elle en montre séparément les deux hémisphères, parce qu'il serait impossible de voir sur le papier le globe tout entier tel qu'il est naturellement : la moitié supérieure cacherait la moitié intérieure. Tantôt on ne cherche pas à rendre sur la mappemonde la rondeur de la Terre, mais on enlève en quelque sorte au globe sa surface, on la développe et on l'étend, aplatie, sur le papier; alors la carte est carrée, et l'on n'a pas besoin de faire deux hémisphères séparés : sur ces cartes, les pays sont déformés et démesurément agrandis vers les pôles.

Les autres cartes sont appelées *générales*, si elles offrent une grande contrée dans son ensemble, et *particulières* si elles décrivent seulement des parties d'une contrée principale. On appelle aussi cartes *chorographiques* les cartes destinées à décrire une région peu étendue. On nomme cartes *topographiques* celles qui présentent des détails très-multipliés et jusqu'aux moindres lieux. Les cartes *hydrographiques* sont celles qui ont pour objet de faire connaître les eaux. On nomme spécialement *cartes marines* celles qui n'ont pour but que la description des mers et qui sont propres à guider les navigateurs.

On voit, aux bords N. et S. de la mappemonde, les *pôles arctique* et *antarctique,* qui sont les extrémités de l'*axe,* c'est-à-dire de la ligne imaginaire sur laquelle la Terre tourne.

L'*équateur* est un cercle qui, placé à égale distance des deux pôles, coupe le globe en deux moitiés ou *hémisphères*.

Les *méridiens* sont des cercles perpendiculaires à l'équateur et passant tous par les pôles.

Comme la Terre est ronde, sa circonférence, ainsi que celle de tous les corps sphériques, est divisée en 360 *degrés*, le degré comprend 60 *minutes*, et la minute 60 *secondes*. [1]

Les *parallèles* sont des cercles parallèles à l'équateur; parmi ces cercles, on remarque les *tropiques du Cancer* et du *Capricorne*, à 23 degrés et demi de l'équateur, et les *cercles polaires arctique* et *antarctique*, à 23 degrés et demi des pôles.

Il y a cinq *zones*, établies d'après les principales températures qui règnent sur le globe : la *zone torride*, entre les deux tropiques; les deux *zones tempérées* (*boréale* et *australe*), entre les tropiques et les cercles polaires ; les *zones glaciales arctique* et *antarctique*, autour des pôles.

La *latitude* est la dimension du globe du nord au sud; elle est coupée par l'équateur en deux parties, dont chacune a 90 degrés, de l'équateur à l'un des pôles ; on distingue donc une *latitude* N. et une *latitude* S. — La *longitude* est la dimension du globe de l'ouest à l'est ; elle est coupée par un premier méridien en deux parties, dont chacune comprend 180 degrés ; il y a par conséquent une *longitude* E. et une *longitude* O. On n'est pas d'accord sur le choix du premier méridien : les Français comptent la longitude à partir du méridien de l'Observatoire de Paris; les Anglais font passer leur premier méridien par l'Observatoire de Greenwich, à 2° 20′ à l'O. de Paris. D'autres nations prennent pour premier méridien le méridien de l'île de Fer, à 20° à l'O. de Paris. Longtemps on l'a choisi universellement, parce que c'était le point le plus occid. connu des anciens.

Sur les marges de l'est et de l'ouest, à chaque parallèle tracé, on inscrit les degrés de latitude. Les degrés de longitude sont marqués, à chaque méridien tracé, sur les marges du nord et du sud, quand la carte est carrée, ou, ordinairement, quand la carte est ronde, le long de l'équateur.

Une *échelle* est une mesure au moyen de laquelle on peut éva-

1. On a proposé une division du cercle en 400 grades, avec la division du grade en 100 minutes et celle de la minute en 100 secondes alors les abréviations se désignent ainsi : G″.

luer la distance des lieux et l'étendue des pays en *mesures itinéraires*, telles que *kilomètres*, *lieues*, etc.

Il y a 10 000 000 de mètres, c'est-à-dire 10 000 kilomètres, ou 1000 myriamètres, dans le quart du méridien terrestre. La Terre a donc 40 000 kilomètres (4000 myriamètres) de tour. Dans un des 360 degrés d'un grand cercle terrestre, c'est-à-dire dans un degré de l'équateur ou du méridien, il entre 111 kilomètres, ou 11 myriamètres et 1 dixième.

Comme la Terre a 9000 lieues communes de tour, il y a 25 lieues dans un degré. La lieue égale 4 kilomètres et demi.

Le mille marin ou géographique est de 60 au degré; le mille géographique d'Allemagne, de 15 au degré, et le mille anglais, d'environ 69 au degré.

§ 2. Étendue relative des terres et des eaux.

La surface du globe se divise en deux grandes parties : 1° les *terres*; 2° les *eaux*, dont l'ensemble forme la *mer*. Les terres, placées en majeure partie au N. de l'équateur, n'occupent qu'environ un tiers de cette surface. Sur 510 000 000 de kilomètres carrés dont se compose la surface du globe, il y en a 135 000 000 pour les terres et 375 000 000 pour la mer.

Les terres forment trois *continents* et un grand nombre d'*îles*. Les premiers sont : 1° l'**Ancien continent**, comprenant l'*Europe*, l'*Asie* et l'*Afrique*; 2° le **Nouveau continent** ou l'*Amérique*; 3° le **continent Austral** ou l'*Australie* (appelé aussi *Nouvelle-Hollande*), bien moins considérable que les deux autres continents, et compris dans la cinquième partie du monde, qui est l'*Océanie*.

§ 3. Les cinq océans; mers secondaires.

On distingue cinq océans. Le **Grand Océan** ou **océan Pacifique**, qu'on appelle encore **mer du Sud**, s'étend entre l'Amérique, à l'E., et l'Asie, à l'O. Il est aussi limité à l'O. par une partie de l'Océanie, c'est-à-dire par les îles de la

Sonde (Sumatra, Java, etc.), par l'Australie et par la Tasmanie. Il se confond au S. avec l'océan Glacial antarctique, vers le cercle polaire austral. Extrêmement large dans sa partie méridionale, entre le cap *Horn* et la *Tasmanie*, il se rétrécit beaucoup vers le N , entre la Sibérie et la Russie américaine, et communique de ce côté avec l'océan Glacial arctique par le détroit de *Beering*, entre les caps *Oriental* et *Occidental*. Il forme, en Asie, la *mer d'Okhotsk*; la *mer du Japon*; la *mer Bleue*, appelée aussi *mer de Corée* ou *mer Orientale*; la *mer de Chine*, appelée *mer Méridionale* par les Chinois.

Il forme, dans la Malaisie et sur les côtes de l'Australie, les *mers de Mindoro*, des *Moluques*, de *Célèbes*, de *Java*, de *Corail*.

Dans sa partie la plus septentrionale, il produit la *mer de Beering*. Enfin, sur les côtes de l'Amérique, il donne naissance à la longue et étroite *mer Vermeille* (qu'on appelle aussi golfe de *Californie* ou *mer de Cortez*). Il communique avec l'Atlantique par le détroit de *Magellan*, resserré entre le continent américain et la Terre de Feu; avec l'océan Indien, par le détroit de *Malaka*.

Dans la partie équinoxiale, on franchit plus promptement le Grand océan de l'E. à l'O. que de l'O. à l'E., à cause des courants et des vents qui s'y dirigent à l'O.

Dans la partie N., règne le grand courant appelé par les Japonais *courant Noir*, qui se dirige du S. O. au N. E., puis de l'O. à l'E., et, de la Chine et du Japon, se porte, d'un côté, sur l'Amérique du N., de l'autre, sur la mer de Beering.

L'océan Atlantique se trouve entre l'Europe et l'Afrique, à l'E., et l'Amérique, à l'O. Les cercles polaires arctique et antarctique sont ses limites au N. et au S.

C'est vers le milieu de son étendue, entre le renflement occidental de l'Afrique et l'avancement oriental de l'Amérique méridionale, que l'Atlantique est le moins large; il a en cet endroit 3600 kilomètres; sa plus grande largeur, entre le détroit de Gibraltar et la Floride, est à peu près le double. Son entrée au S. est marquée par le cap *Horn* et celui de *Bonne-Espérance*.

Il forme en Europe de grands avancements, tels que la

mer *Baltique*, la mer du *Nord*, la *Manche*, la mer de *France* ou golfe de *Gascogne*, la mer d'*Irlande*. — Cet océan fait pénétrer, entre l'Europe, l'Afrique et l'Asie, la profonde mer *Méditerranée*. — Il forme en Afrique le golfe de *Guinée*; — dans l'Amérique du nord, la mer d'*Hudson*, le détroit de *Davis*, le golfe de *Saint-Laurent*, le golfe du *Mexique*; — entre les deux Amériques, la mer *des Antilles*.

On remarque, entre l'Afrique et l'Amérique équinoxiale, la *mer des Joncs* (en portugais *mar de Sargasso*), grand espace rempli d'algues, gigantesques plantes marines, qui embarrassent la marche des vaisseaux.

Entre l'Afrique et l'Amérique, règnent le *grand courant équinoxial* et les *vents alizés*, qui portent à l'O.; plus au N., entre l'Amérique et l'Europe, on rencontre des vents d'O. fréquents et un courant du S. O. au N. E. et de l'O. à l'E., connu sous le nom de *Gulf Stream* (courant du Golfe). Ce courant est produit par le courant équinoxial, qui s'enfonce avec violence dans le golfe du *Mexique* et en contourne les côtes; le mouvement des eaux sort du golfe par le Nouveau canal de B*ahama*, s'avance au N. E. jusque vers le Grand Banc de Terre-Neuve, et se dirige ensuite à l'E. vers l'Europe, où il apporte une douce température.

L'océan Indien, qu'on appelle aussi *mer des Indes*, s'ouvre au S. de l'Asie, à l'E. de l'Afrique et à l'O. de l'Océanie, et s'étend vers le S. jusqu'au cercle polaire antarctique. Les points extrêmes entre lesquels il a le plus de largeur et vers lesquels il se confond avec le Grand océan et l'Atlantique, sont le cap *Horn* et le cap de *Bonne-Espérance*. Il s'enfonce, au N., sur les côtes d'Asie sous les noms de golfe du *Bengale*, de mer d'*Oman*, de golfe *Persique* et entre l'Asie et l'Afrique sous le nom de mer *Rouge*. Il forme à l'O., entre l'Afrique et l'île de Madagascar, le large canal de *Mozambique*. Il communique à l'E. avec la mer de Chine par le détroit de *Malaka*, et avec la mer de Java par le détroit de la *Sonde*. Le détroit de *Bab-el-Mandeb* est l'entrée de la mer Rouge.

Pour naviguer dans l'océan Indien, les marins doivent bien connaître les *moussons* : ce sont des vents périodiques de six mois, qu'on distingue en *mousson du printemps* et *mousson d'automne.* En général, la mousson est dirigée vers l'hémisphère sur lequel le Soleil se trouve. Sur les côtes de l'Inde, la mousson du N. E. est la meilleure saison pour la navigation. De terribles tourbillons ou cyclones règnent trop souvent dans l'océan Indien.

L'océan Glacial arctique comprend toute la masse d'eau placée au N. du cercle polaire arctique, et il baigne les côtes septentrionales de l'Europe, de l'Asie et de l'Amérique. Il forme, dans les deux premières de ces parties du monde, la mer *Blanche* et la mer de *Kara;* dans la dernière, il comprend la mer de *Baffin,* le bassin de *Melville*, la mer *Polaire de Kane* ou de *Lincoln*, ou la *Polynia,* la mer la plus septentrionale qu'on ait vue, et qui, libre de glaces, au rapport de Kane et d'autres, s'étend peut-être jusqu'au pôle.

L'océan Glacial antarctique, qui comprend toute la mer située au S. du cercle polaire antarctique, est encore moins connu et plus froid que l'océan Glacial arctique.

De toutes les mers intérieures, la plus importante est la **Méditerranée**, qui tire son nom de sa position au *milieu des terres,* et qui s'allonge de l'O. à l'E., entre l'Europe, au N., l'Afrique, au S., et l'Asie, à l'E.

C'est entre le Maroc et l'Espagne que la Méditerranée communique avec l'Atlantique par le détroit de *Gibraltar.*

Plusieurs parties de cette mer s'enfoncent profondément dans les terres au N. et au N. E., et forment autant de mers distinctes : c'est-à-dire, la mer *Tyrrhénienne,* la mer *Ionienne,* la mer *Adriatique,* qui pénètrent en Europe; l'*Archipel,* la mer de *Marmara* et la mer *Noire,* qui s'avancent entre l'Europe et l'Asie. — Sans la mer Noire, qui est la plus isolée de toutes ces mers, la Méditerranée a 3500 kilomètres de l'O. à l'E. Elle se rétrécit d'une manière remarquable vers le milieu de son étendue, entre la Sicile et la côte de Tunis; elle n'a là que 140 kilomètres.

La Méditerranée a été pour ainsi dire le berceau de la civilisation antique et le lien des premières nations commerçantes; c'est encore aujourd'hui, avec l'Atlantique, la mer la plus fréquentée.

LEÇON XXXV.

SUITE DE LA RÉVISION GÉNÉRALE.

LES CINQ PARTIES DU MONDE.

§ 1er. L'Ancien et le Nouveau continent; le monde Insulaire ou
Océanique; grandes îles et presqu'îles.

L'Ancien et le Nouveau continent ont entre eux des rapports de forme très-remarquables : chacun présente deux grandes masses : l'une septentrionale, l'autre méridionale ; la masse du nord, dans l'Ancien continent, comprend l'Europe et l'Asie; la masse du sud forme l'Afrique; — la masse du nord, dans le Nouveau continent, est l'*Amérique septentrionale*; la masse du sud, l'*Amérique méridionale.* Dans chaque continent, ces deux masses sont réunies par un isthme, resserré entre deux enfoncements de la mer; dans chacun, la masse septentrionale est plus considérable et beaucoup plus irrégulière que la masse méridionale ; enfin les parties australes de ces continents ont une grande ressemblance, et s'avancent également au S. en longues pointes pyramidales. La longueur de l'Ancien continent, qui est le plus étendu, est dirigée du N. E. au S. O.; celle du Nouveau, du N. N. O. au S. S. E. Il faut remarquer que la masse du nord de l'Ancien continent s'étend de l'E. à l'O., tandis que celle du Nouveau continent s'étend du N. au S. Dans chaque continent, la masse du S. a sa plus grande longueur du N. au S. Enfin, les presqu'îles nombreuses que renferme chacune des deux masses septentrionales sont généralement tournées vers le S.

Le *monde Insulaire* ou *Océanique*, qu'on appelle aussi *monde Maritime*, compose l'*Océanie*, réunion d'innombrables îles, dont la plus grande, l'*Australie*, peut mériter le nom de continent; cette terre s'allonge de l'E. à l'O. avec une forme presque ovale.

Les continents offrent une surface totale de 125 000 000 de kilomètres carrés ; les îles, de 10 000 000 de kilomètres carrés.

Il y a, comme nous avons vu, beaucoup plus de terres au nord de l'équateur qu'au sud. Dans l'hémisphère boréal, les terres sont aux eaux comme 100 à 154, et, dans l'hémisphère austral, comme 100 à 628.

L'Ancien continent a 79 000 000 de kilomètres carrés ; le Nouveau, 38 000 00 ', et le continent Austral, 7 660 000.

Les deux isthmes les plus importants du globe sont : l'*isthme de Suez*, qui, unissant l'Afrique à l'Asie, est resserré entre la Méditerranée et la mer Rouge et coupé par le canal de Suez ; ensuite l'*isthme de Panama* (avec celui de *Darien*), qui unit l'Amérique septentrionale à l'Amérique méridionale, et se trouve entre la mer des Antilles et le golfe de Panama.

L'***Europe***, qui occupe le N. O de l'Ancien continent, est la plus petite des cinq parties du monde. Les côtes en sont extrêmement découpées : on y voit beaucoup de presqu'îles, dont les principales sont la *Scandinavie*, au N., la *péninsule Hispanique*, au S. O., l'*Italie* et la *péninsule Turco-Hellénique*, au S.

L'***Asie***, qui comprend l'E. de l'Ancien continent, en est la plus grande partie. Elle a aussi des côtes assez irrégulières. Au N., s'avance fort loin le cap *Septentrional*, le plus boréal de l'Ancien-Monde ; à l'E., sont les presqu'îles de *Kamtchatka* et de *Corée* ; au S., la presqu'île de l'*Indo-Chine* (avec celle de *Malaka*) et la presqu'île de l'*Hindoustan*, appelées dans leur ensemble les *presqu'îles de l'Inde* ; au S. O., la presqu'île d'*Arabie*, et, à l'O., celle de l'*Asie Mineure*.

L'***Afrique*** se trouve dans le S. O. de l'Ancien continent. Elle a une forme régulière et des côtes sans découpures.

L'***Amérique*** est composée, comme on l'a vu, de deux grandes masses : l'*Amérique septentrionale* et l'*Amérique méridionale*.

L'Amérique septentrionale a des côtes très-échancrées, comme celles de l'Europe et de l'Asie, et il s'y trouve beaucoup de presqu'îles, telles que le *Labrador*, à l'E., la *Floride*, le *Yucatan*, au S., et la *Californie*, à l'O. — L'Amérique méridionale a une forme régulière et des côtes presque partout uniformes, comme celles de l'Afrique.

L'**Océanie** n'offre pas de presqu'îles très-remarquables ; mais elle a des îles innombrables, dont les plus considérables sont à l'O. et au S. : on remarque, entre autres, *Sumatra*, *Java*, *Bornéo*, *Célèbes*, la *Nouvelle-Guinée*, la *Tasmanie* et la *Nouvelle-Zélande*.

Les plus grandes îles qui dépendent de l'Europe sont : au N. E., la *Nouvelle-Zemble* et la *Terre de François-Joseph*; au N. O., la *Grande-Bretagne* et l'*Irlande*; au S., la *Corse*, la *Sardaigne*, la *Sicile* et *Candie*.

On remarque, sur la côte orientale de l'Asie, les grandes îles du *Japon* et *Formose*; au S., l'île de *Ceylan* et la longue chaîne des *Maldives*; à l'O., l'île de *Chypre*.

Madagascar, au S. E. de l'Afrique, est la seule grande île de cette partie du monde.

Entre les deux Amériques, est l'archipel des *Antilles*, dont les principales îles sont *Cuba* et *Haïti*. — Dans le N. E. de l'Amérique septentrionale, se trouvent beaucoup d'îles, dont les plus considérables sont le *Groenland*, l'*Islande*, le *Spitzberg* (qu'on peut rattacher à l'Europe) et *Terre-Neuve*. — Au N. on en remarque un plus grand nombre encore, enveloppées de glaces, et dont plusieurs des plus importantes composent l'archipel *Parry*. — Il y en a beaucoup aussi dans le N. O., où l'on distingue particulièrement la longue chaîne des îles *Aléoutiennes*. — A l'extrémité de l'Amérique méridionale, se trouve l'archipel de la *Terre de Feu*.

Des terres polaires australes très-peu connues, nommées *Clarie*, *Adélie*, *Victoria*, *Graham*, *Enderby*, etc., forment peut-être un *continent antarctique* autour du pôle S.

TABLEAU DE L'ÉTENDUE ET DE LA POPULATION DES PARTIES
DU MONDE.

	kilom. car.	Population.
Europe continentale................	9 050 000	300 000 000
Europe avec les îles................	10 216 000	
Asie continentale	41 200 000	700 000 000
Asie avec les îles....................	42 160 000	
Afrique continentale................	29 100 000	100 000 000 ?
Afrique avec les îles................	29 700 000	
Amérique continentale..............	37 980 000	85 000 000
Amérique avec les îles (Groenland, etc.)	42 480 000	
Australie...........................	7 660 000	35 000 000 ?
Australie avec les îles, ou Océanie.....	10 850 000	

Ainsi, la superficie des parties du monde est d'à peu près
135 000 000 de kilomètres carrés, et la population générale
du globe s'élève à plus de 1 200 000 000 d'habitants.

§ 2. Direction des grandes chaînes de montagnes et des principaux fleuves.

Les chaînes de montagnes se dirigent généralement dans
le sens de la longueur des terres où elles sont situées, car
les montagnes, les continents, les presqu'îles et les îles se
sont tous également soulevés du sein des mers, et, dans ce
soulèvement, les montagnes sont restées le dos des terres
avec lesquelles elles apparaissaient à la surface du globe.

Ainsi, dans la partie septentrionale de l'Ancien continent,
qui est étendue de l'E. à l'O., les chaînes les plus importantes courent de l'E. à l'O., tels sont les monts *Himalaya*,
le *Kouen-lun*, les monts *Altaï*, les monts *Célestes*, le *Caucase
indien*, le *Caucase*, le *Taurus*, les *Carpathes*, les *Alpes*, les
Pyrénées. Il faut excepter les monts *Ourals*, le *Liban*, qui
vont du N. au S.

Dans les presqu'îles allongées du N. au S., les chaînes
de montagnes vont du N. au S., comme on le voit pour les
Ghattes, dans l'Hindoustan ; les *Apennins*, dans l'Italie ; les
monts *Ibériques*, en Espagne ; les *Alpes Scandinaves*, dans
la Scandinavie.

Dans le N. de l'Afrique, fort étendu de l'E. à l'O., le

mont *Atlas* s'allonge dans ce sens ; — vers le S., assez étroit, de cette partie du monde, les chaînes vont du N. au S.

L'Amérique, étendue du N. au S., n'a de grandes chaînes que dans le sens du N. au S. : les monts *Rocheux*, la *Sierra Nevada*, les *Cordillères du Mexique*, de l'*Amérique centrale* et des *Andes*, les monts *Alleghany*.

Dans l'Océanie, les îles de la Sonde, allongées de l'O. à l'E., ont de hautes montagnes qui courent dans le même sens.

La Nouvelle-Zélande, dirigée du N. au S., en a qui la parcourent dans cette direction. Mais l'Australie, étendue de l'O. à l'E., n'a pas ses principales montagnes dirigées ainsi ; sa chaîne la plus considérable, celle des montagnes *Bleues* et des *Alpes australiennes*, court du N. au S., dans la partie orientale de ce continent.

Les plus hautes montagnes du globe sont : l'*Himalaya*, dont l'altitude (c'est-à-dire la hauteur au-dessus du niveau de la mer) est de 8840 mètres ; — les monts *Karakoroum* et *Kouen-lun*, qui sont presque aussi hauts ; — les *Andes* (6800 mètres) ; — le *Caucase indien* (6500 mètres) ; — les monts *Kénia* et *Kilima-Ndjaro* (6000 mètres) ; — le *Caucase* (5600 mètres) ; — la *Cordillère du Mexique* (5400 mètres) ; — le mont *Araràt* (5250 mètres) ; — les *Alpes* (4800 mètres).

Revenons sur les chaînes principales, pour voir comment beaucoup d'entre elles forment de grandes arêtes qui séparent les principaux versants du globe.

Chacun des deux grands continents est partagé en deux pentes principales ou deux *versants*.

L'Ancien continent verse ses eaux, d'un côté, dans l'océan Glacial arctique et l'océan Atlantique, et dans les mers qu'ils forment ; de l'autre, dans le Grand Océan et l'océan Indien, et dans leurs enfoncements.

Ces deux versants sont séparés l'un de l'autre par une longue suite de hauteurs, qui commence au cap *Oriental*, à l'extrémité N. E. de l'Asie, et finit au cap de *Bonne-Espérance*, à l'extrémité méridionale de l'Afrique.

Cette suite de hauteurs, qui forme l'*arête principale* de l'Ancien continent, porte beaucoup de noms particuliers. Elle se nomme monts *Iablonoï* ou *Stanovoï*, dans le N. E.

de l'Asie. — Au centre de cette partie du monde, elle se divise en deux branches qui entourent le grand *plateau central de l'Asie*, et qui s'appellent monts *Altaï*, monts *Célestes*, monts *Kouen-lun*, etc.

Plus loin, elle s'appelle quelque temps *Caucase indien*. — Elle forme, en s'écartant de nouveau, le *plateau de la Perse*, au N. duquel sont les monts *Elbrouz;* elle rencontre ensuite le *Taurus;* et, après un grand circuit, elle arrive à l'isthme de Suez. — Elle parcourt le N. E. de l'Afrique ; elle est très-peu connue au centre de cette partie du monde, où elle paraît comprendre les monts *Kénia* et *Kilima-Ndjaro;* elle y forme, au S., les montagnes de *Neige* ou *Sneeuwberg*.

Le Nouveau continent verse ses eaux, d'un côté, dans le Grand océan, et, de l'autre, dans l'océan Atlantique et l'océan Glacial arctique. Il est donc aussi partagé en deux *versants;* et ces versants sont séparés l'un de l'autre par une longue chaîne de hauteurs, qui commence au cap *Occidental*, en face du cap Oriental d'Asie, et qui se termine au cap *Froward*, à l'extrémité méridionale du continent Américain. Cette chaîne porte, dans le nord de l'Amérique, le nom de monts *Rocheux;* — vers le milieu, elle s'appelle *Cordillère du Mexique* et *Cordillère de l'Amérique centrale;* —dans l'Amérique méridionale, c'est la *Cordillère des Andes.*

Ces deux grandes arêtes de l'Ancien et du Nouveau continent sont presque la continuation l'une de l'autre; car elles ne sont séparées que par le détroit de Beering, entre les caps Oriental et Occidental; il y a donc, pour ainsi dire, sur la Terre un long dos qui s'étend depuis le cap de Bonne-Espérance jusqu'au cap Froward.

Dans l'Ancien continent, les principaux fleuves qui coulent sur le versant de l'océan Glacial arctique, de l'océan Atlantique et des mers qu'ils forment, sont : la *Léna*, l'*Iéniseï* et l'*Obi*, en Asie ; — la *Petchora*, la *Vistule*, l'*Elbe*, l Rhin, la *Seine*, la *Loire*, le *Tage*, le *Rhône*, le *Danube*, la *Dniepr*, le *Don*, en Europe ; le *Nil*, le *Sénégal*, la *Gambie*, e *Niger*, le *Zaïre*, en Afrique.

On peut encore placer sur le même versant le *Volga* et

l'*Oural*, qui se jettent dans la mer Caspienne, — et le *Djihoun* ou *Oxus* et le *Sir-daria*, tributaires de la mer intérieure nommée mer d'Aral.

Les fleuves de ce versant ont généralement leur cours dirigé au N. ou à l'O., excepté le Volga, l'Oural, le Dniepr, le Danube, qui vont du N. au S. ou de l'O. à l'E.

Sur le versant du Grand Océan et de l'océan Indien, on remarque surtout les fleuves suivants : en Asie, l'*Amour*, le *Hoang-ho* ou fleuve *Jaune*, le *Kiang*, le *Mè-kong*, l'*Ava*, le *Gange*, le *Sind* ou *Indus*, le *Tigre* et l'*Euphrate;* — en Afrique, le *Zambèze;* — dans l'Australie, le *Murray*.

La plupart des fleuves de ce versant coulent de l'O. à l'E.

Dans le Nouveau continent, sur le versant de l'océan Glacial et de l'océan Atlantique, on remarque : dans l'Amérique septentrionale, le *Mackenzie*, le *Saint-Laurent*, le *Mississipi*, qui se grossit du *Missouri*, et le *Rio Grande del Norte;* — dans l'Amérique méridionale, l'*Orénoque*, l'*Amazone*, le *São-Francisco* et le *Rio de la Plata*.

La plupart de ces fleuves vont de l'O. à l'E., excepté le Mississipi, qui coule du N. au S.

Sur le versant du Grand océan, on ne distingue que deux fleuves considérables : le *Columbia* et le *Rio Colorado*, l'un et l'autre dans l'Amérique septentrionale et coulant du N. E. au S. O.

Voici le plus grand fleuve de chaque partie du monde :
Le plus grand de l'Asie est le *Kiang*, long de 4500 kilom.

Le plus grand de l'Afrique est le *Nil*, qui paraît avoir plus de 5000 kilomètres de cours.

Le *Volga*, qui a une longueur d'environ 3500 kilomètres, est le fleuve le plus considérable de l'Europe.

Le plus long cours d'eau d'Amérique et du globe entier est celui qui comprend le *Missouri* et la partie inférieure du *Mississipi :* il a 7000 kilomètres (1600 lieues) de longueur; l'*Amazone* a plus de largeur, et c'est le plus large de tous les fleuves, mais son cours n'est que de 5000 kilomètres.

Le fleuve principal de l'Océanie est le *Murray*, dans le sud de l'Australie.

Quant aux principaux lacs du globe, on doit citer d'abord, dans l'Ancien continent, la mer *Caspienne* et la mer d'*Aral*, qui sont de véritables lacs plutôt que des mers, et qui se trouvent, la première, entre l'Asie et l'Europe; la seconde, dans l'O. de l'Asie; elles n'ont de communication avec aucune partie de l'océan.

Vers le centre de l'Asie, on remarque le lac *Balkhach*, qui est sans écoulement.

Le lac *Baïkal*, dans le N. de l'Asie, s'écoule dans le fleuve Iéniseï.

Les lacs *Ladoga* et *Onéga*, dans le nord de l'Europe, s'écoulent dans la mer Baltique.

Vers le centre de l'Afrique, on voit le lac *Tchad*, qui paraît être sans écoulement, les lacs *Victoria* et *Albert*, qui s'écoulent par le Nil dans la Méditerranée, et le lac *Tanganyika*, qui paraît s'écouler dans l'Atlantique par le Zaïre.

Dans le N. de l'Amérique septentrionale, on remarque le *Grand lac de l'Esclave*, qui verse ses eaux dans la mer Polaire; — le lac *Ouinip g*, qui verse les siennes dans la mer d'Hudson; — les lacs *Supérieur, Huron, Michigan, Érié* et *Ontario*, qui se déchargent dans l'Atlantique par le Saint-Laurent.

Dans le N. de l'Amérique méridionale, est le lac de *Maracaybo*, qui communique avec la mer des Antilles. — Dans l'O. de la même contrée, sur un plateau formé par les montagnes des Andes, on voit le lac *Titicaca*.

Après la mer Caspienne, le lac Supérieur est probablement le plus grand lac du globe : il a 575 kilomètres de long et 25) kilomètres de large. La mer d'Aral paraît venir ensuite. Les lacs Tchad, Victoria, Albert et Tanganyika sont sans doute les plus grands de l'Afrique. Le lac Ladoga est le plus grand lac de l'Europe.

§ 3. Ce qui reste à découvrir sur le globe

Malgré les efforts de nombreux et courageux voyageurs, pour parvenir à la connaissance complète du globe, il reste encore plusieurs régions inexplorées : on ne connaît pas une grande partie de l'intérieur de l'Afrique, particulièrement l'espace qui s'étend, dans le voisinage de l'équateur, entre le golfe de Guinée et les lacs Albert et Victoria.

L'intérieur de l'Australie n'a été coupé que dans quelques rares directions par des explorateurs, et demeure inconnu dans une très-grande étendue. — On n'a que de vagues notions sur bien des points de l'Asie centrale, et sur les parties les plus boréales de cette partie du monde et de l'Amérique. — On connaît mal plusieurs parties de l'intérieur de l'Amérique du sud. — Enfin, les deux pôles et leur voisinage n'ont pas été vus; on s'est approché du pôle nord jusqu'à la distance de 7 degrés de latitude; on est resté à 12 degrés du pôle sud.

TABLE DES MATIÈRES.

		Pages.
Leçon Iᵉ.	**NOTIONS SOMMAIRES SUR L'EUROPE.**	1
Leçon II.	**GÉOGRAPHIE DE L'ASIE.** — Région occiden-tale....................................	6
Leçon III.	Région méridionale.........................	10
Leçon IV.	Région orientale...........................	14
Leçon V.	Région septentrionale......................	17
Leçon VI.	Récapitulation de l'Asie....................	18
Leçon VII.	**GÉOGRAPHIE DE L'AFRIQUE.** — Région du nord-est..................................	25
Leçon VIII.	Région du nord-ouest.......................	29
Leçon IX.	Région saharienne, avec les bassins du Niger et du Sénégal................................	34
Leçon X.	Afrique australe et orientale...............	41
Leçon XI.	Récapitulation de l'Afrique.................	50
Leçon XII.	**GÉOGRAPHIE DE L'AMÉRIQUE.** — Amérique du nord. — Région septentrionale..........	55
Leçon XIII.	Région centrale de l'Amérique du nord.—États-Unis.....................................	63
Leçon XIV.	Suite des États-Unis. — Versants du sud et de l'ouest...................................	68
Leçon XV.	Région méridionale de l'Amérique du nord.....	76
Leçon XVI.	Amérique du sud. — Régions du nord-est et de l'est....................................	84
Leçon XVII.	Suite de l'Amérique du sud. — Régions du sud, du sud-est et de l'ouest....................	92
Leçon XVIII.	Récapitulation de l'Amérique................	100
Leçon XIX.	**GÉOGRAPHIE DE L'OCÉANIE ET DES TERRES AUSTRALES.** — Océanie occidentale........	105
Leçon XX.	Océanie orientale et récapitulation de l'Océanie.	116

                                                                    Pages.

Leçon XXI.   **ÉTUDE DÉTAILLÉE DE L'EUROPE.** — Région
               du nord-ouest. — Versant de l'Atlantique. —
               Iles Britanniques   125
Leçon XXII.   Suite de la région du nord-ouest et du versant
               de l'Atlantique. — Belgique, Pays-Bas et
               grand-duché du Luxembourg...............   132
Leçon XXIII.   Région centrale. — Allemagne — Prusse, con-
               fédération de l'Allemagne du Nord..........   136
Leçon XXIV.   Suite de la région centrale et de l'Allemagne.—
               Allemagne du Sud..........................   143
Leçon XXV.   Suite de la région centrale. — Empire Austro-
               Hongrois....................................   147
Leçon XXVI.   Suite de la région centrale.—Suisse ou confédé-
               ration Helvétique.   152
Leçon XXVII.   Région méridionale. — Versant de la Méditer-
               ranée et de l'Atlantique. — Espagne et Por-
               tugal.......................................   157
Leçon XXVIII. Versant de la Méditerranée. — Italie..........   167
Leçon XXIX.   Suite du versant de la Méditerranée. — Turquie
               d'Europe et Principautés Danubiennes.......   175
               Grèce.......................................   182
Leçon XXX.   Région orientale. — Versants de la mer Noire
               et de la mer Caspienne, de la Baltique et de
               l'océan Glacial. — Russie et Pologne........   186
Leçon XXXI.   Versants de l'Atlantique et de l'océan Glacial. —
               États Scandinaves : Danemark, Suède et Nor-
               vége.......................................   195
Leçon XXXII.   Récapitulation de l'Europe..................   202
Leçon XXXIII. Suite de la récapitulation de l'Europe.........   214

Leçon XXXIV.   **RÉVISION GÉNÉRALE.** — Géographie physi-
               que du globe...............................   220
Leçon XXXV.   Les cinq parties du monde..................   226

FIN DE LA TABLE DES MATIÈRES.